小学语文微格教学设计丛书

丛书主编　王凤桐　董立生

U0687173

小学语文对话课
微格教学设计

XIAOXUE YUWEN DUIHUAKE
WEIGE JIAOXUE SHEJI

主　编　武金英

首都师范大学出版社

CAPITAL NORMAL UNIVERSITY PRESS

图书在版编目（CIP）数据

小学语文对话课微格教学设计／武金英主编. —北京：首都师范大学出版社，2018.5

（小学语文微格教学设计丛书／王凤桐，董立生主编）

ISBN 978-7-5656-4334-7

Ⅰ.①小… Ⅱ.①武… Ⅲ.①小学语文课－教学设计

Ⅳ.①G623.202

中国版本图书馆 CIP 数据核字（2018）第 082796 号

小学语文微格教学设计丛书

XIAOXUE YUWEN DUIHUAKE WEIGE JIAOXUE SHEJI

小学语文对话课微格教学设计

武金英　主编

责任编辑　王　静

首都师范大学出版社出版发行

地　址　北京西三环北路 105 号

邮　编　100048

电　话　68418523（总编室）　68982468（发行部）

网　址　http：//cnupn. cnu. edu. cn

印　刷　北京印刷一厂

经　销　全国新华书店

版　次　2018 年 5 月第 1 版

印　次　2018 年 5 月第 1 次印刷

开　本　710mm×1000mm　1/16

印　张　14

字　数　247 千

定　价　35.00 元

丛书编委会

顾　　问　邵宝祥

主　　任　孟宪凯

副 主 任　郭　友　李　涛　崔志钢

丛书主编　王凤桐　董立生

编　　委　（按姓氏笔画排序）

王　玲　　王艳荣　　王丽霞　　牛凤敏　　刘　彤

刘海栗　　刘红燕　　李　敏　　余　芳　　孙淑凤

辛　洁　　吴新升　　张　静　　张少娟　　张怀颖

杨　宣　　武金英　　南　靖　　赵红霞

丛书序言

　　微格教学是一种训练教师掌握教学技能的理论和方法，其特点是有理论、有实践，形象具体，可操作性强，是促进教法课改革、提高教师教学能力、开展教学研究的好方法。其中，微格教学的课前准备，即教学设计、教案撰写就是一件十分重要的工作。

　　如何设计微型课，并把所要训练的技能恰如其分地运用在其中，是搞好微格教学的一项重要工作。微格教学设计的质量决定着微格课堂演练的质量，微格教学设计得好，才能呈现出好的教案。

　　随着教育形势的发展、变化，微格教学也要不断地发展、完善、创新，以适应教学改革的要求。教师要不断更新教育观念，在教学实践中利用微格教学的基本原理和新的教学理论，改造、充实已有的技能，开发新的技能，并将教学技能综合运用到更高层次的水平。

　　本丛书重点在于综合地运用教学技能，实现教学技能的整合运用，突出教学技能培训的实效性，从而在学科教学中利用微格教学训练教师掌握教学技能，在课堂教学中创新教学设计，体现新的课程理念，凸显微格教学的培训特色。

　　目前，已有多所学校加入了微格教学课题的研究队伍。我们希望通过学校领导和教师的辛勤耕耘，不但可以帮助教师掌握、完善已有的教学技能，并且使他们能够运用微格教学法探索改进教学，形成各自独特的教学风格。本丛书针对小学语文微格教学，从对话教学、比较阅读教学、写字教学、作文教学等方面反映课题学校的研究成果，进行微格教学探索的实践经验总结。

　　在本市微格教学研究会多位专家的关心下，在课题学校的领导和教师的努力探索下，经过大家的不辍劳作，本丛书终于集书成册。其中，《小学语文比较阅读微格教学设计》由余芳、张少娟主编，《小学语文对话课微格教学设计》由武金英主编，《小学语文写字课微格教学设计》由辛洁、张爽主编，《小学语文作文课微格教学设计》由刘彤、王建军主编。丛书由北京市教育学会微格教学研究会组编。希望本丛书的出版，对有志于微格教学研究的学校和教师有参考和借鉴作用，并能推动微格教学课题的深入研究。

丛书主编

2017 年 3 月 26 日

序

自微格教学引入我国以后，对微格教学的研究从没有停止过，不过不同时期研究的主题、内容和水平有所不同。从 1986 年算起，我国开展微格教学研究至今已经有相当长的一段时间了。微格教学发展研究的水平在不断地提高，研究的问题也越来越广泛：有对微格教学起步情况的研究，有对不同教学水平教师培训的研究，有利用微格教学方法进行的扩展性研究，等等。

本书是《小学语文阅读教学实施"对话式"策略的研究》校本课题的科研成果。此科研是一件脚踏实地的研究工作，在丰台区大红门二小校长的领导下，经过多年的探究达到了既有理性认识、又有案例以及教学故事做实证的水平，体现出较强的理论性、可操作性和可读性。

微格教学的发展需要各方面人员特别是一线教师的参与，在研究中大家各抒己见、自由探索创造，才能真正促进发展。实践证明，微格教学研究不同于一般的教育理论或教学法研究，它既需要理论的支持，更需要脚踏实地地深入到课堂教学第一线做实践研究。

只有持续不断地努力才能取得成果，只有热心于教师培训事业的人在摸爬滚打中通过艰苦细致的探究才能得到微格教学的真谛。正如本书中使用大量的案例来说明研究的问题，从中可以窥见：在微格教学中，即使取得一些微不足道的成果，也是多么的不容易。

从本书案例中可以生动、形象地看到，微格教学以其独有的优势已经受到一线教师的青睐，在课程改革中显出了勃勃的生机，微格教学理论可以作为校本培训的重要内容推广和应用。

大红门二小的研究，历经了校级科研课题、区级重点课题、国家级重点课题的过程。该校一步一个脚印，研究不断深入，水平逐步提高，这种锲而不舍的精神值得钦佩，期待该校教师与学生在校长的领导下，在对话教学与微格教学紧密结合的道路上，取得更丰硕的研究成果。

郭友　于首都师范大学

2017 年 8 月 16 日

前　言

　　小学语文阅读教学"对话式"策略旨在研究如何通过发挥语文课堂主渠道的作用提升教育质量,让师生在四十分钟的语文课堂中,习得优秀的母语文化,学会表达,学会思维,学会理解,学会沟通。我们期待在"对话式"阅读教学中,帮助学生把握祖国的语言和文字,提高对语言和文字的理解能力,习得文本阅读方法,感受祖国文化的博大精深。

　　我校的《小学语文阅读教学实施"对话式"策略的研究》是我们历经多年的科研课题。它最初是我校拟定的校级科研课题,后被审批为丰台区"十一五"教育科研区级重点课题。在区级课题基础上,通过审批成为国家级重点课题,成为隶属于中国教育学会"十一五""十二五"科研规划重点课题《全脑教育与魏书生教育革新》的子课题。

　　师生在对话互动中,情与景交融,心与灵相通,情动而意会,思想、情感与精神相生相携,真正地"活"在文本所创造的世界里,并生发新的见地和遐想,感受文章的魅力。

　　由于该课题深受教师、学生的欢迎,我校又继续开展了《小学语文"对话式"阅读教学微格教学设计》的课题研究,将它作为我校的"十三五"科研课题,并有幸成为北京市教育学会微格教学研究会的"十三五"科研课题。我们希冀依据新课程理念,结合小学语文微格教学中教师对指导对话教学技能的研究,将对话课题的研究更上一层楼,取得更新的成果。

　　经过多年的探讨和研究,我们积累了一些经验和认识,在北京市教育学会微格教学研究会多位专家的帮助和指导下,终于编撰成书。本书的成果,与我区教研室、教科院多位专家的指导密不可分。首都师范大学微格教学专家郭友教授为本书写了序言,在此一并表示衷心的感谢。

　　本书第一章、第二章由武金英撰写,第三章、第四章由李继红撰写,第五章由实验教师撰写,第六章是教师的对话课课堂实录,第七章是教学论文、教师、学生讲故事,以及对话课教学设计案例。

编　者

2017 年 6 月

目　　录

第一章　对话教学概说/ 1

一、对话教学的产生/ 1

二、对话教学的特征/ 4

三、对话教学中的阅读思维策略/ 6

四、对话教学的原则/ 17

第二章　指导对话教学技能/ 20

一、微格教学技能概说/ 20

二、指导对话教学技能的定义/ 26

三、指导对话教学技能的功能/ 27

四、指导对话教学技能的要素 / 30

五、指导对话教学技能的类型/ 52

六、指导对话教学技能的使用策略/ 56

七、指导对话教学技能的评价单/ 61

第三章　微格教学课的设计/ 63

一、微格教学设计概说/ 63

二、微格课是一个教学事件/ 64

三、微格课的双目标/ 65

四、微格课的细节体现教学智慧/ 65

五、微格课的设计步骤/ 66

六、微格课教案的编写/ 69

七、微格课教案的评析/ 72

第四章　对话课微格教案的编写/ 74

一、导入案例/ 74

二、讲解案例/ 77

三、提问案例/ 87

四、强化案例/ 96

五、指导口语交际案例/ 105

六、演示案例/ 109

七、结束案例/ 116

第五章　对话课堂教学实录/ 123

一、《缝纫鸟》课堂实录/ 123

二、《赵州桥》课堂实录/ 129

三、《美丽的北海公园》课堂实录/ 138

四、《葡萄沟》课堂实录/ 145

第六章　对话课教学研究/ 152

一、教学论文/ 152

二、教师、学生讲故事/ 189

三、教学设计案例/ 200

参考文献/ 209

第一章　对话教学概说

一、对话教学的产生

（一）时代需求

"对话"是指两个人或多个人之间的谈话。在语言范畴上，对话指对话双方或多方围绕多种共同的话题展开的民主、平等、自由、开放、真诚、融洽、和谐、富有情趣和美感、时时激发出语言遐想的深度言语互动，是思想、情感交流、交融的活动。好的对话要本着对话的精神和对话的意识，致力于互相理解、互相合作，共生、共存、共进，共同创造。

口语交际是学生人际交往中基本的口头语言活动，是适应现代社会发展需要的重要能力，具有较强的生活实践性。有人统计，人们除了 8 小时睡眠以外，其余 16 小时中约有 70% 的时间都在彼此交流知识、经验、见解、个人的需要与愿望、态度等。在交流的过程中，口语占很大比重。无论在校内或校外，口语是学生应用最广泛、最重要、最直接的交际工具。

美国著名人际关系学大师卡耐基说过："在都市化的社会里，一个人不论就学，或从事任何职业，当众说话都是不可避免的。如果老是畏畏缩缩，吞吞吐吐，词不达意，是绝对与成功无缘的。"

随着科技的不断发展，人际间的对话距离大大缩短，口语交际场合和范围更加开放和广阔，对人的"口才"提出了更高的要求。语文教师应充分利用本学科的特点，在指导学习的过程中，不仅让学生掌握口语交际的知识，训练学生的听说能力，还要注意培养学生与他人交流的意识、习惯和能力。

联合国教科文组织编著的《学会生存》一书指出：未来的学校必须把教育的对象变成自己教育自己的主体。受教育的人必须成为教育他自己的人；如果学习者从学习对象变成了学习主体，教育民主化才是可能的。教师的职责已经转变为愈来愈少地传递知识、愈来愈多地激励思考；他将成为一位顾问，一位交换意见的参加者，一位帮助发现矛盾论点、而不是拿出现成真理的人。权威式教育必须让位于以独立性、互相负责和交换意见的为标志的师生关系。

小学语文"对话式"阅读课，是指在阅读课堂教学过程中，教师、学生结合文本、作者、编者等信息，运用已有的经验和知识结构，采用文本阅读、文本体味、文本质疑等多种形式，通过自我对话、师生对话、生生对话、师本对话、生本对话、与作者对话、与编者对话，实施忠实于原创情感、思想的体验活动，进而将所阅读的信息内化、建构为符合时代的新的内涵和新的意义。

语文对话课的教学是一种尊重主体性、体现创造性、追求人性化的教学，它代表着时代精神，充满了把学生从被动世界中解放出来的情怀。它要把学生培养成能动的、创造性的、富有社会交际能力的现代人。

传统教学中，学生的任务乃是接受、存储前人已经"发现"了的知识。在这种教育观下，学校教育必然会出现以书本为中心、以教师为中心、死记硬背的现象。此外，"课程即教学的科目""课程是教学内容和过程的总和"是人们普遍认同的观点。这些关于传统课程的观点最大的弊端是：使得教师向学生展示的知识世界具有严格的确定性和简约性，这与以不确定性和复杂性为特征的学生真实的生活世界不匹配。传统的应试教育对于书本知识的热衷，使学生的学习负担和厌学情绪不断加重，学生为考试而学、教师为考试而教，把本应鲜活丰富、促进学生全面发展的教育、教学，缩小为一场考试。

因此，语文教育要革故推新，必须在理论和实践上做出新的探索，对话教学正是这样一种值得探讨的教学方式。

当代社会媒体飞速变革发展，学生可以通过各种渠道获得学习资源。这正如《义务教育语文课程标准》(2011年版)所描述的那样："语文课程资源包括课堂教学资源和课外学习资源，例如：教科书、相关配套阅读材料、其他图书、报刊、工具书、教学挂图、电影、电视、广播、网络，报告会、演讲会、辩论会、研讨会、戏剧表演，生产劳动与社会实践场所，图书馆、博物馆、纪念馆、展览馆、布告栏、报廊、各种标牌广告，等等。自然风光、文物古迹、风俗民情、方言土语，国内外的重要事件，日常生活的话题等也都可以成为语文课程的资源。"因此，教师已不再是语文知识的权威，因为生活中处处皆语文，语文教学应指导学生处处留心社会生活，这也必定给语文的对话教学创造了良好的客观条件。

除当代社会媒体的作用外，人与人之间的交流、沟通能力的提高已经迅速成为人们生存的必需，这无疑给语文教学的对话模式奠定了社会文化基础；同时，教材的开放、学生对阅读资料的丰富占有，也给对话课教学提供了必要和可能。语文作为教育中的基础学科，必须面对新的世界形势，与时俱进，为全面培养学生的素养做出新的贡献。语文对话教学是适应世界潮流的一种新型的教育理念与教学方式。它是解决传统语文教学"三中心"(书本中心、教师中心、课堂中心)的理想方式，为语文教学改革提供了新的出路。

对话，不仅是一种语言现象，更具有解释学、社会学和文化学意义。随着科技的进步和社会民主化进程的发展，对话已完全超越了原始的语言学意义，日渐成为人们的一种生活方式或生存状态，并进而凝聚成一种时代的精神。对话教学正是这一时代精神在教学领域的回应。究其实质，是指师生在真正民主、平等、宽容的氛围中，以言语、理解、体验、反思等对话方式在经验共享中创生知识，提升人生品位、境界及价值的教学形态。

对话教学意味着教学从传递知识到生成知识的转换，体现了教学的创造性追求。对话教学中，知识不再是教师以独白的方式传递给学生的静态的书本内容，而是动态的、开放的、生成的。知识的价值不在于给人现成的东西，而在于提供不断创造的起点。"对于学生来说，学习不再是被动地接受，而是在对话与合作之中自主地生成知识。

(二)理论基础

近年来，许多国外新的理论被引入我国，如建构主义、后现代主义、多元智能理论等。这些理论在教育领域颇具影响力，它们同样是语文阅读对话课的理论基础。

1. 学习理论

20世纪初到20世纪50年代，行为主义学习理论认为：学习是反映的增强。教师在教学中扮演奖励或惩罚的实施者的角色，学生被视为被动接受奖惩者，主要的教学方法是练习法。20世纪60至70年代受认知心理学派的影响，人们从信息加工角度认识人的学习，认为学习是知识的习得。教师用的主要教学方法是演讲法，学生则主要利用阅读法学习。21世纪以来，世界教育改革与发展的核心理念之一就是"以学生为本"，在这一理念指导下，尊重学生主体，发展学生个性，培养学生参与学习的主动性等，逐步被教育界认同。

2. 后现代主义理论

后现代主义是20世纪中叶出现的一种世界性文化思潮。相对于现代性下的统一性、本质性和封闭性而言，后现代主义强调差异性、多元性，以及"去中心"的边缘性、创造性和开放性等，丰富了人们对教育的认识。在众多的相异之中，许多有识之士在后现代课程上发出了同一个声音——对话。对话已成为后现代课程观的重要主题词。

3. 多元智能理论

多元智能理论是美国当代著名的发展心理学家和教育家霍华德·加德纳教授于1983年提出的。加德纳认为，我们的智力是多元的，除了言语/语言智力和逻辑/数理智力两种基本智力以外，还有其他七种智力，它们是视觉/空间关系智力、音乐/节奏智力、身体/运动智力、人际交往智力、自我反省智力、自然观察者智力和存在智力。每个学生都在不同程度上拥有上述九种智力，智力之间的不同组合表现出个体间的智力差异；每个人都有不同的潜能，这些潜能只有在适当的情境中才能充分地发展出来。教育的起点不在于一个人有多么聪明，而在于怎样变得聪明，在哪些方面变得聪明。

这一全新的智力理论对于学校教育具有重要的意义。多元智能理论启示我们语文教学应在对话中发现、发挥学生的强项，从而促进学生个性和才华的展示，并实现真正意义上的全面发展。

4. 建构主义学习理论

20 世纪 80 年代以来，建构主义的学习理论认为：学习是知识的建构，学生是意义的建构者，教师是学习的帮助者和支持者。指导原则有：提出与学生相关的问题，围绕基本概念组织学习活动，寻求并重视学生的观点，课程设置要适于学生提出假设，在教学背景下评价学生的学习。这样一来，主要的教学方法是讨论法、发现法等。对话式教学的出现，是与建构主义学习理论相适应的。对话式教学是学生语文建构性学习的有效途径。

二、对话教学的特征

对话教学是对话时代的对话精神在教育领域的回声，它在总体精神上摆脱了传统教学过程的弊端，体现出崭新的教学风格与特征。

(一)民主、平等的教学

传统教学中，教师的角色是知识的拥有者，具有不可替代的权威地位，这就必然导致师生地位的不平等，导致教学中的"一言堂"，导致师生关系成为简单的"授受"关系。对话教学是以师生平等为原则的教学，无论以何种对话方式呈现，它都必然建立在对话双方平等的基础上，建立在双方共同的利益基础上。从美学的角度看，对话的美学价值来源于"师生之间精神上平等的相遇"。所以，在对话教学中，教师把学生看作一个与自己一样具有独立人格、有着丰富的内心世界和独特的情感表达方式的个体。教师不再是知识的代言人、权威者、发号施令者，而是学生群体中"平等的首席"。对话意味着对学生个体生活世界，特别是内心世界的关注；意味着双方在对话中互相理解、互相倾听和言说；意味着精神的敞开和彼此的接纳，相互造就，获得精神的交流和意义的分享。所以，教育中的对话是对民主精神的一种宣扬，是对平等意识的培养。

(二)合作、互动的教学

传统教学中，学生是以"个体学习"的组织形式进入学习过程的。现代教学理论的研究表明，教学过程是一个交往过程，是一个沟通过程，是一个合作和互动的过程。对话教学与传统教学最显著的区别之一在于它凸显了教学过程中沟通与合作的本质，沟通是在民主平等基础上的沟通，合作是在多边互动中的合作。有了民主平等的交流与沟通，随之而来的就是多边的合作与互动。教学活动过程中，师生主体存在着多种关系。从关系的类型上，包括师生关系、师师关系和生生关系；从关系的层次上看，包括个体与个体的关系、个体与群体的关系、群体与群体的关系等。这些复杂多变的关系构成了错综复杂的课堂人际交往的立体网络。合作和互动所依从的基点，一方面是人与人的平等，另一方面是人与人的差异。平等是构成合作与互动关系的必要条件，而差异则是合作和互动产生效果的必要条件。正因为师生主体中的每一个个体都具有与众不同的个性特征、学习风格和生活经验，才使得教学主体之间发生着个性的互补、经验的交流和智慧的碰撞，从而达到交流中的融合、碰撞中的发展、互补中的完善。真正的对话发生在对话双方自由的探究或自发的讨论中，发生在对话双方精神上真正的相互回应与相互碰撞中，发生在双方认知世界真正的融合中。

（三）探究、创新的教学

传统教学中，学生只需接受教师传递的现成知识，他们的思维处于辐合状态，只要把教师传授的新知识吸纳到自己的头脑中就算完成了学习任务。所以，学生习惯于接受，不习惯于自己建构认知结构；习惯于重复，不习惯于创新；习惯于用脑子记，不习惯于动手做。教师只想传授给学生固定不变的知识，习惯于唯一，不习惯于变化；习惯于牵着学生的鼻子走，不习惯于放飞学生的思维。这样的结果是造成学生和教师思维的封闭和僵化。对话教学则把学习的主动权交给学生，充分调动学生动脑、动手的积极性，引发学生对问题的自主探究，使学生从被动受问者变为主动发问者，从知识的接受者变为知识的发现者。有了自主的探究，才能有思维的创新；有了思维的创新，才能有思想的差异；有了思想的差异，才能有碰撞的火花；有了碰撞的火花，对话教学的课堂才能绽放出耀眼的光华。

（四）开放、生成的教学

传统教学的课堂中，各教育要素及其关系是割裂的、封闭的。教师面对的是孤立的教材和孤立的学生，学生面对的是封闭的教材和高高在上的教师。学生获得信息的唯一来源就是教师，教师给予学生的所有信息来自教材，这样就构成了一个极其封闭的课堂生态。在对话教学中，对话的内容是开放的，所有围绕主题的内容都是对话教学的资源；对话的对象是开放的，每一个课堂中的主体都可以与其他主体或客体发生口头的或文本的对话；对话的信息来源是开放的，书籍、报刊、电视、网络、他人都可以成为有效信息的来源；

对话的时间是开放的，课前、课中和课后都是对话教学的延伸；对话教学的评价是开放的，它不会刻意追求答案的唯一性和标准性。正因为对话教学的这种开放性，造就了对话教学的"生成个性"。对话教学的时空和信息量的延伸使得课堂教学的不确定性增强，这种不可预知性一方面让课堂变得生动活泼、充满新奇；另一方面又使得教师越来越难以用不变的思维模式应对多变的课堂环境。对此，叶澜教授的阐述可谓精辟："教学在互动中生成、在沟通中推进，与传统的教学机制相比，最大的差异就是：把学生不只是看成教学的对象，同时还是教学的资源；把教师不只看成是知识信息的传递者，同时还是课堂上不同信息的接收者、倾听者、处理者；不只是把教学看作预设计划的执行，同时更是师生、生生相互作用的过程。"

三、对话教学中的阅读思维策略

读书会思考，能够理解文意，才能有高质量的对话课。所以关注和提升学习者的阅读思维能力，是学生开展对话的前提、基础。因此，指导学生掌握阅读策略是十分重要的。根据阅读思维的一般规律，教师应指导学生掌握以下四项阅读思维策略。

(一)比较策略

比较，就是把两种或两种以上的同类的事物辨别异同或高下，从而掌握事物的本质特征。在读书或思维过程中，比较法起着重要作用。

俄国教育家乌申斯基说过："比较是一切理解和思维的基础。我们正是通过比较来了解世界上的一切的。"可见，比较是人们认识事物的基本思维方法，也是读书的重要方法。

在阅读中，把相同或相似的知识归类在一起，找出它们的不同点，即同中求异；或者将不太相同的事物归类在一起，找出它们的共同点，即异中求同。这样就会使我们突破读书中的难点，找到事物的本质特征，使学习者的逻辑思维能力得到培养和训练，使得认识事物的能力得到提高。

1. 学会归类

通过比较将相同或相似的两个或两个以上的事物放在一起就是归类。小学语文课本无论在内容还是在形式上都为学生学习归类的方法提供了条件。

比如，在低年级课本中，先学习"大、小、多、少"，然后又学习"太阳大，地球小，地球绕着太阳跑；地球大，月亮小，月亮绕着地球跑。"这里把太阳、地球、月亮归类在一起进行比较。"地球小"是同太阳比较说的；"地球大"是同月亮比较说的。

又如，在低年级识字教材中就有"比一比，认一认"的识字方法。教材编者按照汉字在音、形、义方面的不同特点对汉字进行了归类：同音字归类、形声字归类、近义词归类，等等，能使学生受到初步的逻辑归类训练。

学生掌握比较的方法，就要学会分类，通过比较，按事物的不同方面、不同层次进行归类，归类后进行认真的比较，找出事物的本质特征。学生有了这些思维能力，有助于提高阅读水平，顺利地参与对话交流。

2. 同中求异

如果把几项有内在联系，或有相似之处的知识放在一起，通过比较、对照，找出它们之间的不同点，就会使学生在阅读思考中，抓住书中的"骨干"，领悟到更深一层的意思。

在阅读学习中有这样的情况：同一个字或同一个词，在不同的语言环境中有不同的意思，这要通过比较揣摩才能区别开。比如，对课本古诗中"在"字的揣摩：

在《题西林壁》中"不识庐山真面目，只缘身在此山中"的"在"表示"所处的位置"；

在《出塞》中，"但使龙城飞将在，不教胡马度阴山"的"在"表示"还活着"；

在《前出塞》中，"苟能制侵陵，岂在多杀伤"中的"在"表示"在于""决定于"；

在《春望》中，"国破山河在，城春草木深"中的"在"表示"依然存在"。

通过这样的比较揣摩，就能与文本对话，把"在"这个字在不同语言环境中的意义区分出来，有助于掌握其在特定语言环境中的确切含义。

又比如，在第十一册课本中有对三处儿童肖像的描写：

《小音乐家扬科》对八岁的波兰牧童扬科的肖像做了这样的描写："他长得很瘦弱，脸黑黑的，淡黄色的头发直披到闪闪发光的眼睛上。"

《少年闰土》对中国南方的农村孩子闰土的肖像描写是："紫色的圆脸，头戴一顶小毡帽，颈上套一个明晃晃的银项圈。"

《卖火柴的小女孩》对小女孩死后的肖像是这样描写的："第二天清晨，这个小女孩坐在墙角里，两腮通红，嘴上带着微笑，她死了。"

这三处描写的共同点都对孩子的肖像进行了描写，都是从"脸"说起的，但又各有不同，各有各的特点：

扬科"脸黑黑的"，说明他在繁重的体力劳动的摧残下，身体非常瘦弱。

闰土"紫色的圆脸"，说明闰土生活在海边，经常参加劳动，日晒风吹，身体很结实。

卖火柴的小女孩死后"两腮通红""嘴上带着微笑"，小女孩的死比活着还要愉快，揭示了资本主义社会的罪恶本质和劳动人民对美好生活的向往。

通过这样练习比较，学生可以与作者对话，体会到三位作者对人物肖像的描写是有目的的，不是单纯为描写而描写，而是通过对"脸"的描写，反映主人公的身体状况和不同的生活经历，突出主人公的个性，深化文章主题。

3. 异中求同

异中求同就是找出不同事物的内在联系，揭示事物的客观规律，使学过的知识进一步条理化、系统化，这不但有利于掌握、记忆学过的知识，而且为以后使用这些知识做了准备。

比如，北京版第七册《语文》课本中，有两课是描写瀑布的：一课是《瀑布》，另一课是《望庐山瀑布》；在第九册中，有一课《梅雨潭》，写了"梅雨瀑"。三个不同的瀑布，写作的体裁不同：《瀑布》是自由体新诗，《望庐山瀑布》是古诗，《梅雨潭》是一篇散文。作者观察这三个瀑布的过程也是不同的：《瀑布》是先听见声音，然后写山路一转，一直被山挡住的瀑布突然展现在眼前；《望庐山瀑布》则是遥看；"梅雨瀑"是先远看，然后走近看，一直近到瀑布溅起的水花飞入"我温暖的怀里"。

尽管有这些不同点，教师仍然可以指导学生通过阅读思考在异中求同，找出它们的共同点：

这三篇课文都是写瀑布，作者都抓住了"瀑流"这个最突出的方面，重点描写"瀑流"的雄伟壮观。《瀑布》中的"千丈青山衬着一道白银""一座珍珠的屏"，作者用比喻的手法写出了"瀑流"的壮美景象；《望庐山瀑布》中的"飞流直下三千尺"，作者用夸张的手法渲染了"瀑流"高而长的壮观景象；而"梅雨瀑"是"走到山边""抬起头"才能看到的，可见它也是很高很高的。

另外，作者都直接或间接地写了瀑布的声响。在《瀑布》中，瀑布的声音"好像叠叠的浪涌上岸滩，又像阵阵风吹过松林"；"梅雨瀑"的声音是"走到山边，便听见哗哗哗哗的声音"。至于《望庐山瀑布》中的声响，可以从"飞流直下三千尺"中去想象、体会。

同时，作者都抓住了瀑布的颜色进行了描写：《瀑布》中是"白银"色的，《望庐山瀑布》中像"银河"似的，"梅雨瀑"则是"白而发亮"。总之，它们都是洁白而晶莹的。

至于瀑布飞溅起来的水珠，更写得细腻，让人喜爱。《瀑布》中是"如烟、如雾、如尘"，而"梅雨瀑""那飞溅的水花，晶莹而多芒，远望去，像一朵朵小小的白梅，微雨似的纷纷落着""轻风起来时，点点随风飘散"。前者用"如烟"写出了飞溅的小水珠的轻柔，"如雾"写出了它的颜色，"如尘"写出了它的微小；后者用"像一朵朵小小的白梅"写出了颜色，用"微雨似的纷纷落下"和"点点随风飘散"写出了小水珠的轻柔和微小。通过这样比较，可以体会到，都是写瀑布，却各有千秋。这样比较、揣摩，可以使学生感受到文章字面上没有的东西。

由此可见，比较思维是培养创造性思维的沃土，掌握了比较思维策略，对于开发学生的阅读智力大有好处。如此，学生掌握的不仅仅是知识，而且掌握了知识的思维方式和规律，学到了阅读思考的方式，提升了阅读对话课的思维素养。

(二)分析策略

我国古代学者就十分重视分析的作用。他们认为，要掌握事物的规律和本质，必须对事物进行分析，必须深入事物的内部，分析和解剖事物不同方面之间的内在联系；如果人们的认识能由感性上升到理性，那么，事物的各个不同方面的情况就会更加清晰，条理也就会更加分明了。可见，分析是理解和认识事物的重要过程。孔子曾说："叩其两端而竭焉。"意思是：对于不理解的事物，只要抓住事物正反两个方面认真地分析思考，就能逐渐得到深入的理解。孔子的"叩其两端"，实际上就是分析思考的方法。陆游读过的书很多，但他并不囫囵吞枣，而是"昼读夜思"，对读过的书本知识认真分析思考，因此能深刻理解学过的知识。

在阅读思维活动的过程中，分析是比强记更深入、更重要的阶段。学生接受知识，必须经过深入分析文章的信息材料，才能达到深刻理解，才能把感性认识上升为理性认识，从而实现高质量的认知建构。

1. 文本分析

在语文课中，如果只是表面上读通文字，不能算是深入理解，一个字、一个词、一句话、一段话、一篇文章，只有认真分析思考，才能真正理解。下面举例说明怎样进行文本分析。

分析中心思想

一篇课文总要表达一个思想，或介绍一项知识，或说明一个道理。作者在表达中心思想的时候，总是通过具体事例来说明。因此，在阅读一篇课文时，要弄清作者的写作意图，这一点并不难发现。可是，作者是怎样表现这个中心思想的呢？这就需要分析各部分的内容和中心思想的关系了。实际上，学生通过细读课文，进行划分段落、概括段意，这就是在做具体的分析了。

比如《田忌赛马》，课文分为四部分。第一部分讲田忌和齐威王第一次赛马，三场都输了。为什么呢？通过分析，从课文的介绍中就可以知道，每场中田忌的马都没有齐威王的马跑得快。第二部分讲孙膑让田忌再和齐威王赛一次，而且一定能赢。为什么呢？因为孙膑看出齐威王的马比田忌的马快不了多少。第三部分讲田忌照孙膑的办法做，再一次赛马，赢了齐威王。第四部分总结了转败为胜的原因：调换马的出场顺序。学生如果抓住每部分的内容，再深入思考：这篇课文说明了什么问题呢？只是调换一下马的出场顺序就可以转败为胜，孙膑能想到，田忌怎么没想到呢？这说明孙膑思路很宽，他没有拘泥于固定的方法，而是在认真观察和分析的基础上，采取了新的比赛方法。因此，这篇课文是在赞扬孙膑足智多谋。到此，学生还可以进一步思考：课文告诉我们一个什么道理呢？从课文中可以得出这样的认识：做事情、处理问题要多动脑筋，多想办法，不要固守常规，要勇于创新、勤于思考。经过这样的阅读分析，学生对课文的理解就会逐步加深。

2. 分析各段之间的联系

为了表达一个中心，作者往往要从几个方面来反映，在文章中每段有每段的写作意图，各段之间是相互联系的。因此，阅读课文要注意分析文章各段的内在联系。比如《风》，这课共分五段。第一段讲老北京春天刮大风的情景。第二段讲户外的大风。第三段讲屋内的情景。第四段讲风去风来的情景。第五段讲在没有大风的天气里，才感到春天的来临。这五段都是围绕风写的，在内容上是互相联系的，先写总的情况，再写户外，然后写屋内，接着写风去风来，最后写无风的天气。经过分析，可以知道这是从不同方面来写的，既有总括，又有部分，既有自然环境，又有人的心情，这样分几段描写，就把老北京的大风写得十分全面，给人的感受非常深刻。

再如《种子的力》这一课，先提出世界上力气最大的是植物的种子。接着用种子发芽能分开头盖骨的事实来证明。为了进一步说明种子的力大，作者又举了小草顽强挺出地面、掀翻石块的例子。最后，指出种子的力是一种看不见的生命力，点出主题。可见这几段是有密切联系的，缺一不可。如果只说种子的力气大，没有实例，就使人难以相信；如果只写种子的力，不做最后的提示(生命力)，也就失去了文章号召人们坚持抗战的意义。因此，一篇文章中各个段落构成了一个统一的整体，从整体出发分析各段间的联系，就会加深对文章的理解。

3. 分析句子的含义

文章中有很多句子是包含深刻意义的，阅读时不能只从字面上去理解，要联系中心思想去分析才能理解深刻。

比如《金色的鱼钩》中有这样一句："我觉得好像有万根钢针扎着喉管，失声喊起来……"这句话应该怎样理解呢？联系整篇文章来分析，就可以知道老班长嚼着草根和鱼骨头，皱着眉头咽下去，这个动作和表情使"我"深深地感到老班长是在为我们吃苦，"我"心里非常难过，骨头扎在老班长的喉管上，但"我"感到像万根钢针扎着"我"的喉管。这句话既表现了老班长为了照顾同志不惜自己受苦的高贵品质，也表现了"我"对老班长的深厚感情。

再如《穷人》这一课中，有这样一句："她自己也不知道为什么要这样做，但是她觉得非这样做不可。"通过分析，可以知道：西蒙死了，孩子总不能和死人待在一起，如果没有人管他们，他们以后怎么办呢？所以说"她觉得非这样做不可"。但她做这件事情的时候并没有做过多考虑，只是良心驱遣她本能地这样做了，所以说"她自己也不知道为什么要这样做"。从这句话中，可以看出桑娜的心地是非常善良的，穷人之间的感情是深厚的。

分析句子含义，就是要分析出意在言外的内容，从而丰富对阅读材料的理解，提高学生的认知能力。

4. 分析和综合的统一

阅读一篇课文，只有分析还不够，还要进行综合。就是说，分析是从局部上具体地理解课文，理解了之后还要把各部分内容串联起来理解。只从局部上分析，理解就会零散；只从整体上分析，理解就会空洞。因此，必须把分析和综合统一起来，即：从整体到局部，再从局部到整体综合。综合，实际上就是归纳整理。经过分析之后，归纳段意、概括中心、总结写作特点等，都是综合。学完一本书，整理重点知识、抓住主要问题、找出自己的收获，这些也都是综合。总之，分析不能孤立地进行，综合也不能孤立地进行，二者要相辅相成、互相促进。分析时要不忘综合，综合时要依靠分析。

（三）想象策略

在阅读一篇课文的时候，教师必须启发学生展开想象的翅膀，通过想象加深对课文思想内容的理解。想象策略，就是通过形象思维，运用想象，把文章没有直接说出来的内容、情景、人物的心理、故事的情节等扩展开，充实起来，使自己的理解更具体、更生动、更形象。

我国古代文学评论家刘勰在他的《文心雕龙》中说："寂然凝虑，思接千载，悄焉动容，视通万里。"意思是说要静静地专心思考，展开想象，使自己的思路连接到千年之后，使自己的视野扩展到万里之外。这就是说，想象是推想出不在眼前的事物的具体情况，使自己如临其境，如见其景，从而更好地理解事物和表达思想感情。教师如何培养学生的想象思维策略，现举例如下：

1. 揣摩作者是怎样想象的

在语文课本中，有不少课文都运用了想象的手法。教师指导学生阅读的时候，应该细心体会，认真探究作者是怎样展开想象的，明确想象的内容，理解通过想象说明了什么问题、表达了什么感情。

比如，人教版《语文》第六册《荷花》这一课中有这样一段："我忽然觉得自己仿佛就是一朵荷花，穿着雪白的衣裳，站在阳光里。一阵风吹来，我就迎风舞蹈，雪白的衣裳随风飘动。不光我一朵，一池子的荷花都在舞蹈。风过了，我停止舞蹈，静静地站在那儿。蜻蜓飞过来，告诉我清早飞行的快乐；小鱼在脚下游过，告诉我昨夜做的好梦……"这一段就是想象。作者把自己想象成一朵荷花，把荷花的颜色比作自己的衣裳的颜色，想象了在风中舞蹈的情景，想象了蜻蜓和小鱼的快乐。通过"风吹来"和"风过了"的情景，写出了自己变成荷花以后的感受。这是一种拟物化的想象，作者通过这样的想象，写出了荷花的美丽，表达了看荷花时的愉快心情。学生在阅读的时候，要认真体会作者是怎样通过想象来描述事物和展示心境的。

再如，北京版《语文》第十二册《黄河象》写的是北京自然博物馆古生物大厅里陈列的一具古代黄河象的化石骨骼。作者为了说明黄河象化石的来历，用科学家的假想，想象了两百万年前一天的情景：天气怎样热，一群黄河象怎样疲劳和干渴；它们怎样来到小河边，老象怎样陷进淤泥里，后来又怎样变成化石。这些想象，生动具体地说明了黄河象化石形成的原因和过程，给读者留下了深刻的印象。阅读的时候，学生可以随着作者的描述，体会当时的情景，在头脑中想象出一幅幅画面，加深理解和印象。同时，要揣摩、体会作者是怎样根据科学家的推断去展开想象和描述的。

小学课本中，还有很多课文是通过想象的方法来描述和说明事物（人物）的。有的是想象了整个故事，如《卖火柴的小女孩》《琥珀》；有的是想象了一个情节，如《灯光》中郝副营长看书上插图时的所想所述，就是他对未来的想象，表达了他对未来的美好憧憬。在开展阅读教学时，教师要引导学生抓住想象的情景，深刻理解作者描述的事物（人物），认识其中蕴含的道理，体会作者的思想，丰富自己的感情。

2. 用想象加深理解

依据课文提供的材料，教师要指导学生理解课文中的想象。有很多文章在说明事物和表达思想的时候，不是具体直白地描述出来，有的时候很概括，有的时候很含蓄，这就给读者留下了推敲、思考的空间。因此，在阅读中，对那些意在言外的地方，或者言尽而意未尽的地方，要引导学生认真地去体会，通过联想、想象丰富自己的认知，充实自己的理解。

比如，人教版《语文》第十一册中的《我的伯父鲁迅先生》这一课，写鲁迅先生热情帮助黄包车夫一段时，有这样一句："他的脸上不再有那种慈祥的、愉快的表情了，变得那么严肃。"读这一句，如果只从字面上理解，只知道是写鲁迅先生的表情严肃，那就太肤浅了。这就需要展开想象。想象什么呢？可以想象他的心理活动，体会到这是对劳动人民的深切同情，是对旧社会的无比憎恨。鲁迅先生多么想推翻旧社会，使受苦人民得到解放啊！通过想象鲁迅先生当时的心理活动，我们就会加深对他乐于助人、爱憎分明的崇高情感的理解。

又如，语文版《语文》第十二册中的《穷人》。这一课结尾写渔夫问西蒙的孩子的情况时，最后一句是"桑娜拉开了帐子"。课文没有写出以后的事情。读到这里，我们可以展开想象：当桑娜拉开帐子时，渔夫看到了什么情景？他有什么表情、动作和语言？现在他们全家是九口人，以后日子怎么熬呢？渔夫和桑娜会怎么关心、爱护、抚养西蒙的孩子呢？可以围绕"穷人宁愿自己受苦，也要帮助别人解决困难"这个中心展开想象。这样，就会丰富自己的认识，加深对课文中心思想的理解。

再如古诗的学习。古诗大多数都是用精练含蓄的语言来描述、说明事物和表达思想感情的。因此，阅读古诗就更需要展开想象，如果只从字面上理解，那就读不出味道了。

比如《登鹳雀楼》这首诗："白日依山尽，黄河入海流。欲穷千里目，更上一层楼。"如果只从字面上理解，那是很简单的，写的不过是太阳落山、黄河入海罢了。但是，展开想象，把自己如同诗人一样置身于鹳雀楼上，想象出一幅辽远壮观的图景：一轮红日在傍晚时是紧挨着群山落下去的，那滚滚的黄河向着浩瀚的大海流去。这是多么壮美的景象。如果再登高一层楼，就会看得更远，欣赏到更加美妙的景物，从中体会到"站得高，看得远"的道理。

再如《暮江吟》这首诗："一道残阳铺水中，半江瑟瑟半江红。可怜九月初三夜，露似珍珠月似弓。"教师可以引导学生借助自己的生活经验，想象残阳如血的情景和它照在江面上的景象，想象露水在月光照射下闪闪发亮的情景以及那弯月的样子。教师可以要求学生把这些景象在脑海中构成一幅图面，进而把它画出来。这样理解课文就一定是深刻的，富有情趣的。学生带着这样的情趣参与对话交流，一定会兴趣盎然。

3. 想象要有依据

想象要有趣，想象要有理。形象思维是多角度的，教师要根据课文的具体情况指导学生展开合理想象。有的课文需要想象画面的情景，如《梅雨潭》《桂林山水》等；有的课文需要想象人物的形象、语言、动作、心理活动，如《卖火柴的小女孩》，可以想象小女孩在大年夜到街上卖火柴又冷又饿以及瑟缩在墙角冻得发抖的样子；有的课文需要想象其蕴含的道理，如《田忌赛马》，可以想象一下：如果齐威王也改变了马的出场顺序，结果会怎样呢？事实上齐威王没有这样做，结果被田忌赢了。这说明齐威王的思维固化，他没有想到情况的变化。通过这样逆向的推测，就会加深对事理的认识。

想象不能凭空乱想，一定要有根据，要合情合理。在阅读中想象，教师必须要求学生：一定要从作者的写作意图出发，紧紧围绕文章的中心思想去想象，即要根据文章的具体事实和作者的观点以及思想感情去想象。如此，才能加深对文章的理解，充实自己的认识，丰富自己的感情。

想象，还需要结合自己的生活经验，把自己亲身经历的事情和阅读中得到的知识恰当地运用到阅读理解中去。比如学《钓鱼》一课，如果学生也曾钓过鱼，那就可以想象一下自己钓鱼的情景，有什么经验教训，通过阅读课文加以对比，从中又可以回味钓鱼的乐趣。如果学生去过桂林，那么在学《桂林山水》这一课时，就可以展开想象，除了课文中描述的山水美景，自己游览时还有什么感受，进行补充说明，这样就会增加阅读交流的情趣。

爱因斯坦说："想象力比知识更重要，因为知识是有限的，而想象力概括着世界上的一切，推动着进步，并且是知识的源泉。"

总之，要提高学生的想象能力，教师就要指导学生掌握阅读中的想象策略，掌握方法，要求学生身体力行，多读书，多观察，多积累，多思考。在阅读中，学习各方面的知识；在观察中，认识各方面的事物；在思考中，加大联想力度，注意事物之间的联系。这样，才能使形象思维具有深度和广度，使想象丰富多彩。

(四)设疑策略

设疑是学习知识和认识事物必不可少的重要方法。设疑，就是在读书时提出疑问，带着问题去读书，去思考，去解决疑问。通过设疑和释疑，能够促使学生认真读书、深入思考，提高理解知识和认识事物的能力。因此，读书时要多想多问，只读不想、只读不问，就不可能得到深刻的理解和收获。

我国清代的郑板桥，诗词书画造诣都很高，而且很讲究学习方法。他说："学问二字，须要拆开看，学是学，问是问。今人有学而无问，虽读书万卷，只是一条钝汉尔。……读书好问，一问不得，不妨再三问；问一人不得，不妨问数十人，要使疑窦释然，精理迸露。"可见，读书必须问，这就是设疑。当然，问什么，怎样问，问了以后怎么办，这还要在读书过程中去发现，去思考。只要养成问的习惯，就能逐渐展开问的思路，丰富问的内容，并且获得解决疑问的方法。

1."问"是阅读的阶梯

古人把学习称为"做学问"。"学"的后面是"问"。可见，获取知识离不开"问"，"问"是读书的向导，是思考的起点，是打开知识宝库的钥匙，是进步的阶梯。法国著名小说家巴尔扎克说："打开一切科学的钥匙都毫无疑问的是'问号'；我们大部分的伟大发现都应当归功于'如何'；而生活的智慧大概就在于逢事都问个为什么。"我国明代学者陈献章说："小疑则小进，大疑则大进。疑者，觉悟之机也。一番觉悟，一番长进。"这些都说明，读书要善"问"，有疑问才能有长进。古今中外的名人，都是博学、善问、富有钻研精神的。他们从小就善于思考，不论在读书时，还是在生活中都注意发现问题，提出问题，对什么事都要追根问底，比如，瓦特小时候就提出"壶盖为什么会动"的疑问，他后来发明了蒸汽机；詹天佑小时候对"闹钟为什么会自动响铃"产生了疑问，于是他把闹钟拆开仔细观察，终于明白了其中的道理。这都说明，疑问是发现问题、解决问题的开始，是发明创造的萌芽。可以这样说，"问"是开山的"斧"，是深耕的"犁"，是探索地下矿藏的"雷达"。读书学习，如果不善于"问"，那就像青石板上的一粒种子，永远也找不到扎根的土壤，永远也不会发芽、生长。

在学习实践中，常常有这样两种情况：有的人不耻下问，遇到不懂的问题，总是勤于思考，或自问自答，反复推敲，弄清道理；或请教别人，求得解决方案。他们的学习进步很快，知识越来越丰富。而有的人学习不用心，囫囵吞枣，发现不了问题，即使发现了问题，也不愿意钻研，满足于一知半解、似懂非懂。他们的学习进步很慢，知识面很窄。

比如，一个学生在读《第一场雪》这篇课文时，在下面两句话中发现了问题。这两句话是：

①冬天的山村，到了夜里格外寂静，只听见雪花簌簌地不断往下落……

②一阵风吹来，树枝轻轻地摇晃，美丽的银条儿和雪球儿簌簌地落下来……

该学生发现，这两句话中都用了"簌簌"这个词，但初读课文时就觉得意思不大一样，应该怎样理解呢？他带着这个问题又反复细读了这两句话，结果发现第一句中有"只听见"三个字，第二句中有"美丽的"三个字。根据分析句子的意思，他认为"只听见"是针对声音说的，"美丽的"是针对样子说的，因此两句话中的"簌簌"不是一个意思。他并没有到此为止，为了得到确切的解释，他又查了词典，结果明确了"簌簌"有两个意思：一是指风吹叶子等的声音；二是指纷纷落下的样子。

这个例子说明，只有善于发现问题、提出问题、解决问题，才能不断丰富知识，提高能力。相反，如果读书不动脑筋，走马观花，那就不可能获得进步。

2. 在阅读中设疑

设疑是学好语文的一个重要方法，它能促使学生深入思考问题，增强理解能力，培养与人交流的能力，提升对话的质量。从设疑到解疑的过程，就是学生的阅读能力、思维能力和鉴赏能力不断提高的过程。因此，在阅读中，教师指导学生学会设疑、养成思考的习惯是非常重要的。那么，在阅读中应该从哪些方面设疑呢？下面提出几点建议。

（1）整体性设疑。这是从掌握课文内容方面设疑，一般在初读文章时进行。目的是通过设疑，先对文章有个整体认识，也就是先了解文章主要写了什么内容，反映了什么主题。比如《将相和》这篇课文，可以这样设问："'将'是指谁？'相'是指谁？他们开始为什么不和，后来怎样和好的？这篇课文说明了什么问题？"通过读一读、想一想，就能比较准确迅速地抓住课文内容、捕捉课文中心、了解事情的前因后果了。整体性设疑重点是解决"写了什么"和"为什么写"的问题。

（2）研讨性设疑。这是针对写作方法的设疑，一般在精读课文阶段进行。这一步，可以围绕课文本身的特点和单元训练重点进行，可参照"读写例话"的内容，目的是通过设疑，探讨文章是怎样写的。例如《小站》一课，可以这样设疑："作者从哪些方面写小站的'小'呢？写小站的布置是按什么顺序写的呢？"通过精读研讨，就可弄清作者的思路，掌握文章特点，学到写作方法。再如《风》这一课，可以这样设问："作者抓住哪些特点来写老北京的风的？"通过阅读研讨，就可以学到作者细致观察和具体描写的方法。

（3）鉴赏性设疑。这是从评论欣赏的角度进行的设疑，一般在精读课文以后进行。目的是针对课文写得怎么样，进行品评、分析、欣赏，从而加深理解和体会，提高审美能力。例如《桂林山水》一课，可以从下面几点进行设疑：①作者开头两段写桂林的水和山用的是什么写法呢？（仔细想一想就会明白：作者用了对比的写法，把大海和西湖与漓江作比较，映衬出漓江水的柔和、静谧；把泰山和香山与桂林的山作比较，突出了桂林的山的奇特、壮美。）②作者写桂林山水抓住了哪些特点呢？（写水，抓住了静、清、绿的特点；写山，抓住了奇、秀、险的特点。）③作者把桂林山水写得非常形象，用了哪些比喻句呢？（"漓江的水真绿啊，绿得仿佛那是一块无瑕的翡翠。""像老人，像巨象，像骆驼……像翠绿的屏障，像新生的竹笋……"）④课文使人读起来朗朗上口，如诗如歌，富有节奏感，为什么呢？（作者语言丰富，比如仅四字词语就有"荡舟漓江""波澜壮阔""水平如镜""峰峦雄伟""红叶似火""拔地而起""各不相连""奇峰罗列""形态万千""色彩明丽""倒映水中""危峰兀立""怪石嶙峋""云雾迷蒙""绿树红花""竹筏小舟""连绵不断"等。）通过鉴赏性设疑，可以体会到文章的妙处，学到更多的知识。

阅读中的设疑是多方面的，不限于上述几点，比如，一字，一词，一句，一段，一篇文章的题目，整篇文章的层次结构、内容与思想、写作特点等，都可以设疑。

3. 培养学生质疑问难的能力

我国古人云："授人鱼，不如授人以渔。"语文教学，教师不但要"授之以法"，教给学生学习方法，还要让他们学会主动积极地思考，增长才干。

苏联教育家赞可夫主张让学生主动地参与"知识的产生"过程。首先，教师要在课堂教学中创造学生质疑、释疑、积极思考的民主氛围。教学民主体现着启发式教学的精神实质，它是培养学生创新精神和创造才能的重要保证。教师提高学生质疑问难的能力，先要鼓励学生"敢问"，要爱护学生"敢问"的热情，对于积极参与问答的学生都要善意对待，对不着边际的问答也不能挖苦、不耐烦。教师还要学生"善问"。教师要研究学生的学习基础、学习特点、学习规律，了解学生的认知水平和实际经验，培养学生在思考中善于抓主要矛盾、抓本质东西、抓事物的内部联系。

学生质疑问难有四个层次水平：一是不会提问，思维无条理、无深度、无目的地乱提问；二是能提出一些有一定认识水平的问题，这些问题比较简单，只要读课文就可以从字面上找到答案；三是能提出具有一定理解水平的问题，这些问题需读懂课文，经过分析、综合等思维过程才能得出正确答案；四是能提出具有探索水平的提问，这些问题书上没有现成答案，需要经过讨论，甚至争论进行探究才能解决，这是创造性的提问。

培养学生发现和提出问题的能力，对教师的教学提出了更高的要求。学生学得活，教师就要教得活。教师在备课中，要充分考虑学生会遇到什么问题，提出什么问题。教师既要"放"得开，又要"收"得拢。如果教师在课堂上被学生问住了，也不要紧，这说明学生学得活、水平高，教师应该高兴，教师要放下架子，虚心学习，做到教学相长。

以上"比较""分析""想象""设疑"是对话课堂教学必备的四项阅读思维策略，在教师的悉心指导下，学生自己经常练习，不但能够积极参与对话交流，还能提升自己的阅读素养，终生受益。

四、对话教学的原则

(一)知情相融的原则

完整的生命是认知和情感的统一体。美国著名心理学家布鲁姆把认知和情感比喻为人生的两架梯子，它们相互补充，引导人走向生命的巅峰。情感的存在，使人的生命变得更有活力，更光彩夺目。良好的认知状态总是与良好的情感状态相联系，良好的情感体验能够促进认知的发展。对话教学应该是理性与感性、理智和情感相融合的教学。教学双方不仅要实现知识信息的相互传递与融合，而且要实现情感信息的相互传递与融合，这样的教学过程才是涌动着激情与灵感、弥漫着人情味儿的教学。所以，对话教学的过程既是一个理性的认知过程，又是一个情感的体验过程。对话教学活动必须通过学生的情感活动促进知识的增长和能力的发展，同时，通过良好的认知可以满足学生的心理需求，引发学生良好的情感体验。

(二)知能统一的原则

关注知识、轻视能力已成为传统教学的一大弊病。面对"终身学习"的社会，传递知识已不是教学的唯一功能。新的教学功能理论认为，教学的首要功能已非传授知识，而是一种社会过程。在这个社会过程中，不仅要丰富学生的知识，而且要提升学生的情感；不仅要注重知识的最终获得，而且要注重知识获取过程中的体验和获取知识的能力的形成。在对话教学中，要通过对话的引导，促使学生学会从不同渠道获得所需要的知识和信息，并能够对呈现在教学过程中的大量信息进行分析、加工和综合，以使知识的获得和能力的培养统一于对话教学的完整过程中。

(三)回归生活的原则

"教学即生活"的意义就在于视师生的课堂教学过程为师生生活的一部分，课堂即生活，生活即课堂，二者应该是一个共同体，不应存在任何割裂。对话教学中，教学内容应贴近学生生活，教学方法应结合实际生活，教学结果应运用于实际生活。从生活中引入源头活水，最终流入生活的大海的知识才是活的知识，才能充分显示知识的强大的生命力，才能进一步激发学生的学习兴趣和热情，才能使课堂教学真正为生命的发展服务。

(四)课内外结合的原则

对话教学的实施是一个完整的教育过程，要实现课堂上的师生沟通、合作与对话，必须要求师生在课外做大量的积累工作。只有具备了丰厚的信息积累，才可能有充分的思考与质疑。四十分钟的课堂教学只是完整的对话教学最集中的体现，是课内外积累的凝练，其深厚的底蕴远非四十分钟所能够涵盖。所以，对话教学应重视课内及课外各种形式的对话，既要注重师生的言语对话，又要注重师生与文本的对话；既要注重人人对话，又要注重人机对话；既要注重课堂对话，又要注重课外对话；既要注重对话的手段，又要重视对话的实质，以实现全方位的对话。对语文学习来说，课外有更广阔的学习天地和空间，所谓"得法于课内，得益于课外"，说的正是这个道理。

(五)分层共进的原则

每个学生都是不同于他人的独特个体。对话教学中的民主平等的精神，就意味着教师必须承认学生间的这种差异。教师应努力克服传统教育中追求整齐划一的弊端，在面对不同潜质的学生时，应该给他们相同的机会，使每一个学生都成为平等的对话者，使每一个学生都最大限度地参与到对话中来，为不同的学生创造不同的对话氛围和条件，保证每个学生都能较充分地表现自己和发展自己。

(六)抓住契机，提升思维水平

课堂中，对话无处不在，提升对话质量的关键是教师抓住对话契机，引导学生不断开拓对话深度、广度和效度，让课堂在对话中提升思维水平，展现生命活力。

如学习《李时珍》第 2 自然段：

"……有一回，父亲遇到了疑难病症，一时想不出有效的药方。李时珍轻声地说了一张古方，父亲一听，他说的药方正对症，才同意他学医。"

学到此，有学生问：为什么李时珍知道良方还要轻声地对父亲说？

于是，教师抓住学生的质疑，引导学生走进文本，与同伴对话：

生 1：我认为李时珍怕给父亲丢脸。在当时父亲已小有名气，而那天却遇到了疑难病症。他怕说错了父亲不开心，影响父亲的名声。

生 2：我觉得李时珍"轻声"说，只是想帮父亲的忙，不想表现他的本领比父亲强。因李时珍的良方是他"偷学"来的，只能轻轻地说。如果大声说，万一说错了怎么办？况且父亲还不同意他学医。他不想令父亲不开心。

师：(追问)你为什么说是他偷学来的？

生 3：因为上文说"那时候，行医是被人看不起的职业"。李时珍的父亲不想让儿子再当医生，但是李时珍却偷偷留心学习父亲的本领，还暗自记下了不少药方。

生 4：因为李时珍如果"大声"说话，会影响旁边的病人。病人需要安静，如果声音很大，受了刺激会更糟糕。

生 5：我也这样认为，况且这病人患的还是疑难杂症，病人心情本来就糟，如果他还大声说，或许不但会惹父亲生气，还会令病人心情郁闷烦躁。他心里一直替别人着想！

……

这里，教师抓住了学生的疑问，引领学生走进文本，与同伴对话，从而使学生的思维一直处于积极的对话状态中，并通过不同角度的再读、再解，思维从疑问中解放出来，把学生引向了更广阔的社会空间，使对话提升了思维水平。

第二章　指导对话教学技能

一、微格教学技能概说

（一）微格教学技能的分类

微格教学是对教师进行教学技能培训的方法，它伴随着对教学技能的分类而产生。传统教学中，由于课堂教学的复杂性，各种教学行为在时间和空间上交织在一起，使得宏观层次上的教学活动难以模式化，教育理论指导教学实践长期停留在笼统的原则上，造成对教师教学能力的培养出现只能意会不能言传的尴尬境界。

在微格教学的研究实践中，首先是将完整的课堂教学任务作为宏观的教学目标，采用还原论的方法，将这一目标再细分解为若干子项目标，然后按教师教学行为方式的特点进行分类，这样建立起来的教学技能模式，使得教育理论对教学实践的指导达到了操作水平。这种方法我们总称为"任务分析和行为分析法"。

北京教育学院微格教学课题组对本市三千多名中小学教师开展调查研究，利用"任务分析和行为分析法"进行聚类分析，归纳了 8 类、9 项教学基本技能，如表 2-1 所示：

表 2-1　基本教学技能分类

教学任务	教学技能
答疑解难传递教学信息	语言技能
引起学习动机	导入技能
传授知识和传播思想	讲解技能
培养学生能力	提问技能
教学内容直观	演示和板书技能
促进和塑造学生正确的学习行为和态度	强化技能
提高教学信息传递效率和减轻疲劳	变化技能
教学内容的融会贯通和保持	结束技能
课堂教学管理	组织技能

根据心理学理论，将按照表 2-1 的分类标准和分类方法所得到的教学技能，统称为基本教学技能。

基本教学技能是能够有效地完成某一方面教学任务的一类教师教学行为，同一类的教学行为在其行为方式和功能上有某种共性。教学技能可以通过描述、示范、模仿和训练获得。

微格教学不但对基本教学技能进行分类研究，还对各项教学技能分别制定了比较规范的框架体系：明确了各项教学技能的定义、功能、结构（要素）、类型、应用要点等内容，统一了对基本教学技能的阐述结构。在教学技能培训中对学员进行一系列的行为分析和评价，增加了操作的规范性和可行性。

由于每项教学技能的阐述都有定义、功能、结构（要素）、类型、使用要点、评价标准和教案示范等明确的要求，对受训者的教学行为可以做到定量分析与定性分析相结合，既提高了技能训练的准确度，又不因分析过细而忽略了教学的整体性和艺术性。

如提问技能：

提问技能的定义是：教师运用提出问题，以及对学生的回答做出反应的方式，促进学生参与学习，了解他们的学习状态，启发他们的思维，使他们理解、掌握知识并发展能力的一类教学行为。

提问技能的结构是：由设计、措词、焦点化、分布、停顿、反应、二次行动等要素构成。

提问技能按认知水平分类可以有回忆、理解、运用、分析、综合、评价等基本类型。

虽然基本教学技能所描述的教学行为还有一定的概括性，但已经使得教学理论对教学行为的指导达到了操作水平，从而保证了教学技能训练的有效性。

（二）微格教学技能的特点

微格教学完成了对教学技能的分类研究，那么，观察这些基本教学技能，它们有什么特点呢？现简述如下：

1. 教学技能是一类教学行为，不是教学片段或教学环节

心理学对技能的定义是"完成某项具体任务的动作或心智活动方式"，而微格教学定义的教学技能是对应完成某项教学任务的"一类有效教学行为"。这"一类有效教学行为"就是指"完成某项具体任务的动作或心智活动方式"。这类教学行为目前还有概括性，尚未细分到更具体的教学行为层次上。但是，这一类教学行为在教学功能和方式上有某种共性，它们清晰地对教学技能进行了理论说明，并对其模式进行了具体描述，这就突破了传统上对宏观教学

活动不能建立稳定行为模式的限制，使教学技能成为看得见、可操作的训练模式。

教学技能是一类有效的教学行为，说它有效，是因为这类教学行为在教育理论指导下经过聚类分析是符合教学规律，且被广大教师的经验证明是科学而有效的。教学技能不是教学理论的原则要求，它回答了为完成某一方面的教学任务，教师应该做什么、怎样去做、为什么这么做和这么做的结果。

如导入教学技能的结构是：引起注意、建立联系、形成期待、促进参与。依上述结构设计的导入，就能使教师在进入新课时，运用建立问题情境的方式，引起学生注意，激发其学习兴趣，使其明确学习目标，形成学习动机，产生进一步参与学习的需要。

说教学技能不是教学片段或教学环节，是因为教学片段或教学环节具有综合性。在实际的教学活动中，任何教学活动都总是同时综合着若干行为类别，从不同方面表征着教师与学生的相互作用。提及某种教学技能行为，则意味着这种行为在某个教学时刻具有优势地位，它对完成某项教学任务作用突出。如，为了调动学生积极思考，则使用提问技能，虽然在实际操作中也会掺杂着演示、讲解、板书等行为，但是，教师的教学目的是培养学生的思维能力，所以称为提问技能。下面举一个更为具体的例子：

教师在黑板上写"大"字，教师环视全班问："这个字念什么？"学生答："大。"教师说："很正确"，然后指着"大"字说："'大'字添上一点，又念什么？"学生说："犬。"

教师用笔将一点点在"大"字上说：这是个'犬'字，对吧。"然后将这一点擦掉，追问："还有其他字吗？"学生说："太"。教师说："对，'大'字如果添上一横呢，念什么？……"

这里，教师运用的是提问技能进行教学，但是，很显然其中配合有板书技能。

如果训练的是教师的提问技能，则可以看教师提问的分配（叫什么样的学生回答），提问的节奏，所提问题是否准确，提问过程是否流畅，提问反馈的质量，等等。就不必专门看教师写的字是否美观，板书安排是否匀称、合理等。

如果这里训练的是教师的板书技能，那就要看教师写字是否熟练、工整，运笔是否正确，笔画、笔顺是否合理，写字布局是否匀称等。

如果将板书和提问一起观察可以吗？可以，只要能够区分出单项教学技能的一类教学行为即可。如果将提问和板书一起评价可以吗？那就要看教师学员的接受程度，如果学员接受能力强，就可以将评价的面放宽一些，如果接收能力低，则最好专门评价当前所训练的某项教学技能。这样学员注意力集中，效果就好。

新入门的学员主要是不能辨别某项教学技能的一类教学行为，他们对教学技能还有生疏之感，这是利用微格教学进行教学技能训练的入门难点之一。

2. 基本教学技能的概括性

如前所说，经过聚类分析的若干教学基本技能还具有概括性。如教师使用提问技能，实际操作的过程中还意味着其中有可能同时掺杂着演示、讲解、板书等行为，它的操作具有整合性特点。

对教学技能再分析得细一些，可以吗？比如，训练戏剧演员的演技，像眼神、兰花指、台步一类的技能，就比较精准、单纯。这一点，美国微格教学创始人阿伦最早进行微格教学的时候，就试图这样训练，比如，让教师随意挑选一个概念（如"雪"或"杯子"）练习提问、回答或讲解。后来，人们发现这种方法离课堂教学实际较远，不实用，教师们更喜欢结合真实的教学情境进行训练。

于是，就出现了这种情况：凡是结合教学实际的技能训练，都必然是比较复杂的教学行为，也就是我们这里所讲的课堂教学的基本教学技能，但是，运用这些基本教学技能进行教学的时候，自然带有某些概括性和综合性的特点。

后来，在微格教学的实践中，人们发现，还有一些相对于基本教学技能更简单的教学技能行为，也是比较贴近教学实际的，同样是实用的。

如，从板演技能中分解出教师的书写技能，因为现在电脑比较普及了，很多师范生从事教学工作却不能正确地书写汉字了，因此，他们就需要培训板书、板画技能。

又如，课堂中的组织教学技能，人们发现它的概念比较大，它可以再细分成观察技能、倾听技能、维持纪律技能、应变技能、指导口语交际和组织讨论技能等，这些分解出来的技能对教学都是实用的，而且可以单独训练。

再如，语言（指课堂教学语言）、体态、读书（指出声读）等技能，没有这些教学技能，就不具备基本的教师素质，所以我们将这些技能称作"一般教学技能"，以区别于"基本教学技能"。

由于"一般教学技能"对教师的教学行为分得更细了，相比于"基本教学技能"，它的概括性更弱些，操作性更强些。

但是，在教师培训实践中，人们对于一般教学技能往往嗤之以鼻，不屑一顾，认为这都是小打小闹，好像这些一般教学技能是教师与生俱来的，用不着培训，所以人们更偏爱对基本教学技能的训练和掌握。

其实，如果教师不具备这些一般教学技能，他根本就进不了课堂，他就做不成教师。

我们相信，随着教学理论的深入发展，对教学技能的研究将会更加清晰、科学、规范，更贴近教学实际。

3. 应用教学技能的多样性

任何一项教学技能都不能独占教学天地，只有多种教学技能相互配合，才能完成教学任务。

在职教师的技能培训实践表明，在进行任何单项教学技能训练中，总是同时结合着其他教学技能的运用，它们实际上是彼此相互支撑着的。如演示技能，教师在操作过程中，还要结合讲解、提问、板书等技能，说它是演示技能，是因为该技能在此授课阶段占有优势地位，在使教学变得更加形象、直观方面作用更为突出。

4. 教学技能构成要素的渗透性

各项教学技能的结构要素有多个方面，它们互相交叉、渗透。如表 2-2 所示：

表 2-2　教学技能构成要素相互渗透表

教学技能名称	教学技能结构要素
教学语言技能	语音、语调、语速、音量、节奏、词汇
讲解技能	探察、例证、流畅、连接、强调、反馈
提问技能	结构、措词、焦点化、分配、停顿、反馈
变化技能	语言、语音、教态、媒体、活动
演示技能	设计、引入、操作、指引、组织
强化技能	语言、动作、标志、接近、活动
结束技能	概括、总结、实践活动、扩展、反馈、评价、监控

如讲解技能，它的构成要素有探察、例证、流畅、连接、强调、反馈等，其中反馈要素就不只是讲解所独有的，提问、结束技能中也包含这项要素。

5. 基本教学技能使用的学科性

教学技能经过聚类分析建立了稳定的教学模式，但是，应该看到，不同的学科、不同的教学内容对某项教学技能的操作是不尽相同的。如提问技能：文科、理科使用提问的结构要素相同，但因为教学内容不同，提问的类型就有不同的变化。

如数学教学，根据课堂教学的进展和学生思维发生的变化，可以提出多种深浅、难易程度不同的问题类型：记忆型、推理型、分析判断型、迁移型、发散型、评价型等，这就更适合数学教学的特点。

语文教学的词语教学，可以提出确认型、解释型、深入型、引申型、应用型、分析型、评价型等问题类型，这就更适合字词教学的特点。按照语文教学过程的特点设计提问，就可以有引入提问、初读提问、细读提问、精读提问、巩固提问等多种类型。

6. 教学技能行为的对象性

现代教学论指出：教学活动是"教"和"学"的双边活动，教师行为变化必然引起学生行为变化，如果只考虑教师行为，不考虑学生行为，则这种认识是错误的。教师和学生，两者都是教学的主体，把教学称为"教授—学习过程"，表述的就是这种关系。在微格教学技能培训中，必须考虑学生的学习行为，才能使教学技能训练更真实，训练质量才能切实提高。

(三)微格教学技能的层次水平

通过培训实践，我们发现，根据教学技能自身的特点，课堂教学技能可以有一般教学技能、基本教学技能、综合教学技能、教学技巧风格四个层次水平。教学技能的掌握有一个从经验上升到教学技艺的历程。见下图 2-1 所示：

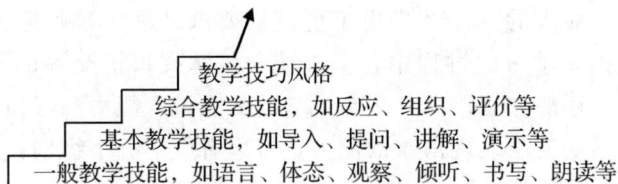

教学技巧风格
综合教学技能，如反应、组织、评价等
基本教学技能，如导入、提问、讲解、演示等
一般教学技能，如语言、体态、观察、倾听、书写、朗读等

图 2-1 课堂教学技能不同层次分类

只有当教师掌握了层次较低的一般教学技能和基本教学技能的时候，他才能够进一步综合协调地运用多种教学技能，他的教学才能上升到更高的水平——技巧。这时，教师经过一定时间的实践探索和磨炼，才能进而形成具有自己个性特点的教学风格。当教学形成技巧、风格和艺术水平时，这是教师本人独特的创造力和审美价值定向在教学领域中的结晶。

综合地运用各种基本教学技能进行教学，是高水平的教学。如，组织教学技能，它需要教师不但事先有目的、有计划、有步骤地精心设计整个教学过程，且在课堂教学中实施，还要在课堂教学中随机应变，灵活地处理，综合运用多种教学技能。

二、指导对话教学技能的定义

在语文阅读教学中，指导对话教学技能指教师以阅读材料为依托，组织、引领学生依据已有的阅读经验，对文本的语言、情感等内容从多种角度进行自主理解、感悟，在合作、对话交流中，实施有效阅读的一类教学行为。

《语文课程标准》明确指出：阅读教学是学生、教师、文本之间的对话过程。"对话"充盈着如今的语文课堂，它展示了新课程理念下富于灵性的课堂景观。在这样的课堂教学中，"对话"是一个环节，是一个过程，更是一种理念。它形成了教师与文本之间、学生与文本之间、师生之间、生生之间互动的网状关系，实现了学生、教师、文本的和谐统一。

有关专家指出：小学语文阅读教学内容，历来只是以阅读对象作为自己教学的对象，没有把阅读的过程列入自己的教学议事日程，没有把阅读这一活动过程中所需要的方法、技能和技巧的培养作为自己的教学内容。这是长期以来阅读教学效率不高的重要原因。

在语文阅读课中，学生参与对话交流是积极的口语交际活动，而口语交际是人际交往中基本的语言活动，是适应现代社会发展所需要的重要能力。随着科技的不断发展，人际间的对话距离大大缩短，口语交际场合和范围更加开放和广阔，对人的"口才"提出了更高的要求。语文教师应充分利用本学科的特点，在指导学习的过程中，不仅让学生掌握口语交际的知识，训练学生的听说能力，还要注意培养学生与人交流的意识、能力和习惯。

学生在对话交流中表现出来的能力，可以有以下五个级别：

（1）读了课文，对文章的梗概叙述不出来；

（2）能说出内容梗概，抓不着重点，全靠教师指点；

（3）有一定的阅读方法，能回答教师的提问；

（4）能自行阅读，并且说出自己的体会，能参与讨论交流；

（5）能够提出有创造性的见解，能积极质疑、辩论。

通过观察发现，在阅读课堂教学中，学生的对话交流还不尽如人意，主要存在三种现象：

（1）不想说。封闭式性格，习惯了被动地听，根本就不想说话，认识不到说话对自己有益；

（2）不敢说。怕当众出丑，信心不足；

（3）不会说。因为知识储备不足，说话没有内容，不会表达。

在语文课堂教学中，教师对组织学生开展对话交流还心存顾忌，主要有六种心态：

（1）赶进度。怕完不成预定的教学任务，不愿给学生发言的时间。

（2）满足感。一些教师有天然的自我欣赏心理，上课习惯一讲到底，满足于自我传授知识的成功感。

（3）图省事。嫌学生说话水平参差不齐，教师反馈矫正起来麻烦，不如自己讲干脆、利落、省事，于是滔滔不绝地讲解。

（4）不相信学生。认为学生发言水平不够高，没有教师讲得清楚明白。

（5）忽视思维实践。热衷于学生听讲的学习方式，忽视学生的语言实践性，片面认为知识可以通过"听"的渠道学会。在课堂中，"教师提问，学生回答"只是走过场，教师用提问串讲课文，目的只是得到问题的答案，实质上，并没有对学生进行思维能力的训练。

（6）单纯完成任务的观点。教师认为传统的教授方式足以应对考试，因为学生的考试成绩是硬指标，学生只要记住教师传授的知识就行，何必再弄个对话教学给自己添麻烦。

当代的新课程理念提倡主体性学习、合作学习、创造性学习，要求教师改变角色，成为学生学习的合作者、帮助者、学习的伙伴。

在语文阅读课中，对话教学是打破传统语文教学中"书本中心、教师中心、课堂中心"的一种较为理想的方式。教师必须充分认识、了解阅读课中组织对话交流的意义、价值，身体力行，使指导对话教学呈现更加多元、更加丰富的局面，为语文教学改革提供新的途径。

三、指导对话教学技能的功能

1. 充分发挥学生阅读文本的主动性、积极性，培养学生的创造能力

在阅读教学过程中，教师提供对话平台，学生参与对话，就要积极观察、倾听，吸收课堂中的对话信息，并通过思考，进行判断、归纳、推理，然后用自己的语言表达出自己的观点、态度或情感，使得学习者的主动性得到发挥，锻炼了自己的思维能力和创造力。

例如，《黄河象》一课的教学：

学习将要结束时，教师提出一个话题：请大家自由组合，小组讨论：科学家的假想合理吗？如果不合理，你认为应怎样改编？

由于给了学生这样一个向课本挑战的机会，学生的兴趣一下子被激发起来了。一时间教室内讨论声四起。

在阅读课中，学生的阅读表达能力可通过三条途径来实现：语词感、语境感、语感。语文教材中的课文内容为对话交流提供了凭借，教师要抓住课文教材内容所隐含的互动性因素，认真钻研教材，巧设对话结合点。教师更

要重视学生在语言表达中情感、思维的参与，不脱离具体的文本情境、思维情境，选择的对话表达的切入点，既要有训练价值，又要有表达价值。

抓准文本的读、说结合点，设计像磁石一样的话题，选择恰当的教学时机，激活学生已有的知识、经验和情感记忆，是构建高效读说结合教学的基础。教师在阅读教学中，将学生解读文本的兴趣点、文本意蕴的侧重点、语言范式的练习点尽可能地重叠在一起，读说结合就可能是最优化的，阅读教学也便会自然地和学生的表达、交际相互交融。

2. 提升对话交流中探究、沟通能力及阅读能力

在实施对话的课堂教学中，学生的学习状态变了，他们从躲着不爱发言到敢说，又从敢说变得会说。他们边倾听、边阅读、边思考，通过交流，既增加了自己的见识，加深了自己对课文的理解，又评价、补充他人的发言，这就必然在对话交流中锻炼了自己的阅读能力和表达能力。

例如，《死海》一课的对话节录：

师：我们今天继续学习科普类的说明文，谁说说怎样学习呢？朱××，你能告诉大家吗？

生1(朱××)：老师，我不会回答。我请同学高××来帮助我。

生2(高××)：我来帮你，学习科普类说明文，学习方法要抓住两个方面，一方面是了解事物的现象，另一方面是探究成因。

从课堂实录中看出，学生能从对话交流中得到相互启发，并锻炼自己的思考能力。实践说明，学生之间的同侪互教，使得沟通更轻松，更直白，更容易被接受，在对话课堂中建立的新型的师生关系和生生关系，能够切实培养学生的学习主动性、独立性，提升阅读水平和沟通能力。

3. 提高听话、说话能力，养成良好的交际习惯

在阅读对话教学中，学生要倾听、发言，口语交际必不可少。如，在对话中，教师要求学生使用文明用语，要求学生时时、处处体现文明性，显得有修养、有风度，把文明礼貌语言贯穿到阅读对话活动的实践中。

比如，求别人给予帮助时，要用商量的口吻说"请"；

别人帮助了自己时要说"谢谢"；

当别人向自己表示感谢时，要说"别客气"或"没关系"；

当自己判断有误无意中伤害了别人时，要主动说"对不起"；

又如，进行课本剧表演或到台前当众讲话，上台要行礼，向大家问好，并简要介绍自己上台的目的、主旨。观众要鼓掌，表示欢迎。下台前要告诉观众表演结束，向观众致以谢意，并行礼再走下台，观众要鼓掌致谢。

教师既教书又育人，教师在指导口语交际技能的实践活动中，要注重培

养学生的听说技巧，规范他们的言语举止，培养他们良好的交际习惯。

【案例1】一位教师的对话教学体会

对话课使我的教学大变样

还记得以前上语文课，大部分学生不会说，不敢说，发言不踊跃。为了面向全体学生，我也时常叫一些差的学生回答问题，他们或是吞吞吐吐答非所问，或是尴尬地站在那里一言不发。我总是埋怨学生嘴笨。

实施对话课教学以来，我才发现不是学生不会说，而是老师缺乏科学的指导方法。经过专家的指导，我学会了指导学生对话交流的方法。

随着对话课的不断实践，我的授课方式发生了改变。在课堂上，我尽量少说，通过设置科学的适合学生思考的话题，让学生去讨论交流。

以前总有学生不举手就回答问题，如果回答错了，其他学生便随便说出自己的答案，我就会批评制止。自从学生在对话课中掌握了交际语言，他们在课堂上变得有礼貌了。学生回答完问题会说："我回答完了，谁还有补充或不同见解？"如果谁回答问题遇到困难，也不尴尬，他会求助说："谁来帮帮我？"学生们能够在对话中彬彬有礼地讨论，同学之间、师生之间的学习气氛更和谐了。

对话课让我改掉了爱讲的毛病。以往遇到学生不会的问题，我就不厌其烦地给学生讲解，耗费了自己巨大的精力，有的学生还没听进去。现在，在课堂上遇到问题，我就让学生自己读书，小组讨论，然后全班交流。把解决问题的主动权交给学生，这样做大大提高了学习效率。

对话课使我和学生的关系更和谐。以前学生不愿意回答教师提出的问题，怕出错挨批评。现在，我更多地运用激励性语言，充当学生对话交流的倾听者、帮助者。有时在课上，学生竟然忽略了我的存在，他们更愿意与同学交流，向同学求助。

通过对话课的训练，学生敢说了，会说了，有了自信。在学校的升旗仪式上，在元旦诵读表演中，他们踊跃上场，落落大方，彬彬有礼，向全校师生展示了一个自信的班集体。学生素质的提高是我教学改革的最大收获。

【案例2】一名学生的对话课学习收获

口语交际的魅力

听！一阵阵赞许声不绝于耳："对！""不错""很好！""谢谢！"……

这就是我们六(1)班的阅读对话课堂！瞧，同学们露出一张张甜美的笑脸，一只只小手使劲儿地鼓掌，老师的脸上也挂满欣慰的笑容……

这个学期我们把对话交流带进了课堂，这使我们的语文阅读学习渐渐地有趣起来，同学们也变得更加自信，都能把自己的所读、所想、所感用口语交际的方式表达出来。

一天下午，同学们昏昏欲睡。这时，老师笑容满面地问："这个自然段你最感兴趣的内容是什么？请大家交流，最后竞选出一位小博士。"

顿时，争当小博士的愿望激起了同学们的兴趣，一只只小手举起来，个个信心十足，竞相发言。

最后是王××发言，他说得井井有条，先说这段的主要内容，之后说从哪几个词看出了什么。他还适当地加了一些礼貌用语，比如："个人一些小小的见解啦""大家见谅啦""静听教诲啦"：净是些新鲜少见的词！他的谦虚态度给大家一种舒服的感觉。我们一个个都佩服得五体投地，不由自主地鼓起掌来。

老师也露出了赞赏的笑容。当然，今天的小博士非他莫属了。

我从此对语文阅读课的对话交流充满了兴趣。时间久了，这种独特的学习方式成了我们课堂上的好朋友。它使我们变得自信，使课堂变得有趣！

四、指导对话教学技能的要素

在语文阅读教学课中，指导对话教学技能的要素主要有设置话题、引入对话、沟通开拓、指导反思。

(一)设置话题

1. 设置话题的意义

实施对话教学是从话题开始的。话题就是需要大家讨论交流的问题，即学习者阅读过程中产生的认知矛盾或认知冲突。根据现代教学理论，课堂中的问题不是单纯指作业题，而是要能通过对问题的讨论，提升认知能力，这类问题具有较高的思维激活度，对培养学习者的素质具有重要的价值。

(1)有效的话题有助于提升学习者的思维品质。以苏格拉底的"问答法"为例，苏格拉底确信，通过问题进行对话作用就像一名助产士，在对话中提问者假装对某个主题一无所知，然后设法通过一系列对话交流一步步修正认识的不确定性，使认识不断深入，最终得出真理。

(2)好的话题还可以激发学习者的探究行为。"学起于思，思源于疑。"问题能直接推动学生探求知识，"不愤不启，不悱不发"，提问可以激趣、激疑、激励学生积极参与教学活动，发挥他们的主体作用，把学生引入"愤""悱"的境界，达到"启""发"之目的。在引入阶段，设计巧妙的问题会产生强烈的震撼力，唤起学生究根问底的探究兴趣，使其产生强烈的求知欲；在阅读过程中，启发性的问题可以使学生深入地探求事物的本质，乐思，善知，开展积极思维；在结束阶段，通过问题可以对学生进行评价、鼓励，或设下悬念，给学生继续学习增加动力，使其保持稳定的学习兴趣。

总之，设置话题是师生对话的前提，只有有效地设置话题，师生才能有效地开展对话。

2. 提出话题的途径

（1）教师提出话题

①顺承式话题

顺承式话题是教师备课时设计的核心问题和问题链，教师依据教学计划有步骤地提出问题，引导学生通过讨论交流有步骤地完成教学任务。

初读课文时，教师设置话题的思路是：怎样浏览课文？怎样自读、自学？怎样自理文章梗概？怎样自提疑难问题？

细读课文时，设置的话题应围绕如下思路：怎样理清文章的脉络、掌握作者布局谋篇的思路？怎样明确文章的重点、难点？怎样练习标记、批划，达到理解课文内容的目的？

精读课文时，应设置深入理解课文和具有探究性的问题，鼓励学生实施创见性阅读，在对话交流中领会文章的精华。

巩固练习时，要设置综合性问题，要求学生通过对话交流提升知识的迁移转化能力，提升情感水平。

依据阅读教学过程设置的顺承式话题类型较多，需要指出的是：这类话题提出的方式不能太生硬，以免形成教师设套让学生钻的单纯任务观点，违背了对学生进行思维训练的初衷。在教师的启发引导下，由教师和学生在互动中提出话题，这才是最为理想的阅读状态。

比如：

甲教师说：下面我们讨论一下文章的写作方法，请大家先默读课文，准备讨论交流。

乙教师说：同学们，刚才我们交流了对课文内容的理解，这是和文本对话。我们还可以从哪些方面交流对课文的理解，和作者对话？

甲教师径直下达指令，直白地提出阅读任务，就显得生硬，实行的是注入式的教学。

乙教师利用启发引导，让学生自己找到学习方向，锻炼了学生主动探究的学习能力，教学自然、和谐，极具民主特色。所以说，教师要善于搭建话题平台，营造民主、平等、融洽的对话氛围，只有这样才能有效地开展对话交流。

由于阅读教学改革的深入，教师对提问技能的运用愈加纯熟，教师提问的方式越发多样；学生在教师的启发诱导下，思维更加活跃。

例如，教学"将相和"一课：

一名学生提出一个问题："渑池之会是打成了平局还是决出了胜负？"

开始学生觉得这个问题很简单，不假思索，就脱口而出："是打成了平局，赵王为秦王鼓瑟了，秦王也为赵王击缶了，一比一。"

教师摇摇头，说："这名同学提出了一个值得交流的问题，请大家再想一想。"

这时，学生的看法有了转变。有的学生说："我现在认为是秦国输了，赵国胜了。因为赵王鼓瑟是秦王叫鼓的，秦王击缶是蔺相如叫击的，秦国显得更难堪。"

还有的学生说："我也认为是赵国胜了，因为秦国大，赵国小，小国的王为大国的王演奏乐器，大国的王也为小国的王演奏乐器，比较起来，是秦王更难堪。"

最后，大家都认为渑池之会决出了胜负，赵国胜了，是蔺相如的勇敢机智使赵国取得了胜利。

②随机话题

顾名思义，随机话题具有随机性，指教师在某个教学时间点上相机提出的话题。这类问题的提出没有一定的规律可循，教师通常事先没有准备，全凭直觉或灵感。教师发现学生对某个知识似懂非懂、一知半解的时候，可以提出问题疏导学生思维；当学生阅读出现高潮时，教师可以通过提出问题，供大家讨论交流，起到"推波助澜"的作用；当学生出现"愤""悱"的状态，处于求知欲旺盛的阶段时，教师即时提出问题，供学生讨论、交流，帮助学生获得新知。

这类随机话题的提出，需要教师具有敏锐的观察能力，缜密的归纳、推理能力，准确的判断力，以及流畅的语言表达能力，反映了教师在随机课堂教学中具有的教学智慧。

例如，学习"桂林山水"一课：

学生理解了漓江的水"静""清""绿"三个特点后，教师趁机提出一个问题：漓江水"静""清""绿"三个特点，哪一个是最根本的特点呢？

学生们一时不能作答。教师一看这个话题没有回音，就启发说："这个问题很有意思，大家想想，这三个特点中，哪一个特点没有了，另外两个特点就不存在了？"

这时，学生开始交流起来，有的说"清"，有的说"绿"，经过一番争论，大家一致认为：漓江水"静"是最根本的特点。江水静静地、缓缓地流动，才有其他两个特点。如果不静，水就会不清，水不清则浑浊，江水浑浊就不能见到绿色了。

在教学中，教师提出一个话题，使大家经过讨论，加深了对课文内容的理解，同时培养了学生深入思考的学习习惯。

（2）学生提出话题

学生提出话题，有两种情况，一种是随机话题，这种话题是学生在阅读讨论中随时可能提出的，教师和学生事先都没有准备，但这是学生具有灵感和创造性思维的表现。这种提问具有突发性、意外性特点。

如，学习"五光十色"一词，有的同学突然提出："五颜六色"和它有什么不同呢？

又如，学习"草船借箭"的故事，学生突然提出：曹操这个人多疑，孔明在大雾天用草船借箭是成功了；要是鲁莽的张飞守寨会怎样呢？

课堂中出现的这类随机话题，因为是学生提出来的，就特别容易引起大家的共鸣，他们觉得亲切、易懂，容易积极地参加讨论。

出现这种情景，教师要善于引导，如果遇到学生提出的话题偏离课题的情况，要注意正确引导。有的学生好奇心旺盛，爱提稀奇古怪的问题，教师要正面引导，不要给学生泼冷水，要维护学生的积极性。

另外，对于学生提出的话题，教师不必大包大揽，要给学生自己思考、解答问题的空间，以此锻炼学生的思维能力。

如，教学《吃山顶上的草》一文：

生1：老师，这只小羊真傻，爬呀爬的，多累呀。山下有草不吃，干嘛非要到山上去吃草啊？

师：大家看，他提出了一个很有意思的问题，请大家说说你是怎样看这个问题的？

生2：可能山下荒漠化了，没有草了，所以小羊才到山上去吃草。

生3：小羊觉得山上的草好吃，才爬上去的。

……

一个同学提出问题，大家并没有被难住，而是开动脑筋，积极思考，这是多么令人感慨的情景呀！

还有一种话题是学生依据阅读思路、阅读经验和学习任务，经过自己动脑提出的话题。一般都是教师提供话题平台，由学生在探究交流中提出，这种情况是教师最希望见到的。

教师引导学生提出问题，可以通过解题探究问题，预想课文内容，预设撰写思路，也可以提出预习中不明白的问题，供大家讨论研究。

如，教学"晏子使楚"一课：

师：我们怎样解读课题？

生1：通过认真阅读课题找到关键词、重点词。

生2：通过阅读课题预想课文内容。

生3：可以根据作者采用的写作方法解读课题。

生4：可以根据解题思路交流阅读收获、经验或提出疑问。

师：大家提出了很多解读课题的思路，现在我们就来具体交流一下自己的看法。

生1：我建议大家讨论如何根据课文的特点更好地学习这篇课文。

生2：我同意你的建议，我提议，可以通过朗读，用有感情的朗读理解文意。

生3：这是一个小故事，可以通过生动的表演理解课文。

生4：我同意用表演课本剧的形式理解课文，但是要有对人物心理的揣摩，不能光表演。

生5：我认为他说得正确，表演前，一定要介绍是怎样理解人物心理的，知道人物为什么这样做。

师：说得好！这篇课文，作者对人物的描写生动形象、细致入微，读起来并不困难，通过表演，更能准确表达人物的思想感情，达到理解课文的目的了。现在各小组开始讨论交流。

从这个案例中可以看到，学生不但能提出问题，还能探究解决问题的方法、策略。达尔文说得好："最有价值的知识是关于方法的知识"。教师引导学生在对话过程中探究解决问题的方法、策略，学生找到解决问题的钥匙，就掌握了学习策略，就有了阅读的主动权，就能发挥学习的主动性，真正实现自主学习。

（二）引入对话

师生有了对话的话题，教师还要善于引入交流的话题，实施对话，解决问题。希望学习有情趣，是小学生的天性，教师首先要运用富有激情的引入语，吸引学生注意，激起学生参与对话交流的兴趣，这样才能形成生动有趣的对话场面。

例如教学"鸟的天堂"一课：

教师深情地描述作者的话："我仿佛（神态、语气、语调）听见几只鸟扑翅的声音，但是等我的眼睛注意地看那里时，我却看不见一只鸟的影子。"（稍停顿）教师点拨："想一想，我刚才强调了哪个词？"

某生顿悟：作者为什么用"仿佛"呢？

师：你真棒，发现问题并能及时提出来。请大家想一想，"仿佛"是什么意思？这里为什么用"仿佛"？

生1："仿佛"就是好像。

生2："仿佛"就是似乎。

师：哦，我们谈了对"仿佛"的理解，那么，作者为什么在这一句中用"仿佛"呢？（稍停片刻）请大家回忆一下刚才在录像中领略到的这棵大榕树令人陶醉、令人心灵震撼的雄姿。

生3：我想起来了，我认为这棵榕树实在是太大了，而且枝繁叶茂，的确是无法看清。

生4：我认为当时没有鸟儿在扑翅膀。这是作者听了朋友的介绍后，又被眼前这棵如此茂盛的树所刺激，心中急切地想见到鸟，以至于耳旁好像传来了鸟儿扑翅膀的声音。

生5：我认为这一句话用上"仿佛"有两种可能。一种可能是当时有鸟在扑翅膀，但作者注意去看时，却没看到鸟，不敢确定是否有鸟；另一种可能是当时鸟儿都在巢里栖息，作者听朋友介绍后，渴望见到鸟，以至于耳旁传来了鸟儿扑翅膀的声音。这一句话中用上"仿佛"，其实也反映了作者用词的准确，反映了作者的当时游览的心情。

这里，在教师深情的引导下，学生开始仅仅能领悟对词语的解释；当教师再次提出对"仿佛"的用法进行交流，并利用录像勾起学生的形象情感回忆，在教师的引导下，学生对文本的感悟和交流深入地进行下去了。

苏联教育家赞可夫说："教学一旦触及学生的情感和意志领域，触及学生的精神需要，便能发挥其高度有效的作用。"心理学研究也表明，儿童的认识活动一旦有情感的参与，他们的认识会更丰富，体验会更深刻。

文学作品承载着作者与读者之间的双重情感交流。语文教学就是要引导学生与作者、与作品中的人物进行深入的情感交流和心灵对话，引起情感共鸣。因此，教师要善于拨动学生的情感之弦，叩击学生的心扉，激起他们的感情波澜，从而使文本中蕴含的情感深刻地渗透到学生的心田。

教师不但自己要善于引导学生对话，还要能将对话的主动权交给学生，引导、支持学生提出话题，进入对话情境。

例如，教学"葡萄沟"一课：

师：刚才我们学习了对葡萄沟的介绍，品尝了可口的葡萄的味道，还领略了维吾尔族老乡的热情好客，我们的学习到此就结束了吧？

生1：不行，不能结束，我们还没有学习怎样制作葡萄干呢？

生2：是呀，我们还没弄清阴房是怎么回事呢？

师：大家先自学，然后交流怎样？

学生齐声说：好！

这是教师故意结束教学，给学生创设提出问题的空间，为后序对话交流做准备。在阅读过程中，学生自行提出交流的话题并进入对话交流，是学习积极性、主动性和思维活跃的体现。

(三)有效沟通、开拓思路

课堂中对话无处不在，提升对话质量的关键是教师抓住对话契机，引导学生不断开拓对话深度、广度和效度。教师有效地掌控对话，可以让课堂对话展现生命的精彩。

教师在对话过程中有效沟通、开阔思路的方法如下：

1. 倾听点拨，提升对话的实效性

教师要耐心倾听学生的发言，学生在谈话中如有思维障碍，则应进行适当点拨，但不可包办代替学生的思考。教师要抓发言要点，引导学生感悟，挖掘对话的深度。学生解读文本因生活、阅历、知识有限，其阅读对话质量有时与文本的真正含义有所差距。此时教师应坚持"珍视学生内心独特感受"的原则，及时抓住学生理解上的浅点，适当引导，让学生的感悟从浅层次向深层次发展，**提高语文能力**。

例如，《迎接绿色》是一篇充满生活气息、语言简洁但是含义深刻的文章，在进入课题时，教师在交流中及时点拨，对提高学生对话水平极具意义。教学实录如下：

师：现在交流对课题的理解。

生1：课题是《迎接绿色》，告诉我们迎接的不是别的颜色，而是绿色，看得出绿色对这里的人们有着特别的意义。

生2：绿色是"迎接"来的，告诉我们这篇文章写的是一件迎接绿色的事情。

师：啊！说得好！大家带着对课题的深刻理解再来读一读课题。(齐读课题)大家这样深情地读题目，勾起了我强烈的好奇心，到底是什么让这里的人们如此向往绿色呢？

生3：课文中写道："其实只是丝瓜，野生的。"

师：请小声读读这句话，你感受到了什么？

生3：我感受到，普通、不起眼、没有什么特别之处……

生4：我认为他说的"没什么特别"这个词用得好，强调的是这株丝瓜极其普通。

师：是呀！按我们一般的表达方式应该是怎样的呢？

生3：其实只是株野生的丝瓜。

师：说得好！

教师演示：

　　　其实只是株丝瓜，野生的。

　　　其实只是株野生的丝瓜。

师：请将这两句话对比着读一读，想一想它们在表达上有什么不同？

生1：第一句强调它是"野生的"。

生2：我补充，强调是野生的，说明它太不起眼了，它在人们不经意间生根发芽了。这句话是说人们本来对它是没有过多的关注和期盼的。

生3：我不明白，这样一株不起眼的丝瓜，为什么人们如此热情地迎接它呢？

师：是啊！这样一株不起眼的丝瓜，为什么人们如此热情地迎接它呢？这值得我们思考。

生4：我提议，大家默读第2—4自然段。看一看，作者久住这里的感受是怎样的？

生5：生活在这里的人们，就像是被关在笼子里的鸟，他们只能看到头顶上的一方天空、钢筋和水泥筑成的墙，再加上那纠缠不清的电线污染着人们的视觉，令人窒息，喘不过气来。

生6：人们无比压抑，多么难受啊！

师：是呀！正因为这样，当人们在不经意间发现这株绿色丝瓜时，会有一番别样的感受呢，谁来读一读这句话？

生7：就这点间隙，竟容得下这蓬蓬勃勃的生命。

师：你感受到了什么？

生7：此时，人们如此的惊讶、兴奋，将其视为珍宝。

师：感受深刻！请大家继续交流，这课题的含义是什么？

生1：迎接的是一株长势旺盛的丝瓜。

生2：这株丝瓜意味着绿色的生命、顽强的生命。

生3：体现了人们守护、照顾丝瓜的快乐。

生4：它给人们带来交流的乐趣与生机。

师：说得好！用一双慧眼去寻找，去创造，我们每个人都会迎来心中的那一片充满生机的绿色。

2. 适当追问、反问、补充信息

在对话交流中，教师要提醒学生关注别人对某一个问题的阐述。每个人都有自己的看法，交流中总会有不同意见，包括正、反两方面的意见。交流者要充分领会别人对问题的发言，思考其发言是否有理有据，以及自己的观点、认识是什么，与别人有何不同。还可以根据对方说话的语音、语气、语调等加以判断。

如，学习"奇妙的鲤鱼溪"一课：

教师设置的话题是：鲤鱼不怕人，你是通过哪些词语体会出来的？

学生默读课文，对重点词语进行批画。

师：现在我们开始交流"鲤鱼不怕人"。

生1：我是通过第二自然段中的"成群结队"这个词语体会出来的。

生2：我认为你回答得不完整，应该说出是第二自然段的哪句话。（追问）

生1：我是从第二自然段的第二句话中"成群结队"这个词语体会出来的。它的意思就是排着整齐的队伍，鲤鱼还会像我们人一样排队伍呢。我觉得鲤鱼溪中的鲤鱼很讨人喜欢，鲤鱼像顽皮的小孩子，我也喜欢这样的小鱼。

师：啊！他抓住了"成群结队"这个词语，说得不错！他还提到了一个比喻，鲤鱼像顽皮的小孩子。

生3：这是作者运用了相似联想。

生4：请问，作者怎样运用的相似联想？（要求补充信息）

生3：我补充，这是把鲤鱼比喻成小孩子，小孩子顽皮，不怕人，写出了鲤鱼不怕人、顽皮，很具体、形象。

师：她说得真好，体会得不错。谁还有补充吗？

生5：我也补充发言，我是从第二自然段第二句话中的"咬住""叼走"这两个词语体会出来的。鲤鱼咬住几件漂洗的衣服，叼走几片菜叶，它们真像顽皮的小孩子，他们在和人们开玩笑呢！

生6：它们正在跟村民逗着玩呢。

生7：说明它们正在讨村民的喜欢啊！

生8：说明它们乖巧可爱。

学生在交流中，通过倾听、追问、补充发言等互动，结合重点词语体会自然段的内容，展开合理想象，阅读课上得生动活泼。

上面的实例说明：只要教师引导得当，学生就能够展开热烈的讨论交流，对课文的内容进行深入的思考，从而更加深刻地理解课文内容，培养和锻炼学生自主学习的能力。

抓住时机追问和反问，可以提升学生的对话交流质量，得到满意的阅读效果。

如，《白杨》是一篇借物喻人的抒情散文，构思巧妙，文字隽永，感情丰富。教师适当质疑、追问，可以将阅读文本引向深入。

[复习旧知引疑]

师：大家一起回忆学习过的课文，《青松》这首诗通过写景表达了作者怎样的思想感情？《红梅》《秋菊》这两首诗歌颂了红梅和秋菊的什么精神？

生答（略）。

[抓课题引疑]

教师板书课题：白杨。

师：从课题看，你猜想这篇课文写的是什么？大家可以在预习过程中提出质疑问题。

生1：我认为课文的重点内容不是单纯写白杨，我是从"爸爸只是向孩子们介绍白杨树吗？不是的，他也在表白着自己的心"这句话看出来的。

生2：我同意他说的，我提一个问题。课文中说：爸爸也是在表白自己的心。"表白"是什么意思？

师：爸爸介绍白杨，也是在表白自己的心，这比较深奥，课文中的孩子还不能理解，但他们能够知道什么？

生1：我认为，孩子们知道爸爸妈妈在新疆工作。

生2：我补充，孩子们知道他们从小是跟着奶奶生活的，是跟着奶奶长大的。

生3：非得是奶奶吗？也可能是保姆带大的呀。

生4：我提议搁置争议。总之，他们知道爸爸妈妈这回要接他们到新疆去读书。

生5：说得很好，我同意。我读第16自然段：他们只知道爸爸在新疆工作，妈妈也在新疆工作，他们只知道爸爸这回到奶奶家来接他们，到新疆去念小学，将来再念中学，他们只知道新疆是个很远很远的地方，要坐几天火车，还要坐几天汽车。

生6：我另有想法，课文连用了几个"只知道"是为了强调"不知道"的东西，我认为，孩子们不知道的是：爸爸为什么有这样的行动？我的理解对吗？

师：你的认识真不错，大家为他的理解鼓掌！（大家鼓掌）

生7：我说说他提出的想法，孩子们不知道的是爸爸妈妈为什么要在新疆工作。

生8：我补充，孩子们见识少，他们还不知道新疆到底在哪里，到底有多远。

生9：只是不知道这么一点吗？我认为主要的是：孩子们还不知道为什么要接他们到新疆去读书。

师：这些问题，你们能通过阅读得到答案吗？

生1：通过阅读知道，新疆在西北，很远很远。

生2：是呀，新疆在西北，很远很远。我通过阅读知道：爸爸妈妈到那么远工作是为了建设新疆，保卫新疆。

生3：我补充。具体地说，爸爸妈妈到新疆工作是为了开发新疆大油田。

师：请结合课文中的孩子谈谈。

生4：我明白了，爸爸妈妈接他们到新疆去读书，是想让孩子们长大了也建设新疆吧。大家同意我的看法吗？

（生齐答：同意）

师：现在你们知道爸爸的"心"是什么了吗？

学生点头赞同：知道了！

这段教学，教师从课题激疑入手，直奔重点，引导学生在阅读中进行交流，有质疑，有答疑，有追问，有反问，有补充。师生通过互动交流，达到了逐步理解文意的目的。通过交流，教师与学生都能在交流中紧紧抓住文本的精要处，畅谈自己的理解和认识，在对话中进行发现、创造达到对文意的解析。

3. 善于引导、组织对话

教师在对话中要引导学生注意倾听同伴的意见，在对话中认真思考，深入解读文本，充分表达自己的认识、体会、观点。

例如：师生经常讨论、争论、议论某个问题，以求得圆满的答案。回答问题是一个提出问题（听到）→判断、思考→回答→听反馈信息的双向交流过程。在这个过程中，听问题是第一步，也是最重要的一步。只有认真倾听，抓住问题的关键，才能有的放矢，答其所问。

听懂问题后，下一步就是要思考问题，组织语言回答问题。回答问题的内容要明确，观点要正确，答案要完整。回答完毕后，会有反馈信息，即对方对回答的评价，如：好、对、差不多、错了，等等。

如果回答不完整或不正确，还要再次回答，直到完整、正确为止。如果自己不能解答，则要虚心求教于他人。

如，在学习《颐和园》一文时，教师引导学生游赏长廊：

师：同学们，现在让我们跟随作者来细细游赏长廊，仔细品味长廊有什么特点。

生1：我认为，长廊的特点是长、美。

师：说话要有根据，请具体说说。

生1："绿漆的柱子，红漆的栏杆，一眼望不到头。这条长廊有七百多米长，分成 273 间。"这是在说长廊的长。

生1：我想读一读这句话。（生1朗读）

师：读得不错，听起来长廊很长啊！长廊的美你又是从哪些句子中体会到的？

生1："每一间的横槛上都有五彩的画，画着人物、花草、风景，几千幅画没有哪两幅是相同的。"这是在说长廊的美。

生2：我补充"长廊两旁栽满了花木，这一种花还没谢，那一种花又开了。微风从左边的昆明湖上吹来，使人神清气爽。"这也是在说长廊的美。

生1：他补充得好，一种是横槛上的画的美，一种是长廊周围的风景美。

师：理解准确！长廊这么美，谁能美美地朗读一下呢？

生3：（朗读）请同学们对我的朗读进行讲评。

生1：我感觉你读得还不够美，声调应再柔和些，让人一听就神清气爽。

生2：我同意你的看法，我要补充：同学们闭上眼睛想象，假如我们置身于长廊之中，微风从昆明湖上徐徐吹来，那几千幅精美的画就展现在眼前，会有什么感觉呢？

生3：我立刻会感觉神清气爽，仿佛到了仙境。

生4：我会感觉心旷神怡，好像来到了人间天堂。

师：长廊真美呀，这精美的绘画和文字描述真是一种艺术享受啊！

学生对话交流的质量与教师的组织引导和启发相关。当第一个学生说"长廊的特点是长、美"的时候，显然回答得太概括，教师及时提示"请说具体"。在教师的引导下，学生越说越详尽，对课文内容的理解更深刻了。

通过讨论交流，学生准确地抓住问题，即"长廊有什么特点"，从课文中找答案，进行理解交流，并进行朗读赏析，教学效果显著。

再如，《神奇的鸟岛》一文重点感悟"鸟岛"神奇之处的教学：教师根据学情，适当地切换阅读视角，在对话中让学生从多个角度、不同层面交流自己的感受，达到了高效阅读的目的。

师：从课文哪部分可以感受到鸟多？

生1：我是从"眼花缭乱"这个词语感受到鸟多的。同学们跟我一起想象一下：眼前都是鸟的影子，大的，小的，什么颜色的都有，它们就在你的眼前扑翅膀，让你看不过来。

教师：你讲得真精彩，把我们带到群鸟的世界里去啦！

生2：我也是这样感觉的，好像我的眼都花了，说明这里是鸟的世界，看到的都是鸟的身影。

师：我们大家都被这里的群鸟吸引了！

生3：我还从"抬头望……大概有100多种鸟呢"这句话感受到鸟多。

师：说得不错，"100多种"，怎么就看出鸟多呢？

生3：100这个数字并不大，但是100多种强调的是种类，每一种可能就有成千上万只，那可就数不胜数了！

师：啊！谁能用迷人的声音感动我们，读出这种不计其数、令人眼花缭乱的感觉？（学生争先恐后地朗读）

生4：我从"几乎没有我们插足的空地"感受到鸟多。因为天上飞的鸟已经让我们眼花缭乱了，但鸟不都是在空中飞，还有在地上停歇的，地上几乎已经没有我们插足的空地了。

生5：我们一只脚的地方并不大，连这点地方都没有，说明这里是鸟的天下。

师：都是些什么鸟呢？作者是怎样向我们介绍的，它们各有什么特点？请结合下面的填空说一说。

出示课件：（　　　　）的斑头大雁　　（　　　　）的燕鸥

　　　　　　（　　　　）的环嘴鸥　　（　　　　）的天鹅

　　　　　　（　　　　）的黑颈鸭　　（　　　　）凤头潜鸭

　　　　　　……

随后教师安排复述交流环节。本段教学的精彩，源于教师对自己准确的定位：亦师亦友，师生共同构筑生活化课堂。因为这样学生才能生长知识，张扬个性。

4. 组织学生质疑、争辩

有计划地组织学生就某一个问题进行讨论和争辩，是对学生进行对话技能训练很好的方式之一。因为这是一种畅所欲言、各抒己见的交流方式。这种方式应具有以下几个特点：

① 观点明确。争论观点要明确，辩论双方都要寻找充足的证据，既能证明自己的观点正确，同时又能批驳对方的错误。

② 辩理的严密性。每一个人的发言都要有条理，有逻辑性。

③ 应变性。在争辩过程中，随机应变，要学会适时地调整思路。

如，《死海不死》的教学：

师：我们继续学习科普类说明文，朱××，你觉得我们应该怎样学习呢？

生1（朱××）：老师，我还没想好。我请同学来帮助我。

生2（高××）：朱××，我来帮你。学科普类说明文，我认为要抓两方面，一方面是现象，另一方面是原因。

生1：高××，谢谢你。

师：刚才高××说，我们阅读课文一方面是抓住现象，另一方面是探究原因。那么，死海神奇的现象和原因是什么呢？我们现在就来研究这个问题。

生3（李××）：我来回答，重点是第二个现象，人可以在死海上漂浮，原因是水的比重超过了人体的比重。我说完了，大家还有不同意见吗？

生4（陈×）：李××，我和你有不同意见。我认为人漂浮在海面上，是因为海水含盐量高。

生3（李××）：我觉得不对，人可以在海上漂浮不是因为海水含盐量高。但我的理由确实不充分，谁来帮我？

生5（夏××）：我来帮你。请大家和我一起看137页第2自然段倒数第3行，死海是世界上含盐量最高的天然水体之一。水中除细菌外，水生植物和鱼类很难生存，这是因为死海海水含盐量高。（这时教师发现陈×在笑）

师：陈×你笑什么呀？

生4：夏××，这样你们不就是在赞同我的意见吗？"死海是世界上含盐量最高的天然水体之一"，你们你还要反驳我吗？

……

生6（周××）：我再补充发言，请大家和我一起看第5自然段第1行"死海中海水不但含盐量高"，它就说明前面说的是海水的含盐量高。

师：周××再一次证明了陈×的观点，你们已经找到了正确的答案。表现得非常棒！

上面小小的争论虽然浅显，但是反映出了学生不拘泥于别人现成答案的意识。争论或争辩是一种"竞争"，它是知识、智力、口语能力的综合竞争，可以全面地训练一个人的口语交际能力。

在质疑、争辩过程中，教师或学生首先要沉着冷静，认真听，听完整，听明白，认真分析，抓住要点，还要有勇气发表自己的不同意见，尤其是当自己的意见不为大多数人所赞同时，只要自己认为正确，就要勇于坚持。当拿不准或讨论没有结论时，可以向教师求助，或查询资料，或暂时不下结论，留待以后解决。

在质疑、争辩中，教师要留心观察、注意对话双方的表情、神态，同时，其他学生的小声议论也是教师要及时捕捉的信息。

例如，学生在争论时出现了"你说的一点儿都不对""你什么都不行""你净胡说"等不得体的话，教师应指导学生用恰当的交际用语，如："这些话虽然没错，但对答题者有失尊重，所以不要说，不如换个说法，像"你的××地方有道理，但还说得不够全面，如……""你说得很有道理，我再为你补充一下"学生就会在之后的争论和探讨中，尝试用这样的话来让对方心悦诚服。

如，教师讲"林海"一课时，设置问题：课文主要写了林海哪几个方面的内容？

生1：我觉得介绍了林海的岭、林两个方面。

生2：我不完全同意你的看法，你说得不全面，应是岭、林、花三个方面。

师指导学生2：你补充得全面了，但是在交际中语言要柔和，能不能换一种方式来和生1交流？试一试。

生2：好，生1同学说的岭、林两个方面很有道理，但说得还是不够全面，我来为他补充，课文还写了林海的花。

教师通过巧妙地引导，让学生能够运用恰当的交际语言及时反馈、监控和调整自己的语言、行为，营造了良好的课堂氛围，达到了教学目的。

再如，讨论对"善意的谎言"的理解：

生1：（微笑着，信心满满地表达观点）我认为善意的谎言利大于弊，《我看见了大海》这篇课文中继父不就是利用善意的谎言，让河子最终能够变得自食其力、独立生活了吗？这是对河子的一种激励方式！（进行察言观色，了解其他同学对自己发言的反应）

生2：（强有力地反驳）可是这只是一种特殊情况，本人认为善意的谎言终究是谎言，撒谎毕竟是一种不诚信的做法，所以我认为善意的谎言弊大于利！（表达思路清晰）

生3：（赶忙起身反驳）我认为有的时候如果这种谎言能够达到良好的效果，是可以存在的，善意的谎言本身出于善意，一定是利大于弊的。但刚才两位同学说得都有道理，只是我更坚定我的看法。（运用委婉的表达技巧）

生2：（面红耳赤）但是，老师从小就教导我们做人要诚实守信，谎言就是谎言，不论你是出于善意还是恶意。你说了一个谎，就得用另一个谎言去圆这个谎言，这就是不诚信的做法。

师：两种观点互不相让，哪位同学有高见？请仔细推敲句子！

生4：首先声明，谎言这个词本身就是贬义的，但是它的前面不是用"善意"修饰了吗？所以"善意的谎言"是用欺骗把事情办好。这是我对"善意的谎言"的理解。大家同意吗？

生齐答：同意！

上例中，两种意见互不相让，教师机智地提示学生"仔细推敲句子"，结果峰回路转，柳暗花明，学生很快地统一了对句子的理解。

在学生在互相争论中，教师应多指导学生运用恰当的交际语言来交流、争论，这样不但锻炼了口语交际能力，训练了表达思路和技巧，还锻炼了思维与应变能力，可谓一举多得。

5. 鼓励个性化阅读与对话

"任何读者理解到的意义都不完全等同于作品原来的意义，而且不同读者面对同一作品所理解到的意义也都不可能完全一样。"阅读教学完全应当给学生多元解读、自主发现文本含义的空间，鼓励学生有个性地阅读，让学生对文本进行二度创造，动态地建构文本意义。

在教学中，我们常会看到学生在多元解读中，个性化追求自己独特的理解而置文本价值取向于不顾，有时甚至扭曲了文本本身的价值取向。此时，教师既要珍视学生个性，也要正确把握文本价值，合理引导，使学生与文本对话走向"同一线"，提升阅读对话的质量。

例如，《白鹭》是一篇出自文学大家郭沫若笔下的文质兼美的散文，生动地描写了白鹭的颜色、身段的精巧及觅食、栖息飞行时的韵味。课文第 5 自然段的文字如下：

那雪白的蓑毛，那全身的流线型结构，那铁色的长喙，那青色的脚，增一点则嫌长，减一点则嫌短，素一点则嫌白，深一点则嫌黑。

上课伊始，学生先自学，与文本对话——感受、理解、欣赏、评价，然后师生对话交流。

师：你们通过与课文对话，一定有许多收获，老师希望参加大家的交流，分享收获的快乐。（解读：这里教师首先摆明自己的角色：是大家交流的参与者，而不是充当法官；对话的方式不是大家向教师汇报或大家交流，最后由教师来评判，而是师生一起交流、评判。）

生 1：我非常喜欢白鹭，雪白的蓑毛，流线型的身段，铁色的长喙，青色的脚，多像一幅天然的画！

（解读：学生通过自己对课文文字的理解，借助想象表达出来，学生将文字描写转化成头脑中的形象，且联想成一幅天然的画。）

师：你真会感受！

生 2：白鹭的外形精巧如画，作者语言优美如诗，运用"那……那……那……那……"的排比句，语意贯通，语言流畅，节奏明快，读起来朗朗上口。

生 3：他的评价很精彩，我愿意读一读这一段。（有感情地朗读）

生 4：我能背下来。

师：如此精彩的语句，值得背诵。（解读：学生主动学习，教师积极配合并表示支持，并给出了值得背诵的理由。）让我们一起背下来，好吗？（解读：教师顺势提出要求，教学机敏可见一斑；教师还运用探询提出要求，表现出教学民主的特点。)

（众生：齐背）

生5：老师，《白鹭》是一首精巧的诗，也是一幅优美的画。这是我画好的白鹭，请大家欣赏好吗？（解读：是一个主动学习的例子，看来该生是有备而来，可见课下学习的重要。这个环节具有翻转课堂的意味。）

师：我想大家一定会高兴地欣赏你的画。请你把它贴在黑板上。

众生：画得真好！惟妙惟肖。把白鹭画活了！

师：白鹭长得美，作者写得美，这画画得美，大家评得好！（解读：教师把课文、作者和学生结合起来进行评价，引导得天衣无缝。）

生6：老师，我发现书上的这段话好像在哪里见过。（解读：主动提出自己的见解。）

师：是吗？在哪里读过吗？（解读：教师佯装不知，引而不发。）

生7：前些日子，您推荐我们读战国时期楚国文学家宋玉的《登徒子好色赋》，其中有描写美人的句子："增之一分则太长，减之一分则太短；著粉则太白，施朱则太赤。"郭沫若先生描写白鹭的语句可能是从这里转化来的。（解读：学生学以致用，真是有心。）

师：感谢你们两位同学的回忆与联想，使我们不但知其然，而且知其所以然。全体为他俩"活读书，读书活"鼓掌！课文中郭老巧于用古，化旧为新，值得学习！（解读：教师及时表扬强化，同时为自己的教学效果窃喜，真是用心良苦。）

生8：老师，我不同意"巧于用古，化旧为新"的看法。唐代诗僧释皎然在《诗式》中提到诗有三偷：偷语、偷意、偷势。我认为，郭沫若先生描写白鹭的语句有偷势之嫌。（众生议论、喧哗）（解读：该生举一反三，极具创造性。）

师：我想谈一下我个人关于偷势的见解。当我们吟诵宋代诗人林逋"疏影横斜水清浅，暗香浮动月黄昏"两句诗时，谁会想到它出自于五代南唐诗人江为的"竹影横斜水清浅，桂香浮动月黄昏"！当我们读莎士比亚的名剧《奥赛罗》时，有谁会想到它出自意大利钦蒂欧的《夫与妻之不忠实》！艺术不是无源之水，任何一个民族、一个时代的文学，都是在前人的基础上发展起来的，其中有继承又有创新、发展。成功的引用、化用，应该是在原句的基础上另出新意。（解读：学生理解出现困难，教师需要帮忙。这里，适当的讲解是必要的。教师这里展示的是自己的真才实学，但又不是故意卖弄，而是通过点拨，使学生得到新的认识。）

生9：老师，听您一席话，我有感想，我佩服江为胜过林逋，佩服钦蒂欧胜过莎士比亚，佩服宋玉胜过郭沫若，因为前者是首创，后者是革新。（其他学生鼓掌)(解读：教师的点拨真是立竿见影。当然，这也是一位肯动脑筋的学生。)

师：(走过去，和与自己意见不同的学生握手)我佩服你，有己见，有认识，有个性，让我们以启蒙思想家伏尔泰的名言共勉——"我坚决不同意你的意见，但我誓死捍卫你发表意见的权利。"(众生鼓掌)(解读：教师巧妙地表达了自己的观点，但是又没有公开否定、抑制学生的积极性。这里充满了启发教学的艺术性。)

生9：我想来一次"偷势"。(解读：该生主动进行学习迁移。)

师：大家鼓掌鼓励，祝他成功！(解读：教师讲的是大家，而不是"我"，充满了教学的民主性。)

生9：同学们都说妈妈为我编织的毛衣合体，增一点则嫌长，减一点则嫌短，宽一点则嫌肥，窄一点则嫌瘦。

师：大家看怎么样？

众生：好！

师：妈妈心灵手巧，女儿心灵"口"巧。(解读：教师不是随声附和、简单应付，而是适当补充，使得学生学有所得，这里的确是高水平的教学。)

……

本课对话过程充满平等、民主氛围。教与学环节开展得自然流畅，在这里充满思维的碰撞、情感的交融、心灵的启迪、学习的愉悦。课堂学习充满了人文性、亲和力和创造性。

6. 抓住学生的阅读心理，注重情感升华

如，"特殊的礼物"一课，在理解小约翰接受爸爸的礼物时是什么心情时，教师抓住了学生的心理需求引导对话：

师：读句子，从描写神态、动作、语言的句子中，你能感受到小约翰当时是什么心情吗？

生1：小约翰没有想到会收到礼物，所以很吃惊。

生2：小约翰先是愣住了，然后是惊喜。

生3：老师，我从来没收到过爸爸妈妈的礼物，如果我也能收到该多好啊！

师：(此时，教师抓住课堂教学的生成点，引导学生建立正确的情感、态度、价值观)没关系，可能爸爸妈妈很喜欢你，但他们没有买礼物的习惯，他们爱你的方式不像小约翰的爸爸妈妈那样；也可能你今后长大些了，他们才会送你礼物，在你最需要的时候送你最想要的礼物。现在，我想问你，你最需要什么礼物呢？

生3：我最希望有一本作文书。

师：好的，老师下课就送你一本作为礼物，行吗？

生3：太谢谢您了，这是我收到的第一份礼物，是我最需要的。（学生高兴地笑了，兴奋之情写满脸颊）

师：你能说说你现在的心情吗？

（生3结合自己的需要得到满足后的心情，恰当地表达了自己的想法。）

……

7. 联系生活，拓宽对话的广度

"生活即教育。"阅读教学中，教师抓住学生阅读中的难点，关注学生的生活实际，积极唤起他们的生活记忆储备，帮助他们结合生活经验解读课文，变"无意识"的生活积累为"有意识"的比较系统的生活经验积累，从而将阅读对话化难为易、化繁为简，由课本引向广阔的生活空间，不断建构更深、更广的对话体系。

如，教学"可爱的小蜜蜂"一课：

某学生提出：蜜蜂明明在为人类酿蜜，可课文却说"蜜蜂在为人类酿造最甜的生活"，这是为什么呢？这时，其他学生没有回应。

教师马上联系生活实际，引导学生：蜜蜂到底给人类带来了什么？生活中，你知道蜂蜜的哪些用处？

因为教师架设了问题与生活的桥梁，学生的思维在已有生活经验的基础上绽放，精彩对话立即展开了：

有的说：蜂蜜可治疗便秘，还可消炎止痛；

有的说：喝蜂蜜可强身健体；

有的说：喝蜂蜜是解除酒后头痛的好方法；

还有的说：蜂蜜可增加家庭甜蜜，带来幸福……

对话源于学生生活，经教师的点拨，学生不但认识了蜂蜜的用处，还清楚理解了文中说"蜜蜂酿造最甜的生活"的真正含义，对话也自然提升了广度。

8. 创设交际情境

学生口语交际能力，是在具体情境的实践中培养出来的，没有具体的情境，学生就不可能承担有实际意义的交际任务，也不可能有双向互动的实践过程。特别是低年级学生，他们年龄小、注意力易分散、以形象思维为主，教师要创设多种多样的情境，引起学生口语交际的欲望，激发他们口语交际的热情，让学生在轻松愉快的氛围中进行口语交际。

（1）联系生活实际展现交际情境

涉及学生的生活实际内容丰富多彩，教师要善于联系实际，指导学生提高交际质量。

如，"尝试做小小推销员"这样的题材，就与生活实际紧密相关。教师要指导学生多读一些产品的说明书，拓展说明文的范围，帮助学生运用学到的说明方法开展口语交际活动，从中体验商品推销的经验，感受成功的快乐。教师设计了如下情境带领学生走进生活：

师：日常生话中，我们经常见到一些推销员为了推销自己的物品，往往会把自己的物品的优点、功能等介绍得有声有色、头头是道，让买者心动。我们每个同学都有一些自己喜欢的物品（玩具、文具、水果等）。这些物品各有特点，各有用途。现在，老师来做一回推销员，谁愿意和我配合？

（桌面上放着各种各样的水果，有香蕉、苹果、西瓜、桔子等，老师扮演售货员，一位学生正在挑选水果，一时拿不定主意。）

售货员：小朋友，我建议你选苹果。

学生：阿姨，您为什么建议我买苹果呢？

售货员：你看它圆圆的，红红的，多可爱。这种苹果叫红富士，烟台产的，很有名哦，被称为"水果皇后"呢。而且它的营养很丰富，含有维生素A、C、E和蛋白质、脂肪、柠檬酸及磷、钙、锌、钠等微量元素，每100克苹果含糖15克，含蛋白质也很多，能补脑健血、安眠养神、润肺悦心，还具有生津、健脾胃、醒酒等功效。苹果的吃法也很多，可以切成一片一片地来吃，也可以榨成苹果汁来喝。那香香甜甜的味道，让人有一种沁人心脾的感觉。怎么样？口水都流出来了吧，快买回家和家人一起分享吧！

学生：真不错。请问多少钱一斤？

售货员：价钱很便宜，烟台红富士才3元一斤。平时我们买红香蕉还要2元一斤呢！

学生：阿姨，我就买这个吧！

师生评议如下：

师：你们说说这个小朋友为什么买了苹果？

生：因为售货员说话很有礼貌，把苹果的产地、营养价值、价钱说得很清楚。这位同学听了以后心动就买了。

师：你们认为售货员是从哪些方面来介绍苹果的？

生1：外观——你看它圆圆的，红红的，多可爱。

生2：营养——苹果的营养很丰富，含有维生素A、C、E和蛋白质、脂肪、柠檬酸及磷、钙、锌、钠等微量元素，每100克苹果含糖15克，含蛋白质也很多。

生3：作用——能补脑健血、安眠养神、润肺悦心，还具有生津、健脾胃、醒酒等功效。

生 4：价钱——价钱很便宜，烟台红富士才 3 元一斤。平时我们买红香蕉还要 2 元一斤呢！

师：售货员是用什么说明方法把这些特点说清楚的呢？

生 1：举例子。它含有维生素 A、C、E 和蛋白质、脂肪、柠檬酸及磷、钙、锌、钠等微量元素……

生 2：列数字。每 100 克苹果含糖 15 克。

师：下面进行模拟推销活动，要求：

①学生分小组进行活动（学生自带最喜欢的物品），轮流推销自己的商品。

②一个同学介绍的时候，其他同学要认真听，提出想要了解的问题。

活动开始（略）

本节课，学生们在仿真的环境中，通过自主、合作、探究的学习方式，把本单元所学的说明方法加以应用。通过动手实践，走向课外，走向生活，以达到学以致用的目的。

（2）运用实物演示创设交际情境

小学生智能发展尚处于低级阶段，他们观察事物往往比较粗略，正像苏联教育家克鲁普斯卡娅曾经说的："在大多数情况下，学生完全不会观察，可以这样认为，他们的眼睛不用来看，耳朵不用来听。教师的任务就是教他们学会看、听、感觉。"因此，教师在教学生说话时，要教会他们观察形象信息。直观形象的实物展示，能够很快吸引学生的注意力，便于提高学生的观察质量。

如，观察小白兔：

师：同学们，老师带来一只小白兔，请两位同学上来边观察边给大家介绍好吗？（教师指名两位学生）

生 1：大家好，我俩很高兴被老师叫到前边来发言。下面我俩给大家介绍小白兔。

生 2：如果说得不好，请大家批评指正。

生 1：我先来给大家做介绍，我要是说得不全面，请另外一名同学补充。

生 2：好的，你先给大家做介绍吧。

生 1：这只小白兔白白的，有两只长长的耳朵，走起路来一蹦一跳的。

生 2：我补充。这只小白兔长着三瓣嘴，它的毛软软的，还有一只小尾巴。我们两个人介绍完了，请大家点评。

师：其他同学有没有要说的？

生 3：我认为还可以说得更精彩。这只小白兔的四肢很灵活，行动敏捷，它的玲珑的小面孔上嵌着一对闪闪发亮的红眼睛，全身雪白的毛光滑得像是擦过油似的，显得格外漂亮。

师：谁来评一评。

生4：他们三个人越说越好，说明他们热爱小动物，观察仔细。

师：评得好！他们几个同学观察得仔细，介绍得有真情实感，充满了对小动物的喜爱之情。

这是教师借助真实的小动物，锻炼学生的观察能力和口语交际能力。如，在学习《狼和小羊》时，教师可以布置简单的场景，制作一些头饰，并且创设一个情境，使学生通过演课本剧的形式，把自己与课文中的形象融为一体，这就能得到锻炼语言表达能力的机会。这样的课文很多，如《小壁虎借尾巴》《小马过河》《小蝌蚪找妈妈》《小猫钓鱼》等等。

（3）运用图画创设交际情境

图画可以表现事物的具体形象和事情发展变化的过程，教师在课堂上用图画为学生创设交际情境是一种行之有效的教学方式。学生观察图画，就能直观形象地把握图画中的故事内容，说出看到的故事情节。学生在描述时，运用所积累的词汇、所学的表达技巧、所喜爱的表达方式，为进行口语交际积累经验。在学生描述的过程中，教师可给予提示与指导。

例如，在一年级《说说这样的环境》练习中，教师分四步进行训练：

第一步，让学生先看清图上的内容。

第二步，根据一年级学生看图往往只是看一点，忽略整幅图的问题，教师引导学生按一定顺序看图。学生说："我看到大烟囱冒着黑烟呢！整个天空都黑了。"教师引导："你再看低处还有什么？"这样就自然地引导学生按一定顺序看图，按一定顺序说图意，使看图、说图不重复、不遗漏。

第三步，让学生从画面中"走出来"，联系生活实际，具体说出生活中环境被污染的实例，体验生活在被污染的环境中的危害，增强保护环境的责任感和使命感。

第四步，树立"人人当好环境小卫士"的意识，学生提出自己现在怎样做和将来怎样做的设想。

教师要指导学生仔细观察插图或用插图制成的课件，引导学生"走进"画面，入情入境，把图中的人或事想象成自己或周围的人和事，设想在这样的情况下，自己会怎么做、怎么想、有什么感受。然后再让学生"走出"画面，利用图画内容的不确定性和可扩展性，激发学生展开想象，把静止的图看活了，联系生活实际，丰富画面，拓展图画内容，走进实际生活。

总之，在教学中教师应积极创造各种条件，采用多种手段，引领学生进行有效地对话，在对话中理解文本、体验情感、交流思想，让对话课堂更加鲜活。

五、指导对话教学技能的类型

指导对话教学技能的类型主要有师本对话、师生对话、生生对话、生本对话、与作者对话、与编者对话、自我对话。

1. 师本对话

师本对话的前提是：教师首先是一个教学的研究者。教师必须首先熟悉教材、理解教材。教师理解文本的过程，是教师依据教学理论、教学大纲、教学目的、学生实际，对教材形成新意义、新思想、新教法的过程。教师与文本对话是上好阅读教学课的前提。

师本对话还指在阅读教学过程中，教师以其持有的"成见"为前提，以自己对文本的理解引导学生正确的阅读交流行为，以期顺利实现教学目标。

如，"翠鸟"一课的教学：

生1：翠鸟很漂亮。

生2：翠鸟的羽毛很鲜艳。

生3：翠鸟像穿上了一件颜色鲜艳的花外衣。

师：你们通过阅读，了解到作者描写翠鸟的羽毛颜色很漂亮，我通过阅读课文，认为还可以从另外一个角度交流对翠鸟的描写。

生4：我认为还可以从描写方法上讨论交流……

前边三个同学交流的是翠鸟颜色的特点，但是显得肤浅。教师通过介绍自己的阅读经验，启发学生还可以换角度体会文本，引导学生探究作者的写作方法，这就将学生的讨论交流引向了深入。

2. 师生对话

这是教学中最常见的对话形式。师生对话同时又是师生共享文本世界的过程。"答问式"是教学中师生对话的常见形式。西方苏格拉底式对话和我国古代的孔子式对话就是典型的答问式师生对话。值得一提的是，师生对话不能仅仅停留在表面的一问一答式的语言交流，要避免教师提问、学生说答案的串问式教学。

如下面的教学片段：

师：今天，老师给大家带来了一位新朋友，请他来为我们介绍他的家庭。请同学们认真倾听，边听边想他都介绍了他家的哪些情况。

（这位新朋友介绍自己的家庭情况）

生1：他介绍了自己家庭成员的姓名、住址、家人、工作单位。

师：谁听出来了，刚说的这四项内容有没有重复的地方？

生2：家庭成员和家人是重复的。

师：对，我们在介绍时要力求简单、明了，不要重复。

……

师：除了这些，还可以介绍哪些情况？

生3：爸爸妈妈你更喜欢谁？为什么？说个小例子。他们谁负责你的学习？

师：你也可以问一问你的同桌你想知道他家的什么情况。先在小组里说一说，然后到前面向大家介绍。（此时，学生的思维被激活）

生：这是我家的全家福……这是我们全家聚会时拍下的录像……这是我家居住的小区，你们跟我走，一会儿就会看到我的家人，猜猜看，他们都是谁？

……

此例可以看出：学生在师生问答中提升了思考的深度。师生对话要求教师与学生在问答过程中互动、交流，通过互动生成思维，心灵或精神的沟通才是师生对话的主旨。

如果只有单向信息的答案交流，没有教师与学生的互动沟通，不能算是真正意义上的师生对话。这就是说，师生之间的对话不是指二者之间狭隘的师"问"生"答"的谈话，而是指教师与学生双方的"敞开"和"接纳"，是双方的倾听，是双方共同在场的相互吸引、包容、共同参与，教师与学生相互接纳和共同分享。

3.生生对话

这是指学生之间就共同话题所展开的讨论与交流。随着新课程改革的蓬勃开展和对话理念的确立，生生对话引起了人们的普遍关注，并被作为教学系统中宝贵的资源而被开发和利用。

例如，学习《矛盾》的故事之后，教师组织了如下对话练习：

师：现在进行故事表演，谢丽小组先来，其他同学欣赏讲评。

小组长：现在我们小组进行故事表演，首先进行自我介绍。

生1：我叫薛阔宇，我演卖矛和盾的人。

生2：我叫郑漫姿，我演路人。

生3：我是组长，我叫谢丽，我读旁白。

生4：我叫姚宇昊，我也演路人。

生3：下面我们开始表演。

生3旁白：古时候有一个人，一手拿着矛，一手拿着盾，在街上叫卖。

他举起矛向人夸口说。

生1上场：我的矛锐利得很，不论什么盾都戳得穿。谁赶快买一支回去用。

生3：接着又举起盾说。

生1：我的盾坚固得很，不论什么矛都戳不穿它。快来买呀！

（两个路人来到卖货人身边）

生3：这时，有人问他。

生2：哎！掌柜的，听你这样说，要是用你的矛戳你的盾会怎么样呢？

生1：我的矛好，我的盾好，唉，唉……

生3：那个人哑口无言，不知怎样回答。

生3：我们表演完了，谁来给我们评价？

生5：我先来评价卖货的人，你的矛拿反了。我再来评价一下两个路人，你们可以先看别的东西，然后说"我们去看看吧"。

师：也就是说，路人的行动和语言可以再丰富一些。

生3：谁还给我们评价？

生6：我来给你们评价评价。卖货的人说话的时候要有表情，还可以加上些心理活动。这样效果更好。

生1：同意。

生3：谢谢你的点评，请坐。还有谁给我们提意见吗？

生7：卖货的人在卖矛的时候声音很小，在卖盾的时候声音很大，是不是觉得自己的矛不好呀？他心里是怎么想的呀？

生1：想赶紧把矛和盾卖出去。

师：书上有一个词是怎么说的？

生1：夸口。

师：夸口什么意思？

生1：夸张，夸大。我知道了，要把"夸口"的样子表现出来。

生8：我想点评生4，你的说话声音太小。

师：是啊，路人的台词虽然不多，但声音也要洪亮。

生4：谢谢大家的评价和建议，我下次一定改正。

这一阶段的教学，主要是借助课文锻炼学生的对话交流能力，场面有些生硬，随着练习的增多，学生逐步适应，养成习惯，就会自然顺畅了。

生生对话往往表现为生生之间的合作探究。由于学生在年龄、心理和知识水平等方面具有相近性，因此在探究中更容易产生心理安全感。

生生对话以小组合作为主要互动形式。在小组合作活动中，小组成员之间可以互相交流，彼此争论，互教互学，共同提高，既充满温情和友爱，又像课外活动那样充满互助和竞赛。

生生对话给每个学生提供了发表自己观点和看法、倾听他人意见的机会。在相互交流、讨论和切磋中，他们的思维发生碰撞，智慧则在不时迸发的灵感火花中得以提升。同时，学生又在这一过程中学会欣赏与发现他人、理解与尊重他人，学会与他人分享成果，学会与人沟通和合作。

教师指导生生对话要求学生之间谦逊互学，遇到不同意见时，要耐心听取别人的意见，不要面红耳赤，大喊大叫，甚至影响课堂秩序。争执不下的时候可以暂时放一放，留待以后解决。

4. 生本对话

学生与文本对话，是指学生阅读与理解文本、体味语言文字的精妙，实际上就是学生用自己已有的经验、知识和情感去体验和建构文本意义世界的过程。

当代教学理念认为文本不再是被看成一堆僵硬的材料，而是一个有生命的个体，一个活生生的"你"。文本是一种语言，也就是说，它像一个'你'一样会说话，它不是一个客观对象，而更像对话中的另一个人；文本与学生之间也不再是教训与被教训、灌输与被灌输的关系，而是一种对话，一种感受、理解、欣赏与体验。这是一种平等的、对话式的、学生以一种积极的态度参与交流关系。

如以下教学片段：

生1：我认为"早晨，雾从山谷里升起来，整个森林浸在乳白色的浓雾里"写得好，给人的感觉就像仙气缭绕一般。

生2：你通过想象自己进入这样的情境来理解，非常好哦！我提问："浸"用"罩"替换可以吗？为什么？

生3："浸"是泡的意思，就像洗衣服，把衣服完全泡在水里。用"浸"说明整个小兴安岭完全被雾气笼罩。

生4：我查了字典，"罩"是扣盖、覆盖的意思，有由上而下的意思。

生5：那小兴安岭的雾是——（动作演示）从山谷里升起来，也就是从地面生成。

生6：是自下而上蔓延开来的，（动作演示）范围跟森林一样广，上面还有茂密的枝叶遮闭着，雾气不容易散去，所以使整个森林都泡在浓雾里。

生2：我明白了，这里作者把浓雾比作水，小兴安岭就像一件衣服一样浸在雾中，使人感到森林就像一幅水墨画。

师：你真是太棒了！都能读出作者把浓雾比作液体，越来越会读书了。

你们通过交流与文本积极对话，综合运用换词对比、查字典、结合生活实际等方法，理解了难理解的词句，真是不简单啊！

在学生与文本的对话中，知识和文本的意义得以展示和把握，学生就是在这种对话的相互作用中获得和享受着教育。因此，有学者指出："对话并不是把某种真理、意义、态度等传递给另一方的方式和手段，对话过程本身'揭示'了真理，它使真理'显现'出来，从而通过学生的理解而接受。"

5. 自我对话

自我对话是指个体对自身内在经验和外在世界的咀嚼与回味、认识与探究。只有当对话成为反思性对话时，对话才真正具有它的深刻意义。自我对话就是自我对反思性阅读的理解，也是自我对过去所积淀的经验、历史、思想等进行的探究和合理性追问。师生、生生的对话思考、感悟、探究，是自我对话的前提。

经常进行这种自我对话，就能有自我的发现和自我的不断发展。自我对话既是开放性地吸纳和建构师生对话、生生对话、生本对话的过程，又是自我本身的建构过程。

6. 其他形式的对话

除去以上对话形式之外，还有阅读者与作者的对话、与编者的对话等。

如，阅读者与作者的对话，可参考以下教学片段：

教学《第一场雪》一课，教师最后说："这么一场雪，作者这么高兴，还特意为它写篇文章。作者的激情是从哪里来的？他为什么会这么高兴？"

生1：因为他喜欢雪，所以为雪写篇文章。

生2：雪可以带来丰收。

生3：这是入冬的第一场雪，不仅美，还可以带来丰收。

师：其实，这时正是我国三年自然灾害的最后阶段，看到这么一场雪，预示着来年的丰收，就是说，我们国家从困难中走出来了，作者的心里高兴不高兴？

生（齐答）：高兴！

生4：知道了！所以作者的课题说是"第一场雪"。

师：是的。他在标题上特意加上"第一场"。明白了吗？

生（齐答）：明白！

六、指导对话教学技能的使用策略

策略是认知主体支配自己的思维过程时自身内部生成的技能，是一种特殊的智慧技能或认知技能。教师对教学技能概念和规则的运用是认知策略的核心。教师掌握了指导对话教学技能的使用策略，才能控制自己的教学。教师指导对话教学技能的使用策略主要有：

1. 指导学生掌握阅读策略，为有效对话打下基础

学习者在阅读学习过程中，必须从阅读材料中吸取信息，才能进行有效的对话交流。认为在阅读中只要放手让学生讨论、交流就万事大吉了，这是不切实际的认识。所以，教师帮助学生掌握阅读方法、策略是十分重要的工作。

心理学家对阅读策略规定如下：

①浏览：略读全文，把握大意；②提出问题：就学习材料的关键部分提出问题；③带着问题阅读课文；④试用自己的话回答问题；⑤尝试回忆阅读过的材料。

学生掌握了这个阅读策略，通过自己思考，并积极参与同伴之间的交流，他们就能发挥学习的主动性。

根据阅读教学实践，教师帮着学生掌握阅读策略主要有如下几个角度：怎样破题？怎样浏览？怎样细读批画（抓重点）？怎样精读（包括字、词、句、段、篇的阅读策略）？怎样提问、质疑？怎样有感情地朗读？怎样收集筛选课外资料？等等。学生在对话交流中要掌握的策略主要有：怎样倾听、联想、想象、归纳、推理、概括、综合，并在对话交流中锻炼自己的思维品质，如思维的深刻性、灵活性、创见性等，如何在对话交流中怎样表达自己的情感（物美、情美、社会美）。掌握了阅读学习的有关策略，学生就能学得深，学得快，学得活，对话交流的实效性就强。

2. 培养学生的口语交际能力，提高对话交流水平

在对话交流中，学生必须具备口语交际能力，否则，就不能将有效的对话交流落到实处。

教师要引导学生在听说读写的活动中树立正确的对话态度。要让学生明白，对话不仅仅是发言，它还包括倾听，倾听是参与对话交流的关键。在发言前必须用心听别人说了什么，做到心中有数。亚里士多德说："谁在倾听，也就随之而听到了更多的东西，即那些不可见的以及一切人们可以思考的东西。"如果学生只是唯我独尊，以为对话交流只不过是将自己的主观意愿随心所欲地说出来，这就不是对话交流的正确态度。教师必须进行引导、说理甚至训诫，做到该鼓励则鼓励，该批评则批评，教师须知：教学中有微笑，也有严肃，要警惕阅读教学培养一群焦躁的阅读者，他们急于言说，却懒于倾听，结果答非所问，说非所学，使得对话脱离教学目标，流于形式。

所以说，基本的对话规则是对话得以进行的不可或缺的条件。对话是自

由的，但不是任性的。在对话型教学中，教师既是一个读者、一个对话者，又是一个教育者、引导者，甚至管理者，是规则的传授者和守护者。

学生在课堂中的口语交际能力主要有：倾听、构思、表达。

教师首先要指导学生会倾听同伴发言，听是一种重要的生理机能，它不是被动地接收信息，它与脑配合，需要对听到的信息进行理解、分析，这是一种积极的、主动的心理反应。比如，能对别人的发言化繁为简、抓重点，甚至还能听出"话中话""弦外音"。必要时，还能适当地追问、反问。

对课堂教学中听到的话，对某一个问题的解释，或师生之间的讨论，每个学生都有自己的看法，总会有不同意见，包括正反两方面的意见。至于哪个对哪个错，关键在于在听的过程中分析对方对此问题的理解是否有理有据。对听来的不同意见进行加工和分析，透过对方的语言去探求其想要表达的主旨。

学生参与对话交流的重头戏是积极参与表达交流。前提是先要整理思路，组织语言。叶圣陶先生曾说过："语言要说得正确，有条有理，其实就是头脑里要想得正确，有条有理，语言与思维要同时并举。"由此可见构思的重要性。

小学生由于抽象思维和独立思考能力比较差，他们的内部语言还很不发达，说话往往东拉西扯，重复颠倒。教师在口语训练中：（1）要培养学生的思维条理性，让他们做到先想后说或想清楚后再说；（2）说话的语句不但要完整，还要有根有据；（3）力求用词准确，以提高口语表达质量。

教师要提出口语表达的要求：

首先，要求学生表达用语要准确。运用口语交流思想时，学生都希望将自己的观点陈述给对方，同时又希望了解对方的观点，这里边有争论，有求教，有阐述。在交流时，应该做到准确地阐述说话的内涵，无论是对现象的描述，对词、句、篇的理解，都要做到用语准确，不使人产生疑义、混淆和误解。

其次，要求学生表达要流畅。流畅指口头表达要紧凑、连贯、流利。讲话的音节之间、句子之间、段落之间承接要连贯，不能前言不搭后语，要意思完整、停顿合理。如果"嗯""啊""呀"不断，会影响口语的流畅性。

最后，要求学生当众说话要有礼貌，注意使用交际语。当众发言要眼看听众，举止稳重大方，不慌张，充满信心。站姿要表现出自己的气质和精神面貌。讲话开头要问好，干净利落，不要说多余的话，要能引起听众的兴趣。交流结束时，要谢谢听众，并行礼。

3. 实施有效的对话教学，教师必须要转变角色

在组织对话交流中，师生的地位是平等的。《语文课程标准》明确指出：

"教师不仅是学习的组织者、引导者，更应是一名合作者、促进者。"

开展合作学习，学生不再被动地接受知识，而是成为知识的构建者，主动参与到知识的形成过程中，教师的角色也相应地由凌驾于受教育者之上的"灌输者""管束者"转变为学生发展的良师益友、合作伙伴。师生间平等交流与互动的新模式，可以激发学生的学习兴趣，增强学生的情感体验，使教学过程更生动、更和谐。

（1）转变观念，改变角色

教师只有转变自己的教育理念，才能有效实施阅读课的对话。教师要避免心理学家称之为"看不见的灾难"的误区：

①支配。由于教师"权威性"心理作怪，在教学中不尊重学生独立的人格，随意支配、使唤学生，使学生的自尊心、自信心受到伤害，心理得不到健康的发展，对话交流的积极性受到阻碍。

②冷漠。教师对学生缺乏热情，不为学生的点滴成绩和进步而高兴，也不为学生暂时的失败而同情。学生感到与教师形同陌路人，这种陌生感大大减低了学生在对话交流中的学习热情和乐趣。

③贬低。教师对学生褒贬多，表扬少，这是一种糟糕透顶的心灵施暴，它大大地抹煞了学生的存在价值，拉开了师生之间的距离，甚至在师生之间竖起一堵无形的墙，使得师生之间产生隔膜。学生对教师产生反感，不愿意参与教师组织的对话交流活动。

在教学中，教师要努力为学生创设民主、和谐、自由讨论的对话交流氛围，引导学生大胆表达自己的思想和情感。学生只有在饱含支持、鼓励、肯定、赞扬、欣赏等积极情绪的学习环境中，才能把自己的知识经验、思维灵感全部调动到学习中，并大胆表露自己真实的内心想法。如此，有效的合作交流才能成为可能。

课堂教学存在一种心理场，有积极和消极之分，积极的心理场能诱发学生的内驱力。美国教育心理学家古诺特博士说："在经历了若干年的教师工作之后，我得到了一个令人惶恐的结论：教育的成功和失败，我是决定性因素。我个人采用的方法和每天的情绪是造成学习气氛和情境的主因。身为老师，我具有极大的力量，能够让孩子们活得愉快或悲惨，我可以是制造痛苦的工具，也可以是启发灵感的媒介；我能让人丢脸，也能叫人开心；能伤人，也能救人。"

教师要改变习惯性的，令学生听了不愉快、反感的语言，要用激励的手段赞扬学生，哪怕学生回答错误，也要多从积极的方面给予热情的认可，从生成的价值上去肯定，从思维的独特和新颖的角度去赞扬，从学生形成的积极态度和精神品格方面去夸奖。

（2）走下讲台，与学生融为一体

教师要成为学生学习的合作者、指导者、参与者，就要放下身段，走到学生中间，融入学生的合作交流之中，成为他们中的一员。

教师要掌握学生交流时的站位技巧。学生发言时，如果教师还是死死地站在讲台上，学生目光投向教师，同学之间就不能进行有效的交流和交际。所以，教师的站位选择就显得十分重要了。一般地说，在全体学生交流的时候，发言的学生要面对全体倾听的同学，教师的站位要以站在发言同学的对面为原则，要保证发言的学生面对倾听的同学，而不是后背对着倾听者。这就对传统的集体讨论形式提出了挑战。

（3）与学生积极交流合作

教师要善于与学生合作交流，开展合作学习，从而促进新型的师生关系的建立。在以往的学校教育中，教师习惯于为学生筹划一切，包办代替，影响了学生主动性和自主性的发挥。

教师是较为成熟的阅读者，尽管他的视野、理解能力一般要优于学生，但却不能简单地认为学生的看法幼稚，因为学生的看法表现了学生的人生价值取向。语文教师应针对他们的这种认知实际，因势利导，将其消极思考转变为积极思考，培养其正确的思想观点和方法，缩短他们的思想和现实的距离，如此，学生们在与教师的对话中，将获得更大的进步。须知，教师与学生是在共享自己对文本的建构过程；教师与学生分享经验和知识，在交流中达到共识，才能真正实现教学相长和共同发展。

（4）创设民主、和谐、宽松的对话氛围

要使对话交流顺畅地进行，师生必须要遵守平等交流的规则。首先要尊重每个人参与交流的权利，不能由个别人包揽话语权，别人没有发言的机会。其次，每个人在对话交流中的地位是平等的，不能有尊卑之分，不能把参与者分成三六九等，避免有的人总是发言从而产生优越感，有的没有机会发言从而产生自卑心理。

在民主、和谐、宽松的对话氛围中，学生一定能轻松、愉快，取得对话交流的好效果。

（5）指导学生掌握阅读策略和对话策略，提升阅读和对话交流水平。

谈到读书经验时，古人云："功夫在诗外"，是说写诗成功主要是因为写诗之前进行的大量的积累学习活动。学生要能够主动、积极地与人开展对话交流活动，关键是自己要有话说，在自己理解文意的基础上，才有能力参与阅读交流活动。这就需要教师指导学生掌握阅读策略，提升他们的阅读水平。

教师要提升对话交流的质量，要把对话策略教学作为培养学生"学会求知"的重要工具交给学生，为学生提升对话能力提供科学的交际方法。教师指导学生掌握的对话策略见表 2-3 所示：

表 2-3　教师指导学生掌握的对话策略

策略类型	策略内容
观察倾听策略	倾听发言要分析；仔细观察细揣摩
表达策略	自我提问自引导；当众发言有条理； 语言准确重点明；补充说明有根据
交际策略	讲究礼貌助交际；手势表情助说话

教师在教学实践中，每项策略的运用都要有详尽的说明，并给学生举出实例，以供学生仿照练习之用，熟练之后便可迁移运用，成为自己对话交流的工具。

如，教师指导学生掌握观察倾听策略：

教师：同学或教师讲话，听讲者一定要用心听，这里有两条策略告诉大家。第一条是：倾听发言要分析。要求听别人讲话的时候，要听出滋味来，一是你同意他的观点吗？二是你有不同的观点吗？同意或不同意，你都要考虑发言，提出你的论据。这样才说明你确实是听出滋味了。第二条是仔细观察细揣摩，听别人讲话要观察讲话人的神态，揣摩讲话人的心理。

七、指导对话教学技能的评价单

评价项目　　　　　　　　　　　　　　　总分　　实际得分

教师组织对话行为评价：

1. 设置话题：理解的，探究的，鼓励创见的。　　　3 分　　（　　　）

2. 引入对话：教师引入，学生引入，师生合作引入。　　3 分　　（　　　）

3. 沟通、交流：追问，反问，辩论，强化。　　　3 分　　（　　　）

4. 对话结束反馈：教师评价效果，学生反思收获。　　2 分　　（　　　）

5. 对话形式：师生对话，生生对话，与文本对话，与作者对话，与编者对话。　　　5 分　　（　　　）

（注意克服教师提问学生回答的单一形式）

学生对话效果评价：

1. 有交际语言：引入语，联想，想象，逻辑，结束语。　　5 分　　（　　）

2. 以姿助说话：有神态表情，用手势助发言。　　　　　　2 分　　（　　）

3. 善构思：顺向思考，逆向思考，例证。　　　　　　　　3 分　　（　　）

4. 有创见发言：有新见解，有发散思考。　　　　　　　　2 分　　（　　）

说明：

1. 教师组织对话行为评价共 16 分，学生对话效果评价共 12 分，整课评价点共 28 分。

2. 每个点为一分，如：教师组织对话行为评价中的"设置话题：理解的，探究的，鼓励创见的"一项，如果设置的话题只有"理解"一项，则实际得分为 1 分，如果设置的话题兼有"理解的，探究的，鼓励创见的"三项，则实际得分为 3 分。以下得分评价类推。

3. 评价等级：26—28 分为优秀，21 分以上为好，18—21 分为较好，9—17 分为一般，9 分以下为待努力。

第三章　微格教学课的设计

一、微格教学设计概说

教学系统是由相互联系、相互作用和相互影响的多种要素构成的。教师在备课过程中，用系统的方法对这些要素进行分析与研究，对教学实施策划，进行合理的安排和计划，叫作教学设计。

教学设计是实现教学过程与教学结果最优化的系统教育技术。教学设计对于提高教师的教学能力具有实效性。

教学设计不同于教案编写。编写教案是教学设计的重要内容，教学设计的成果主要体现在教案上。教学设计是根据教学目标和教学对象的特点，组织和安排各种学习资源，使得教学过程的所有的要素都组合到一个优化的教学结构之中。

教学设计的理论依据是系统理论和传播理论。教学设计要与教学理论相联系；教学设计要与教学法相联系；教学设计要与教学媒体相联系。教学设计的核心和关键是要有教学理论的指导，好的教学设计要有与时俱进的教学理念和先进的教学思想。教学设计最终表现为教案，教案是对教学过程的预设。

皮连生主编的《教学设计》一书指出：教学设计将教学活动建立在系统方法的科学基础之上，使教学手段、过程成为可复制、可传授的技术程序。只要懂得相关的理论，掌握科学的方法，一般教师都可以较迅速地实际操作。因此，学习和运用教学设计的原理与技术，是促进教学工作的有效途径。

由此看来，教学设计有利于教学工作科学化，有利于教学理论与教学实践相结合，有利于教师思维能力和思维习惯的培养，最终提高教师的教学水平。

微格教学是一种小的课型的教学，北京教育学院微格教学课题组在实验的基础上认为：微格教学是一个有控制的教学实习系统，它使师范生和在职教师有可能集中解决某一特定的教学问题，并在有控制的条件下进行学习和训练。它是建立在教育教学理论、科学方法论、视听理论和技术的基础上，系统训练教师课堂教学技能的方法。

首都师范大学郭友教授指出：在准备微型课时，对教学过程中相互联系的各个要素做出计划和安排，建立一个分析研究和解决问题的方法，并对预期的结果进行分析。这种用系统的方法计划微型课的过程，我们把它称为微格教学设计。

实施微格教学的主要目的是培训师范生或在职教师，帮助他们掌握教学技能。因此，在学习完每一项教学技能之后，要通过一堂简短的微型课对所学技能进行训练，把理论和实践结合起来，这就需要进行微格教学设计。

微格教学课的设计步骤与普通课堂的教学设计大体相同。微格教学的设计与优化教师培训、提升教学能力相关，微格教学是以训练和研究不同教学水平的教师的教学技能为目的的教学，因此，微格教学设计要求具有不同的层次水平。

对于年轻初参加工作的教师，他们还没有教学经验，还不能熟练地将教学理论与教学实际相结合，他们的微格课就属于对教学技能"入门""入格"的水平。

对于有一定教学经验的教师来讲，他们设计微格课有研究教学的味道，他们的微格教学设计为"破格"水平，表现出创造性教学的特点。

一个好的微格教学设计必须对教学技能有透彻的理解。如果对教学技能一知半解，就不会有高质量的微格教学设计。

总之，微格教学是教师成长的摇篮，微格教学设计是教师的挚友，它有利于教师的发展，尤其对于青年教师迅速成长具有独特的意义。

二、微格课是一个教学事件

微格教学具有小课型的特点，微格课堂的教学设计不同于一般大课堂的教学设计，微格教学课以培训教师掌握教学技能为目的，它以训练教师的"诊断"教学能力为目标，要求把课堂教学变得更加实际，它特别重视师生双方的活动其实质是培训执教学员，使他们学会运用教学技能教学生掌握知识、培养能力，提高教学质量。

微格教学设计的显著特点是：微格教学是一个教学事件。微格课是对某项教学技能进行训练的课型，授课内容少，课时短，它是一个完整的小的教学过程。

微格教学设计是把教学一个事实、现象、概念等当作一个过程。在每一个学习过程中，都有开头和结尾，中间还有许多不同的阶段在进行着。这种小的教学过程同样有"动机—领会—获得—保持—实践—反馈"的特点。加涅把它形象地称为"学习事件"，这个教学事件又分为若干阶段，每一个阶段都是一个信息输入—加工—输出的过程。

信息加工是学习微格教学技能的关键，教师必须懂得如何为信息加工创造良好的外部条件，促进学习者的内部因素发挥作用，掌握了这一点，就掌握了微格课堂教学的基本宗旨。

微格教学重视教学诊断和诊断后采取的措施。在进行微格教学设计时，我们首先应划分学生学习一个事实、现象、概念等所经历的学习阶段，然后根据每一阶段的特点和所要达到的目标来设计教学活动。

总之，微格教学课堂系统是由相互联系、相互作用的多种要素构成的，如何组织、设计一堂课，把各要素协调起来，使之形成一个有机的整体，并通过反馈予以完善和改进，这是微格教学备课时必须把握的内容。

三、微格课的双目标

微格教学技能培训要达到两个目标：一个是被培训者应该掌握的教学技能目标，一个是被培训者在微格教学课堂中通过技能运用所要达到的课堂教学目标。

教学技能是实现教学目标的手段，教学目标达到的程度是对教学技能运用水平的检验和体现，前者是手段，后者是目的，两者相互联系、相互依存。

从表面来看，微格教学设计是让被培训者实践所学的教学技能，逐渐熟练地掌握各种教学技能。但实际上，无论是导入的技能、讲解的技能、变化的技能，还是提问的技能等，其目的都在于激发学生的学习动机，促进学生思考，为学生掌握知识和巩固知识服务。也就是通过技能的运用，推动学习者的认知建构，不断提高学习者的学习质量。

学生的行为反映教师教学技能运用的效果。因此，训练教师掌握教学技能，既要关注教师的行为，又要关注学生的行为，教师心中始终要有学生。

微格教学模拟的课堂，是通过简短的微型课，对学员的教学技能进行训练，必须把所要掌握的技能恰当地、真实地运用到教学之中，最终实现教学目标。所以说，微格教学不是要花架子，它具有教学实效性，这是搞好微格教学的关键点。

四、微格课的细节体现教学智慧

细节决定成败，细节让课堂更精彩，细节浓缩着教师教学智慧的精华。微格教学对教师教学技能的培训，抓的就是教学细节，细到对教师的一言一行，比如一个眼神、一个手势、一次提问、一段讲解，都有精准的要求。教学技能训练的高水平，就是培养教师由狭义技能向技巧转变，要求教师实现心智技能和动作技能完美结合。

　　微格教案的设计是教师对教学细节的规划，反映出教师对教学技能中陈述性知识的掌握。当教师依照教案在微格课堂上进行角色扮演的时候，体现的是教师对教学技能中程序性知识的运用水平；当教师将教学技能运用纯熟，表现出教学技巧，体现的则是教师运用教学技能策略的智慧和水平。实践证明，教学策略高明的教师，其教学水平往往也比较高。

　　【案例】

　　学习《滥竽充数》一文，学生问：为什么对齐宣王用"死了"这个词？

　　师1：这有什么好问的？人死了不用"死了"难道还用"活了"不成？

　　师2：是呀，人死了，可以用哪些词？（启发）查一查字典。（诱导）

　　学生查字典查出：去世、辞世、羽化、圆寂、驾崩……

　　师2：作者为什么用"死了"呢？

　　大家意见不统一。此时，师2在黑板上写了"寓言"两个字，并问：谁知道，寓言的特点是什么？（探询）

　　生：是假托的故事，作者通过一个故事说明一个道理。

　　师2：对呀，因为作者写的不是真实的事情，只是通过故事说明一个道理，故事要好读易懂才行呀。用"死了"不是正好做到这一点了吗？

　　教师1面对学生的质疑，简单生硬地将学生的提问顶了回去，压制了学生思考的积极性。教师2运用提问进行启发、诱导、探询，通过"启发"使学生达到"愤""悱"的境界，最后结合讲解，帮助学生解决了疑难问题。

　　教学细节的操作实践表明，教学细节浓缩着教师智慧的精华。教师学员要凭借自己的智慧，学会运用教学策略，不断雕琢教学细节，运用评价技术不断反复地监控、矫正自己的教学，将自己的教学技能向技巧、风格方向发展，从而提高教学水平。

五、微格课的设计步骤

　　微格教学设计不是仅仅进行教案编写，微格教学设计的步骤与一般教学设计的步骤大体一致，是在理解教材，掌握教学大纲、教学法、教学理论的基础上实施教学设计。微格教学设计涉及的项目有：教材分析，学情分析，教学目标，教学重点、难点，教学理念，教学策略，教学媒体，板书设计，教案编写，教学评价十项内容。

　　1. 教材分析

　　教材分析就是教师运用系统论观点钻研教学大纲、课程标准、教科书以及阅读有关资料，明了本课教材在教学单元中的任务和特点，理解教材内容，明确教学要求。教材分析和确立教学目标相关。教材分析透彻，有利于确定教学重点和难点，规划课堂练习，布置作业。

需要强调的是，研究语文阅读对话课的教学，教师就必须分析本课中有关对话的因素，即本课对话与以往对话以及与后继对话的相互关系，以使教材分析的目的性更强。

教材分析和学情分析、教学方法、教学策略不要混为一谈。

2. 学情分析

学生是教的对象，是学习的主体。教师要了解学生的年龄、心理和认知特点，包括学生的学习兴趣等，要分析学生原有的知识基础，对新、旧知识接受的程度，确定最近发展区。教师要确认学生的学习技能水平、对话技能水平，做到因材施教，确保对话课教学技能训练的科学性。教学经验少的教师在做学情分析的时候，容易将教学方法、教学策略掺杂其中。

3. 确定目标

制定准确的教学目标是上好课的前提。教学目标是在教学背景分析的基础上确定的，教师必须首先分析教材、分析学情，并且掌握教学大纲的精神。教学目标要用明确的行为标准来陈述，教学目标必须是能够被观察和可操作的。

对话课教学的目标还要确定对学生的相互交流、交际、表达等行为标准，这是教师不可忽略的工作。

教学目标和教学目的既有区别又有联系。一般来讲，两者几乎是同义的，指的是"要全力以赴地去干的那件事"。但是在教育专业术语中，两个词又有不同的意义。"目的"一般是指对教育意图的总的说明或概括。"目标"则是用来思考学生在学习结束的时候应当能够做什么，表现出的是行为方式，这样的目标有助于对学习效果进行精确的评定。

例如，教学《翠鸟》一文：

目的：学习本课生字新词，理解课文内容。

目标：在讨论交流中解释"荡漾"一词，知道它的用法，并会用"荡漾"造句；知道翠鸟的外形特点，并能够仿照课文的写法练习写小片段。

对于教学目标的制定，影响较大的是美国教育家布卢姆的教学目标分类学，此外还有其他的分类方法。目前，教师都在尝试按照新课程标准，考虑多维目标的制定。

4. 确定学重点、难点

教学重点是根据教材的教学要求确定的，确定教学重点反映了教师对教材的理解程度。

教学难点是根据学生对达到教学要求的能力情况确定的，确定教学难点反映了教师对学生的了解程度和教师能否结合学生实际进行教学。有的时候教学重点也是教学难点，有的时候教学难点不一定是教学重点。

5. 确立教学理念

微格教学设计的核心和关键是要有教学理论的指导。教学设计者要有与时俱进的教学理念和先进的教学思想。

微格教学设计虽然是对教学技能的训练，但是，教师学员不能盲目地机械地练习教学技能，不能简单地、呆板地进行技能操作，他们必须用脑思考：我为什么这样做？怎样做得更好？他们要做研究型教师，这对教师提高业务水平是十分有益的。

比如，做对话课的教师要思考：本节微格教学课技能训练的指导思想是什么？培训教学技能的要素是什么？用什么教学理念指导上课？等等。

教师的理论知识储备可以开列很多，如教育学理论、思维学理论、教学信息论、教育心理学理论、学习心理学、智育心理学、教学论、学科教学论、学科教学法、教学技能著述，还有新课程标准、教学大纲，及其他教学权威著述、教学研究资料等。

其中，语文阅读课实施对话教学的理念，是教师尤其关注的对象，这一点须向教师讲明。

实践证明，凡是在技能训练中重视理论学习、肯动脑筋研究教学的教师学员，学习效率更高，学习效果更好。

6. 选择教学策略

教学策略是实现教学目标的手段，通俗地说就是教学方法。但是策略又不完全是方法，有的策略具有很高的概括性和智慧性。

教学策略有不同的层次。宏观策略比如教学设计，它包括理念、方法、步骤、模式等内容，这种策略是对学科教学的宏观把握。

中观策略是指在课堂教学某个阶段，用何种教学方式，实现何种教学理念、教学意图或教学任务。如在进入课题阶段、教学展开阶段、教学结束阶段，教师都要有不同的策略安排。

微观策略如导入策略、讲解策略、提问策略、演示策略等，是对课堂教学活动细节的微观把握。

教学策略属于教学智慧，是高层次的教师心智技能。策略高明的教师，教学水平往往很高。所以教师学员要仔细阅读有关运用对话教学技能策略的知识，重视对话教学技能使用策略的运用。

7. 选择教学媒体

选择教学媒体属于教育技术的运用，其对教师的素质要求是全方位的。

教师既要掌握媒体运用的理论依据，如媒体的分类，媒体的功能、特点及运用意义；又要掌握媒体操作技术，熟悉演示类型，如声像的、实物的、静态的、动态的等，要精通演示设计，如教材、媒体、学生、教师的整合优化。

8. 板书设计

板书是提高教学效果的手段，是教学内容、教学思路的反映，是教师与学生双向信息交流的桥梁，是衡量教师教学水平的标志之一。由于电脑辅助教学的运用，教师板书并不局限于用手书写，很多教师采用课件演示教学思路，以此和学生进行信息交流互动，这样更省时省力。

9. 教案编写

编写微格教学教案是教师把教学技能和知识用于教学实践的第一个动态过程，所写教案的质量能够体现出学员对教学技能的理解和运用水平。教案又是学员上角色扮演课的依据，是完成教学任务的保证。教案不合格，就不可能上好微格教学技能训练课。

10. 教学评价

微格教学技能训练的教材，都提供有教学技能评价项目，用来评价技能训练水平。

北京教育学院组编的教学技能培训教材提供的技能评价表有四个等级：优、良、中、差。

2007 年，孟宪凯主编的微格教学技能培训教材提供的教学技能评价标准为：好、较好、一般、待努力。虽然评价等级的措辞有变化，但仍然是四个等级。

根据培训阶段的不同和培训目的的不同，评价项目的权重可以适当调整。如讲解技能，为了改变传统教师讲、学生听的被动局面，可以将教师讲解之前的探察权重值调高，以突出讲解的针对性，避免教师盲目的讲解。又如指导探究技能，如果教师总是指导、指导再指导，学生仅仅是被动地接受指导，那就等于是变相地讲解，或是教师运用提问设套让学生钻，通过注入方法，使学生成为容器而得到灌输的知识，学生不能真正实现自主学习。叶圣陶先生的"教是为了不教"说的就是这个道理。所以，评价教师的指导探究技能，就可以将"教师创设学习情境，提供平台，放手让学生预想、假设，自己提出需要探究的问题和探究方法"权重分值调高，以此来评价教师指导探究技能的水平，引导教师通过指导探究技能的训练，真正提高学生的探究学习能力。

六、微格课教案的编写

微格教学设计的成果主要体现在教案上，编写教案是教学设计的重要内容。教学设计的实质，是对学员进行心智技能训练，然后将教学设计的成果在课堂教学中展现出来。微格教学通过简短的微型课对学员所要学的教学技能进行训练，是使教学优化理论和教学实践紧密结合的体现。因此，设计微格教学课，必须把所要掌握的教学技能准确、恰当地体现在微格教案中，这是教师上好微格课的前提条件。

微格教案要体现出教学细节的情境设计，不要宽泛。请看教案格式：

科目：　　　　课题：　　　　　　训练的技能：　　　　教师：

时间分配	授课行为 （导入、提问、讲解等）	应掌握的 技能要素	学生行为 （预想回答等）	教学意图
00 分 00 秒				

教学目标：

日期：　　年　　月　　日

首先说明，撰写微格教学教案要认真填写表头，表头中需注明学科、课题、教师，尤其要注明训练何种教学技能。只有注明所训练的技能，才能在技能要素栏目中衡量教师撰写微格教案的质量。如果教师在微格教学课上对练习什么教学技能不清楚，就失去了微格教学的培训意义。

1. 教学目标

制定微格教学目标要具体、明确。微格教学还有一个教学技能训练目标，是通过教师撰写教案反映出来的。

在微格教学指导的实践中发现，年轻教师在制定教学目标时容易出现两个问题：一是目标定得大，盲目抄参考书，不顾微格课堂教学实际情况；二是具体明确的教学目标制定不出来，只能设定含糊、笼统的教学目标。

指导教师必须对教学目标的制定给予具体的指导，帮助年轻教师理解教学大纲，帮助他们深入地钻研教材，引导他们将一篇课文的教学总目标分化为微格教学课的具体目标。所以说，理解和钻研教材是制定教学目标的关键。

其次，还必须考虑学生实际，结合学生的学习水平制定教学目标。

当前，在新课程标准实施过程中，教师比较喜欢制定三维教学目标，这是撰写微格教案应予以探讨的项目。

2. 时间分配

微格教学以 00 分 00 秒开始计时，它的课堂教学每一步都以分、秒计时，是顺承式撰写，如：00 分 05 秒、00 分 25 秒、01 分 15 秒、05 分 08 秒等，意思是：该教师在 00 分 05 秒的时候有何种教学行为，在 00 分 25 秒的时候有何种教学行为，以此类推。这样具体的设定，可以增强培训教师的时空感知能力，逐步形成教学直觉，从而自动化地控制课堂教学各个环节的进程。实践证明，经过微格教学训练的教师，对上课时间掌握得都比较准确。

3. 授课行为

授课行为又称教师的教学行为，教师的授课行为包括讲授、演示、板书等若干教学活动，这是一个有顺序、有步骤的教学过程。微格教学课的时间短，教学内容少，必须把教学过程的每一步写清楚，这样便于教师学员查阅和使用，更利于教师学员熟记教学细节，形成心智程序，便于其上微格课时集中精力练好教学技能。

需要指出的是，教师的教学行为事先要有周密的预想，进行超前想象，它与学生行为（预想回答）这一栏相呼应，从而使自己的教案更具有可行性。凡事预则立，不预则废。年轻教师由于缺乏经验，在备课时对课堂教学往往没有预见性，缺少应变措施，遇到意外情况，往往手忙脚乱，不能随机应变。这需要指导教师点拨、提醒，帮助他们制定一些应对课堂变化的预案。

4. 应掌握的技能要素

因为微格教学旨在通过模拟课堂教学练习教学技能，所以教师必须明确自己练习的是何种技能，以及怎样练习，这是微格教学课成功的关键。虽然微格课堂教学规模小，但也是复杂的真实课堂教学。教师的教学行为是多方面的，教师必须知道自己练习的教学技能的要素（结构）和类型，并将它们明确地反映在教案中。这是微格教学训练的重点，也是难点。教师学员过了这一关，就初步掌握了教学技能。

如训练提问技能，虽然教师的授课行为包含多种技能，但只需要把提问技能的要素如"措辞""焦点化""分配""停顿""反馈"，以及提问类型如"确认""解释""分析""综合"等写在这一栏目中即可。

练习任何技能都不必面面俱到，把所有的要素都写全，而是要变通，要根据教学的实际需要灵活地填写"应掌握的技能要素"这一栏。

5. 学生行为

这是教师在备课中预想的学生行为。学生在课堂教学中的行为有观察、回忆、解答、操作、阅读等，在备课中教师要通过想象，预测学生的课堂行为，这一点十分必要，可以使教师有备无患。新手备课往往一厢情愿，只顾自己怎样讲课，忽视课堂教学中对学生的组织和反应，结果往往在课堂教学中偏离教学目标，导致教学失控。

6. 教学意图

微格教学兴起之初，"教学意图"一栏要求在教案中是把使用的视听材料注明，以便课前做好准备。教师的板书内容也要在此栏注明。

随着微格教学的发展，教师更喜欢填写教学意图。教学意图栏目中可以注明教学环节体现的教学理念，呈现教学策略、教学方法的运用，尤其要注明运用教学技能要素的目的。这样做，可以对教师运用教学技能的情况一目了然，便于指导教师了解学员运用教学技能的水平。

图 2-2　微格教案各栏目关系示意图

科目：　　　　　课题：　　　　　　训练的技能：　　　　　主讲：

教学目标：				
时间分配	授课行为 （导入、提问、讲解等）	应掌握的 技能要素	学生行为 （预想回答等）	教学意图
00 分 00 秒				

日期：　　年　　月　　日

通过图示可知：教师的授课行为与教师应掌握的技能要素紧密相连，与学生行为相互作用；教师应掌握的技能要素与教学意图紧密相连。教师在撰写教案的时候，必须明确：教师行为、教学技能要素、学生行为与教学意图是一个统一的整体，明确了这一点，就掌握了撰写微格教案的真谛。

七、微格课教案的评析

根据微格教学的培训实践，对微格教学教案的评析，根据不同的培训目的，有不同的评析标准和方式。一般评析内容有以下几点：

①教学目标是否准确、合理？教学目标要贴近教学实际，要将学生的学习行为的梯度、坡度表示精准。

②教学时间安排是否妥当？教学时间设定准确，利于教师掌握教学进程，做到心中有数。

③教师行为是否注重了教学细节？教师行为的描述要写得具体，不能用概括性的语句。如，"打开课本读课文"，这样写就比较概括。要写出教师具体的言和行，如："请同学们打开课本第 32 页，默读第七课《黄河象》，现在开始！"即使是一个简单的教学行为，面对不同的学生，如学生的纪律、认知、情感水平的不同，教师的指令就可以有很多的不同变化。课还没有上，有经验的指导教师单凭阅读教案细节，就能对撰写教案的教师的授课效果略知

一二。

④教学技能要素的运用是否准确、合理？运用教学技能授课，必须熟悉教学技能要素、掌握教学技能要素，这是教学技能训练的重点，所以教案评析要特别看重这一个项目。

⑤学生预想行为是否贴切？课未上，教师备课必须事先考虑到学生，预想到学生可能出现的行为，这也是备好课的关键，如果教师预想不到学生可能出现的行为，上课就成了教师的一厢情愿的独角戏了。这与当代提倡的教学改革理念是背道而驰的。

⑥教学意图是否明确？教学意图反映了教师对自己教学行为操作的理解，教学意图越具备科学性，教师理解自己的教学行为就越准确，教学质量就越高。

第四章　对话课微格教案的编写

一、导入案例

郭　英

(一)导入技能的要点

教学活动中的导入技能是指教师有效地应用各种特定手段，引起学生学习的动机，激发学生产生学习兴趣，集中学习的注意力，使学生明确学习目的，从而引导学生以积极的态度投入教学进程的一种教学活动方式。

"好的开始就是成功的一半"，导入的成功与否关系到后面教学时学生的学习状态，关系到整个课堂的教学质量。

语文的阅读教学，教师从导入开始，就要从题目入手，结合课文内容，进行破题归纳，从而理清文章的脉络，促进学生积极参与讨论。这样，既能引起学生的学习兴趣，又能使学生形成新的学习期待。

(二)导入技能的功能

1. 可以提供必要的信息刺激，引起学生注意，使学生进入学习准备状态。

2. 设置学习的问题情境，创设学习氛围，引起学生认知需要。

3. 使学生明确教学活动目标和任务、活动方向和方式，从而产生对学习的期待。

4. 通过对学生反应的强化，使学生产生进一步参与学习的需要。

(三)导入技能的要素

1. 引起注意、激起好奇。

2. 建立联系、激发认识需要。

3. 组织指引、形成学习期待。

4. 培养兴趣、促进参与。

(四)教案设计举例

神奇的鸟岛

1. 教材分析

《神奇的鸟岛》这篇课文介绍了青海湖鸟岛是鸟的乐园，描述了鸟类遇到危险时共同对敌的惊心动魄的情景。文章文字优美，语言生动活泼，既能让学生感受到鸟岛的神奇，又能激发学生热爱大自然、探索大自然奥妙的思想感情。

2．学情分析

四年级学生已经具备了初步的阅读能力，能够运用一些阅读方法感悟文章的语言，体会文章的情感。但在理解文章写法上有一定的困难，对文章结构和描写顺序在阅读时很容易忽视。

3．教学目标

(1)能用找重点词句的方法理解课文，感受鸟多。

(2)理解作者是怎样把岛上的鸟多写具体的。

(3)了解鸟岛是个美丽的地方、是鸟的乐园，感受大自然的神奇。

4．教学重点和难点

《神奇的鸟岛》是一篇写景状物的文章，感悟景、物的特点及其写法是教学重难点。所以，我把教学重点定为抓重点词句，感受鸟多，感受鸟岛的神奇。难点为理解作者是怎样把岛上的鸟多写具体的。

5．教学理念

《语文课程标准》指出："阅读教学是学生、老师、文本之间的对话过程。"教学时教师要给学生充足的时间与文本对话，从而形成师本之间、生本之间、师生之间、生生之间互动的网状关系，实现学生、教师、文本的和谐统一。

导入犹如戏剧的"序幕"，起着酝酿情绪、集中注意力、激发兴趣、进入智力振奋状态等作用。导入还像音乐"定调"一样，教师根据学习任务，向学生明确提出学习目标，以调动学生学习的自觉性和主动性。

合作交流学习可以为学生提供宽松舒适的语言环境，发挥学生的主体性，使学生有效地进入自主学习状态。

6．教学策略

(1)通过音频导入，激发学生的学习积极性。

(2)采取小组合作学习、教师指导倾听和表达、课内外知识联系与迁移等方法进行教学。

(3)结合搜集的资料和生活实际，利用课件展示、动作演示引导学生学习和理解词语。

(4)通过联想和想象，学习语言表达，发展学生的语言能力和思维能力。

7．媒体准备

课件、音频。

8．教学过程

微格教学教案

科目：语文　　　　课题：神奇的鸟岛　　　　训练的技能：导入技能　　　　主讲：郭英

教学目标：

1．抓住重点词句，理解第二自然段的主要内容，体会这一段是怎样写具体的。

2．有感情地朗读课文，了解鸟岛是个美丽的地方、是鸟的乐园，感受鸟岛的神奇。

时间分配	授课行为 （导入、提问、讲解等）	应掌握的技能要素	学生行为 （预想回答等）	教学意图
00分00秒	一、声音导入，激发兴趣 上节课我们初读了课文，领略了鸟岛的美丽景色，大家想不想和老师一起踏上鸟岛，去听听它们的声音，看看它们的风采呢？（播放鸟鸣声）听，同学们，这是什么声音？	引起兴趣	学生听录音展开想象。 说说自己听到了什么样的声音。	音频导入，创设情境，引入新课的学习。
00分50秒	这是鸟岛上群鸟在欢唱，它们在欢迎我们呢。我们现在就跟随着作者来到这神奇的鸟岛吧。这节课我们继续学习第15课《神奇的鸟岛》。	诱导语言建立联系 板书	集中注意力，提高学习兴趣。	用诱导语言，建立声像与课文的联系，为后继学习做铺垫。
01分30秒	谁能说说看到课题，你是怎样想的？ 请同学们打开书，自由读课文第二自然段，说说青海湖的鸟岛给你怎样的印象？	确认 引导假设探询 形成期待 概括	自我提问自引导，运用假设、预测，与作者对话，与文本对话……	与文本对话，概括对鸟岛的整体印象。
05分20秒	二、细读鸟多，感悟神奇 是啊，不仅你们有这样的感受，作者也有同样的感受，那么，作者用哪一个词表达了自己的感受呢？快读一读课文吧。 眼花缭乱是什么意思？在我们的生活中，有哪些场景让我们感到眼花缭乱？你能用眼花缭乱说一句话吗？	强调 例证	答：鸟多。 答：岛上的鸟多得令人眼花缭乱。作者用"眼花缭乱"来表达自己的感受。 答：眼睛都看不过来…… 举例说明…… 造句…… 答：因为岛上鸟多。	师生对话，通过强调、例证，抓住重点词语。

续表

时间分配	授课行为 （导入、提问、讲解等）	应掌握的技能要素	学生行为 （预想回答等）	教学意图
	鸟岛的景色为什么会使作者感到眼花缭乱呢？ 板书：鸟多。 说说要体会理解这个自然段，我们应该弄明白哪些问题？ 同学们，你们提出的这些问题很有思考价值，下面咱们就根据你们提出的这些问题进行小组学习。	板书 确认 促进参与强调 指导学习	答：写了哪些地方的鸟很多？哪些语句能让我们体会到鸟多？作者采用什么方法描写鸟多？ 自学第二自然段，之后组内交流讨论。	探究问题，合作交流。
……	……	……	……	……

日期：2017 年 4 月 20 日

［教案解析］

1. 00 分 00 秒，进入导入阶段，进行情景创设，实现趣味性教学。00 分 50 秒，建立联系，让学生感受到鸟岛行程的美妙，更让学生感觉到是与作者一起去鸟岛旅行的，让学生不由自主地走进学习内容，去认识鸟岛，调动了学生学习的主动性。

2. 01 分 30 秒，引导学生运用自我提问自引导的方法，通过假设、预设，找到学习课文的方法和策略，为本课的学习搭桥铺路，创设了一种良好的自主学习态势。

3. 通过学生合作交流，抓住文章线索进入阅读环节，使学生在阅读过程中，真正发挥主体性、积极性，引导学生有层次、有梯度地与文本、作者、其他学生对话，在师生互动和生生互动中加深学生对本课教学内容的理解。

二、讲解案例

郭　英

（一）讲解技能的要点

讲解技能是教师主要用语言方式，通过答疑解难向学生传授知识和方法，启发学生思维，指导学生表达思想感情的一类教学行为。

讲解的实质是教师根据一定的教学目标，对学习的内容做合理的组织，通过语言剖析其组成的要素和过程程序，提示其内在联系，从而使学生把握其内在规律。著名教育家袁微子认为："对某些新知识并不了解或无从了解这两种情况对小学生来说是经常发生的。对待那些毫无所知的，要靠教师用讲解的方式来传授新知；对那些无从知道的，也要靠教师用讲解的方式指导他们怎样去获得新知，或者为他们提供取得新知的条件，启发他们自己去探求。"

由于教师精心组织语言，信息传输密度较高，就知识而言，可减少学生认知中的盲目性，有高速、高效的效果。小学语文教学提倡精讲和训练结合，讲解仍然必要，但应与其他教学方式有机配合，扬长避短，使讲解效果更理想。

(二)讲解技能的功能

1. 铺路搭桥，引导学生以原有的认知结构为基础，同化、理解新知，形成新的知识结构。

2. 点拨启迪，帮助学生明了获得新知识的思维过程和探求方法，提高学生的认知能力。

3. 感染熏陶，结合教学内容影响学生的思想和审美情趣。

(三)讲解技能的构成要素

1. 探查。

2. 语言清晰流畅。

3. 善于使用例证。

4. 形成连接。

5. 进行强调。

6. 获得反馈。

(四)教案设计举例

神秘的死海

1. 教材分析

《神秘的死海》是北京市义务教育课程改革实验教材第七册第八单元第三篇课文。本单元从不同侧面介绍了一些科学普及和环境保护的基础知识。本课是一篇科普类说明文，用比较生动形象的语言介绍了死海的地理状况、神奇现象以及神秘死海至今存在的不解之谜，激发学生的想象，激励学生去进行无尽的探索。

2. 学情分析

学生处于小学中年级阶段，即四年级第一学期，部分学生能够在老师的引导与帮助下，通过读书感悟、讨论交流等形式，完成对课文内容的理解。学生在学习本课前，对列数字的说明方法有了一些初步的认识，能够通过阅读找到文章中运用列数字说明方法的句子，但是对于列数字说明方法的作用还不太了解。

3．教学目标

(1)利用课内外资料，理解死海产生神奇现象的原因，使学生产生对死海进行探索的兴趣，进而激发学生学科学、爱科学、用科学的情感。

(2)体会列数字说明方法在表达上科学、准确、说服力强的作用。

(3)通过朗读感受并理解死海神奇的现象。

4．教学重难点

(1)教学重点：感受死海神奇的现象，理解死海产生神奇现象的原因，渗透科学的态度、科学的精神。

(2)教学难点：体会列数字说明方法在表达上科学准确、说服力强的作用。

5．教学理念

《语文课准标准》指出："阅读教学是学生、老师、文本之间的对话过程。"教学时教师要给学生充足的时间与文本对话，从而形成师本之间、生本之间、师生之间、生生之间互动的网状关系，实现学生、教师、文本的和谐统一。

讲解是教师运用语言向学生传授知识和方法，促进学生智力发展，指导学生表达思想感情，对学生进行思想教育的一类教学行为。讲解以"解"为主，以"解惑"为目的，向学生释义，解说难点，指点关键，减少学生认识中的盲目性。

6．教学策略

为了达成教学目标和解决重难点问题，本节课采用描述讲解、例证讲解、归纳讲解、启发讲解相结合的方法。通过描述讲解使学生感受游客的休闲自得，感受死海的不可思议和神奇；通过例证讲解帮助学生理解列数字的作用；通过归纳讲解明确死海的神奇现象是由含盐量高、富含矿物质的特点决定的；通过启发讲解理解死海的神秘，激发学生探索死海未知之谜的兴趣。

7．教学过程

微格教学教案

科目：语文　　　课题：神秘的死海　　　训练的技能：讲解技能　　　主讲：郭英

教学目标：
1. 进一步感受死海的神秘，理解及其产生的原因，激发学生对死海的兴趣。
2. 体会列数字说明方法在表达上科学、准确、说服力强的作用，渗透科学的态度、科学的精神。

时间分配	授课行为 （导入、提问、讲解等）	应掌握的技能要素	学生行为 （预想回答等）	教学意图
00分 00秒	一、回忆导入 这一节课，我们继续学习31课《神秘的死海》。齐读课题，大家还记得死海有哪些神奇的现象吗？把你感兴趣的现象介绍给大家，你可以用朗读的方式，也可以简单地说一说。	说明 依从	读课题，思考问题。 预设：①不会游泳的人也能在死海游泳…… ②游客们悠闲地仰卧在海面上，一只手……另一只手拿着……	说明和提问结合，激发兴趣，引入新课的学习。 在交流中感受死海的神奇。
01分 10秒	二、交流感兴趣的现象，感受死海的神秘 现象1：人能漂浮在海面上 你从"游客们悠闲地仰卧在海面上，一只手……另一只手拿着……"这句话中感受到了什么？ 说得非常好！想不想看一看人漂浮在死海海面上的情景呀？ （出示课件：照片1；照片2；照片3） 你看，这就是人漂浮在死海海面上的情景，多么悠闲，多神奇！	诱导提问 语言强化 指引观察 描述	从"悠闲地仰卧""一只手……另一只手……"感受人们在死海海面上没有任何担心……让我们感到不可思议，从而感受到死海的神奇。	通过语言描述使学生感受游客的休闲自得。
	我们带着这种感受再来读一读这一段话，读出死海的不可思议和神奇。	语调神态	有感情地朗读。	在读中体会死海的不可思议和神奇。
03分 00秒	现象2：海泥能健身美容 用死海的海泥美容和我们生活中见到的美容有什么不同？ 想不想看看人们是怎样用死海的黑泥美容的呢？ （出示：人们用死海的海泥美容的情景图） 这真是一种奇特的美容方式啊！	点拨 探询 演示 强调 点拨	介绍死海的海泥能健身美容。 对比发现黑泥要涂满全身；看图思考，形象建构。	在师生交流中，运用对比思维感受死海的海泥奇特的美容方式。
04分 20秒	现象3：死海的海水能治疗慢性关节炎等疾病 我们平时有病都要到医院去治病，很有可能得吃药打针。而患有关节炎等慢性病的病人只要在死海的海水中浸泡数日，就能够把病治好，真是太神奇了！	分析 强调 逻辑性	介绍海水能治疗慢性关节炎等疾病。	通过逻辑性讲解分析强调死海的海水能治疗慢性关节炎的神奇作用。

续表

时间分配	授课行为 （导入、提问、讲解等）	应掌握的 技能要素	学生行为 （预想回答等）	教学意图
05分 50秒	现象4：水生植物和鱼很难在死海中生存 死海对动植物和人类一样吗？ 你们和作者的感受一样，都认为死海对我们人类有所偏爱，我们来看看作者是怎么说的？快来读一读。 （出示课件：死海中虽然没有任何动植物，但是却对人类有所偏爱……） 板书：偏爱	设置话题 强调 确认 指引观察 强调 演示	不一样，死海对人类有所偏爱。 死海中水生植物和鱼很难生存，沿岸树木极少。 朗读：死海中虽然没有任何动植物，但是却对人类有所偏爱……	通过引导，与作者对话，理解文本。 通过点拨，激发学生读书的兴趣。
06分 00秒	三、了解现象背后的原因，体会列数字说明方法的作用 （一）质疑激趣：死海为什么偏爱着人类？这些现象背后藏着哪些秘密？想不想做一个小小的科学家，去揭开这些秘密？ （二）自读课文，集体交流 出示自学提示： 1. 默读课文3—6自然段，边读边用波浪线画出形成这些神奇现象原因的语句，并与你的同桌说说你的理解。 2. 交流人能漂浮在海面上的根本原因。 问：人为什么能漂浮在海面上？ 出示：	点拨诱导 引入对话 演示 重复强调 说明要求 指导交际 诱导提问	画出形成这些神奇现象原因的语句，并与同桌交流自己的理解。	说明、强调指导阅读。
08分 00秒	任何人掉入死海，都会被海水的浮力托住，这是因为死海中的水的比重是1.17～1.227，而人体的比重只有1.02～1.097，水的比重超过了人体的比重，所以人就不会沉下去。 问：看一看这句话，人能够漂浮在水面上的原因是什么呢？	文本演示 指引观察 说明 分析	答：任何人掉入死海，都会被海水的浮力托住，这是因为死海中的水的比重是1.17 ～ 1.227，而人体的比重只有1.02～1.097，水的比重超过了人体的比重，所以人就不会沉下去。	对话交流：人能漂浮沉不下去，是由于死海的含盐量高，海水的比重超过人体的比重。

时间分配	授课行为 （导入、提问、讲解等）	应掌握的技能要素	学生行为 （预想回答等）	教学意图
	(1)问：删去数字，读一读，是不是也能解释这个现象？ 出示：任何人掉入死海，都会被海水的浮力托住，这是因为死海中的水的比重超过了人体的比重，所以人就不会沉下去。	指导比较 指引观察 探查		体会数字说明的作用：更具体、更科学、更有说服力，引导学生比较，体会数字的说明作用。
	(2)比较两种表达方式，哪种更好？ 自由地读一读这两句话，然后同桌讨论有数字、没有数字两种表达方式，哪种更好？为什么？ 指导交流……	追问 指导对话	答：是的，也能解释这个现象。人能漂浮在海面上是因为水的比重超过了人体的比重。	
	(3)再与普通海水进行比较。 大家都说得非常好，那么，在普通海水里是否可以像在死海那样沉不下去呢？你们知道吗，天然海水的比重也超过了人体的比重。 出示： 死海中的水的比重是1.17～1.227，而人体的比重只有1.02～1.097，普通海水比重是1.022～1.099。 大家算一算，普通海水比人体的比重大了多少？ 师：普通海水的比重只比人体的比重大了0.002，所以人不能漂在普通海水的海面上。	强化鼓励 对比提问 说明 引入观察 例证讲解 对比提问 反馈强调	讨论交流： 有数字的好，可清楚地知道海水的比重是多少，人体的比重是多少；可以知道海水的比重比人的比重大很多。	通过与普通海水的比重进行比较引导学生感受数字说明的准确性。
	(4)问：你们再想一想用这些数字来说明还有什么作用？	探询	观察比较交流： 有数字和无数字对比…… 答：只大了0.002。 生1：我算了算，发现死海海水的比重比人体的比重大了0.073～	再次强调数字的作用。

时间分配	授课行为 （导入、提问、讲解等）	应掌握的 技能要素	学生行为 （预想回答等）	教学意图
12分 00秒	小结：两位同学说得非常好！大家把掌声送给他们。 这两组数据能让我们清楚地知道海水的比重比人的比重大，大到一定程度，就可以让人悠闲地漂浮在海面上。用数字来说明，更具体、更充分、更有说服力、更科学。这也是说明文常用的一种写作方法，以后我们在说明一些问题时也可以向作者学习用上一些数字，让读者更加信服。	强化鼓励 说明 强调 归纳小结	0.207，普通海水的比重只比人体的比重大了0.002，说明只有海水的比重大于人体的比重且达到一定的程度，才可以把人托起来，让人沉不下去。你们还有不同意见吗？请补充。 生2：我还觉得作者写上这两组数据更科学、更有说服力。	通过归纳小结强调数字的作用：更具体、更科学、更有说服力。
	我们再来读一读这句话，边读边感受一下这组数字的作用。（齐读、评读）	指导朗读	朗读、评读，感受数字的作用。	通过评读让学生之间互相强化对列数字说明方法作用的理解，提升情感。
	3. 明确影响比重大的根本原因是"含盐量高"。 问：为什么死海海水的比重比人体的比重大很多呢？ 问：课文中哪些语句可以看出死海的含盐量高？ 出示补充资料：死海含有高浓度盐分，为一般海水的8.6倍，且越到湖底盐分浓度越高，是普通海洋含盐量的10倍。	诱导提问 确认 演示 指引观察 例证讲解	答：因为死海的含盐量高。 1. 死海是世界上含盐量最高的天然水体之一…… 2. 死海实际上是个内陆大盐湖。	明确影响比重大的根本原因是"含盐量高"。 通过例证讲解说明死海的含盐量高。
13分 50秒	小结：正是因为死海中含盐量高，海水的比重也就增加了，增加到了大于人体的比重，所以人就能浮在海面上了。	逻辑 归纳强调		通过归纳，明确海水比重大于人体的比重的根本原因是含盐量高。

续表

时间分配	授课行为 （导入、提问、讲解等）	应掌握的技能要素	学生行为 （预想回答等）	教学意图
	四、学生自主解决其余现象形成的原因 （一）引导自主质疑 问：同学们，刚才我们一起研究了人能漂浮在死海的海面上的原因，那么，你们还有什么问题供大家研究？	诱导提问 探查了解 设置话题	生1：为什么死海中没有动植物？ 生2：为什么死海海水能治病？	引导学生自主质疑，理解文意，培养学生创造性思维能力。
	鼓励：这些问题都提得非常好，有思考的价值，给他们鼓鼓掌。 根据学生提问顺序做相应调整： 1. 理解：为什么"海水能治病"？ 2. 理解：黑泥还能美容，这又是为什么呢？	强化反馈探询	生3：为什么死海的海泥能健身美容？	通过质疑、对话交流，理解能治病、美容的原因和动植物很难在死海生存。
16分 10秒	出示补充资料：死海黑泥中，含有43种矿物质，其中21种是死海所独有的，其他任何海洋水体均不含有。 3. 理解：为什么动植物很难在死海生存？	类比 分析 确认	答：能治病是因为死海海水含盐量高和富含矿物质。黑泥还能美容是因为死海海水含有大量矿物质。	
	（二）纵向比较原因，发现死海的特点 引导：我们知道了死海这些神奇的现象，也了解到了它们产生的原因，那么，你们能不能透过这些原因，归纳出死海的特点？出示课件：	指引观察 强调 演示	因为死海海水含盐量高……	通过演示观察，引导学生分析死海的特点是含盐量高，富含矿物质。
	<table><tr><td>神奇现象</td><td>原因</td><td>特点</td></tr><tr><td>水生植物和鱼类很难生存，沿岸……</td><td>死海含盐量高……</td><td></td></tr><tr><td>人能漂浮在……</td><td></td><td></td></tr><tr><td>可以治疗关节炎等慢性疾病。</td><td></td><td></td></tr><tr><td>黑泥能够健身美容。</td><td></td><td></td></tr></table>	点拨	答：死海的特点是含盐量高，富含矿物质。	运用点拨，启迪思维，形成意义建构。

续表

时间分配	授课行为 （导入、提问、讲解等）	应掌握的技能要素	学生行为 （预想回答等）	教学意图
21分05秒	问：我们再看"偏爱"二字，你觉得是死海偏爱人类吗？	探询提问 引导质疑	答：不是对人类有所偏爱，而是由于死海的特点才产生了这些神奇的现象。 提升情感认识。	运用描述，与文本和作者对话，感染学生，熏陶情感。
	归纳：同学们说得特别好，死海这些神奇的现象是由死海的含盐量、富含矿物质决定的啊！我们也可以感受到作者在文中融入了自己对大自然的敬畏，和对神秘死海的喜爱之情啊！	强调 鼓励强化 引导交流		通过强化激发学生的兴趣。
	五、辨析题目，引发探究欲望 问：死海让我们看到了一个又一个神奇的现象，同学们，请你再读一读课题，你有什么疑问吗？	归纳小结 逻辑性	生3：为什么课题不叫"神奇的死海"，而是"神秘的死海？"	启发学生质疑和理解课题。
	指导：这个问题非常有思考的价值，大家是不是都想知道这个问题呀？给他鼓鼓掌，谁来帮帮他？	指导反思 指导交流	鼓掌。 生4：我从课文第7、8自然段知道了……但是死海还有许多未解之谜，例如……所以说是神秘的死海。	运用逻辑性讲解，紧扣课题，强化认识。
	小结：随着科技的发展，人们对死海逐渐了解，对死海也不断有新的发现，但是还有许多未解之谜，如矿物质来源于何处、微生物虽然存在但不知原因，所以说是神秘的死海。	概括 归纳	巩固认知，知道死海还有未解之谜，理解它的神秘性。	师生对话、生生对话，在反思交流中，从多个角度总结学习成果，提升学习能力。
	结束：通过这节课的学习，你们都学会了什么呢？大家交流交流。 反馈提示：以后我们写说明文时又多了一种写作方法。	点拨 鼓励强化	思考交流： 生5：学会了列数字的说明方法，以及列数字的作用。 生6：通过与同学的交流，知道了为什么动植物	

续表

时间分配	授课行为 （导入、提问、讲解等）	应掌握的技能要素	学生行为 （预想回答等）	教学意图
	这是认知收获…… 通过学习开阔了视野，丰富了知识面。 这是提升了你的科学探索情感…… 这是你通过阅读在情感价值方面的收获！真是不简单啊！相信你将来一定会成为了不起的科学人才！	概括 逻辑性 启迪语言	很难在死海生存…… 生7：海水能治病，海泥还能美容。是因为死海海底的黑泥含有丰富的矿物质…… 生8：我知道作者将课题写成"神秘的死海"是想激发我们对科学探索的兴趣。作者在文中融入了对大自然的敬畏、对神秘死海的喜爱之情。要想揭开死海那神秘的面纱，需要我们多读书，勤思考，热爱科学。 倾听，提升认识。	运用概括、归纳的讲解，提升认识，熏陶情感，形成新的期待。
25分 08秒	六、总结 看来大家收获还真不少，有的同学学到了列数字的说明方法；有的同学通过与同学的交流收获了不少知识；有的同学感受到作者对死海的喜爱之情，学会了与作者对话；有的同学对死海的神秘现象产生了兴趣。要想揭开死海的神秘面纱，就像同学们所说的，需要我们多读书、勤思考，从小就热爱科学。	归纳 鼓励 启发		

日期：2017 年 4 月 12 日

［教案解析］

06 分 00 秒，点拨诱导，运用讲解技能配合提问、强化等教学技能，帮助学生突破重难点，强化理解所学的知识，培养学生创造性思维能力。

08 分 00 秒，讲解说明，结合展示搜集的资料、课件等方法引导学生学习和理解死海的神奇现象及原因，帮助学生体会数字说明在表达上科学、准确、说服力强的作用。

教学中，在讲解的过程中及时点拨、启发、指导，最后教师指导学生在反思交流中，从多个角度总结学习成果，提升学习能力。

整个学习过程，在师生互动和生生互动中加深理解，同时又有个性思维的体现，充分地发挥了学生在教学中的主体作用。

三、提问案例

张苗苗

(一)提问技能的要点

提问技能是教师运用提出问题，以及对学生回答的反应的方式，促使学生参与学习，了解他们的学习状态，启发思维，使学生理解和掌握知识，发展能力的一类教学行为。

对话教学的课堂提问，与传统的课堂提问不同，它以教师、学生、作者、文本之间的对话为主要特征，有利于师生共同探究，理解知识，能够引领学生发现问题，提出问题并解决问题，从而生成高效课堂。

在语文课堂教学中，提问技能在课堂上对培养学生的思维能力有着重要作用，是教师引导学生解决问题的有效的教学手段。

(二)提问技能的功能

1. 定向

"学从疑始"，教师发问，学生生疑，在教学过程中，提问是引导线，它把教学活动有机地联系起来，使学生的兴趣和注意成序列地集中到一个个专题或概念上，产生解决问题的自觉意向。

2. 激发、强化学生学习的积极性

提问能直接推动学生探求知识，"不愤不启、不悱不发"，针对学生的思维特点，提问可以激趣、激励学生积极参与教学活动，发挥他们的主体作用，把学生引入"愤""悱"的境界，达到"启""发"之目的。

3. 启发思考，发展能力

"问题就是矛盾"，提问过程是揭示矛盾和解决矛盾的过程。发现问题之始，便是开动思维机器之时。在师生开展讨论问题的过程中，学生不仅自己准备发言，还要认真听取别人的发言，进行分析、综合、判断，把别人的见解与自己的见解比较、辨别，组织语言，阐述个人观点，能够有效地锻炼他们的听、说、分析、概括等能力，培养他们敢于发表意见，不盲从，敢于争辩的精神。

4. 反馈矫正

通过提问，可以了解学生的学习情况，诊断阻碍学生思维的困难所在，给予及时指导。在语文课堂中，学生思维极为活跃，即时提问是教师实施反馈矫正方便、灵活、有效的手段。

(三)提问技能的构成要素

提问技能的构成要素是:结构、措辞、焦点化、分配、停顿、反馈,它们是构成提问技能的主要成分。

(四)教案设计举例

圆明园的毁灭

1. 教材分析

《圆明园的毁灭》是北京版《语文》教材五年级下册的一篇课文,本课以精练的文字描述了圆明园昔日的辉煌和它的毁灭,旨在激发学生对祖国灿烂文化的热爱和对侵略者野蛮行径的仇恨。文章的写法很有特色,虽以"毁灭"为题,却用大量篇幅写"辉煌",文章语言凝练,"毁灭"与"辉煌"形成强烈对比。

这篇课文描述了圆明园昔日辉煌的景观和惨遭侵略者肆意践踏而毁灭的景象,表达了作者对祖国灿烂文化的无限热爱、对侵略者野蛮行径的无比仇恨,激发学生不忘国耻、振兴中华的责任感和使命感。

2. 学情分析

五年级的学生,已经具备了较强的理解能力,但是文章涉及的历史久远,学生真切认识圆明园的昔日辉煌有一定的困难。如何使学生真切地感受到圆明园是举世瑰宝、圆明园的毁灭是不可估量的损失,这就成了教学的重难点。因此教学时教师要注意引导学生理解语言文字并展开想象,使学生对当年圆明园的辉煌景观有大致的了解,引导和调动学生的情感体验,以景激情,以史实激情,以读激情,以情激情。

3. 教学目标

(1)通过语言文字想象、品味、感受圆明园昔日的辉煌景象,体悟圆明园的毁灭是不可估量的损失,使学生产生对祖国历史文化的热爱之情及对侵略者的憎恨之情。

(2)能够结合课文内容和收集到的资料理解重难点句"圆明园的毁灭是祖国文化史上不可估量的损失,也是世界史上不可估量的损失"的意思。

(3)通过比较"辉煌"与"毁灭"两部分内容,感悟文章的写作方法,揣摩作者独到的布局谋篇特点和富于情感的遣词造句方式,理解作者为什么要用较大的篇幅写圆明园昔日的辉煌。

4. 教学重点

通过语言文字想象、品味、感受圆明园昔日的辉煌景象,体悟圆明园的毁灭是不可估量的损失。

5. 教学难点

感悟写法,懂得作者为什么要用较大的篇幅写圆明园昔日的辉煌。

6.教学理念

《语文课程标准》明确指出："阅读教学是学生、教师、文本之间的对话过程。"教学过程中，教师要给学生充足的时间与文本对话，从而形成师本之间、生本之间、师生之间、生生之间互动的网状关系，实现学生、教师、文本的和谐统一。

提问技能通过教师运用提出问题，以及对学生回答的反应的方式，促使学生参与学习，了解他们的学习状态，启发思维，使学生理解和掌握知识，发展能力。

7.教学策略

(1)以学定教，确定导读导练的重点。首先在自读的基础上，引导学生质疑问难，并梳理归纳疑难问题，然后从学生的疑问入手导读课文，读、思、议、练贯穿其中，体现"学由疑开始""以学定教"，真正把课堂还给学生。

(2)注重培养学生的独立思考能力，鼓励学生发表自己的见解，重视训练过程。如讲解"众星拱月"一词，用以图示词的手法，由部分到整体，由形象到抽象，展示由生疑到释疑的训练过程。

(3)适当补充课外资料，在运用信息中释疑、解疑，提高学生搜集、整理信息的能力。恰当引入课外资料，帮助学生理解文章内容，感受圆明园昔日的辉煌。

8.媒体准备：多媒体课件

9.教学过程

微格教学教案

科目：课文　　课题：圆明园的毁灭　　训练的技能：提问技能　　主讲：张苗苗

教学目标：

1.通过语言文字想象、品味、感受圆明园昔日的辉煌景象，体悟圆明园的毁灭是不可估量的损失，产生对祖国历史文化的热爱之情及对侵略者的憎恨之情。

2.理解重难点句"圆明园的毁灭是祖国文化史上不可估量的损失，也是世界史上不可估量的损失"的意思。

3.通过比较"辉煌"与"毁灭"两部分内容，感悟文章的写作方法，揣摩作者独到的布局谋篇特点和富于情感的遣词造句方式。

时间分配	授课行为 （导入、提问、讲解等）	应掌握的技能要素	学生行为 （预想回答等）	教学意图
00分 00秒	一、回忆课文，提出难点问题 （一）直接导入新课 师：这节课我们继续学习第22课，请大家齐读课题(生齐读课题)。	直接导入	生齐读课题。	

续表

时间 分配	授课行为 （导入、提问、讲解等）	应掌握的 技能要素	学生行为 （预想回答等）	教学意图
01分 50秒	（二）引导学生质疑 1. 师：上节课我们初读了课文，谁能说说通过初读你都知道了什么呢？	回忆提问 探查	预设： 生1：我知道圆明园在1860年被英法联军毁灭了。 生2：我知道圆明园是一座皇家园林，那里收藏着许多珍贵的文物。 生3：我知道圆明园由三座园林组成，那里景观很美。	通过回忆，巩固学习的旧知识，为本堂课的学习做准备。
	2. 师：看来通过上节课的学习，你们知道的还真不少。现在，老师请大家再读读课文，你还有哪些没读懂的地方？请提出来。自由读，开始吧！	启发思考	速读课文。 预设："众星拱月"是什么意思？为什么说圆明园是世界上最大的博物馆、艺术馆？为什么称圆明园是"瑰宝""精华"？在圆明园中游览为什么会有"置身在幻想的境界中"的感受？英法联军为什么要烧毁圆明园？	通过诱导提问，鼓励学生发现问题，质疑问难，充分发挥学生的主动性。
03分 30秒	导语：从大家提出的问题可以看出大家认真读书了，也动脑筋思考了。下面，我们就来研究解决这些问题。 二、学习重点段落，感受昔日辉煌 过渡：为什么说圆明园是园林艺术的瑰宝、建筑艺术的精华呢？我们还得从它当年的布局讲起。	语言强化 引出话题 分析提问 引出话题		引导学生读文本，与作者对话。
	整体把握：默读课文第2—4自然段，思考：圆明园的价值和辉煌体现在哪些方面？画出相关的语句，做简单批注。	焦点化 标志强化	默读课文、批注。	

续表

时间分配	授课行为 （导入、提问、讲解等）	应掌握的 技能要素	学生行为 （预想回答等）	教学意图
	（一）品读布局 1."众星拱月般环绕在圆明园周围"，从"众星拱月"体会规模大。 师：谁能说说"众星拱月"的意思？在课文中"星"指的是什么？"月"指的是什么？	组织交流 解释 理解提问	预设： 生 1：像无数星星环绕着月亮。 生 2：这里的"月"指的是圆明三园；"星"指的是许多小园。	解释"众星拱月"，理解圆明园规模之大。
	2. 出示圆明园布局图，理解众星拱月。 补充资料：圆明园占地约 3.5 平方千米，相当于 640 个足球场那么大。 3. 有感情地朗读，感受圆明园规模的宏大。	交流反馈 使用例证	读：圆明园在北京西北郊，是一座……它由……所以……此外，还有许多小园……众星拱月般环绕在圆明园周围。	
06 分 18 秒	（二）品读建筑 精致的布局让人留恋，宏伟的建筑更让人感叹，默读第 3 自然段，有哪些景点？各有什么特点？	确认 组织交流	预设： 生 1：从"有……也有"看出圆明园中建筑多、景观多。 生 2："金碧辉煌"是说建筑物光彩夺目、异常华丽。这是殿堂的特点。 生 3："玲珑剔透"是说小巧玲珑、结构奇妙。	引导学生读文本，与作者对话。 引导想象，角色转换，加深理解。
	1. 结合图片理解这几个关键的词语，感受风格的各异。 2. 引导学生读出园内景观的奇异。 师：是啊！金碧辉煌的殿堂，玲珑剔透的亭台楼阁，热闹非凡的买卖街，幽静的山乡村野。圆明园的景观真可以说是风格各异。	图片演示 反馈 进行强调	生 4：玲珑剔透是亭台楼阁的特点。买卖街热闹非凡。 生 5："山乡村野"显得十分幽静。	教师通过分析，激发学生的学习兴趣和探索欲望。

续表

时间分配	授课行为 （导入、提问、讲解等）	应掌握的 技能要素	学生行为 （预想回答等）	教学意图
	师：3. 圆明园既有华丽的美，又有精巧的美；既有繁华的美，又有幽静的美；不仅有灵动的美，还有典雅的美。谁来朗读第3自然段这如诗如画的关于圆明园的描写？	诱导启发	读第3自然段。学生用语速的快慢和声调的高低来体现景观不同的特点。	通过指导朗读，引导学生与文本对话，让学生把体会到的情感表达出来，把对文章内容的理解外化出来。
	(1)引读：置身其中，你仿佛听到了什么，看到了什么？闻到了什么？	综合提问	预设： 生1：我仿佛听到了鸟儿清脆的叫声。 生2：我仿佛看到了夕阳西下，高耸的雷峰塔。 生3：我仿佛闻到了园内百花的沁人的香气……	
	(2)引读：圆明园中的景物岂止书中介绍的这么多，圆明园内可以说是一步一景、一景一物。	行为强化	生读：漫步园内，有如漫游在天南海北，饱览着中外风景名胜；流连其间，仿佛置身在幻想的境界里。	指导学生自主地去研读和学习文本。
	(3)小结：圆明园里的建筑宏伟，风格各异，怪不得作者称它是园林艺术的瑰宝、建筑艺术的精华。			
10分 00秒	(三)品读历史文物 过渡：圆明园不仅有华丽的外表，更有着深刻的内涵。请同学们驻足园内，一起细数园内的珍藏。你感受到了什么？ 1. 老师适当补充一些具体内容，让学生深入体会圆明园的文物价值。 出示材料： 从收藏价值看：有两千多年前祭奠用的青铜礼器，有历代名人书画，而这些绝大部分是真迹，许多是孤本；还有很多珍宝及来自国外的珍稀礼品。所有这些文物，对于研究中国社会的发展和中国古代的文明都有着极其重要的价值，不少都是	分析提问 描述讲解	预设： 生1：我从"上自""下至"感受到所收藏的文物年代悠久。 生2：我从"奇珍异宝"体会到圆明园内的文物极其珍贵。	运用提问，让学生能够根据所学知识说出感受，体会圆明园是当时世界上最大的博物馆、艺术馆。

时间分配	授课行为 （导入、提问、讲解等）	应掌握的技能要素	学生行为 （预想回答等）	教学意图
	无价之宝，所以用"最珍贵"来形容绝不过分。 2. 小结：所以说它又是当时世界上最大的博物馆、艺术馆。 3. 有感情地朗读课文。	延时强化		
13分20秒	三、了解毁灭过程，激发对侵略者的憎恨之情 过渡：就是这样一座经过千千万万的劳动者的双手一砖一瓦修建起来的举世闻名的皇家园林，竟在三天之内化为灰烬，让我们去看看那场浩劫吧。 （一）读一读第5自然段，从哪里你看出了强盗们的野蛮行径，动笔画画最能表现强盗们野蛮的词语。大声地读出来，控诉他们的罪行吧。	指导朗读	学生读课文第5自然段，并进行批画。 预设： 生1：我从"凡是""统统"体会出侵略者掠走的东西多。 生2：我从"任意"体会出侵略者破坏的强度大，毁掉珍贵的东西多。	通过视频演示，让学生直观感知英法联军的罪恶；而文本的回归，更让学生从字里行间体会对侵略者的憎恨。
15分30秒	1. 历史在影片中再现，我们去看一看这些侵略者的强盗行为。（播放影视资料）。	演示		
	2. 看完影片你的心里是什么滋味？	即时强化综合提问	生3：我从"任意"和"凡是"还体会出侵略者的野蛮、无耻、疯狂。 预设：	师生对话、生生对话，运用联想想象，感悟文意。
	小结：从同学们的发言中，我听出来大家对侵略者的痛恨。（板书：恨）历史告诉我们一个真理：贫穷受欺压，落后要挨打。侵略者毁掉的不仅是中国的文明史，也是世界的文明史啊！	描述讲解	生1：侵略者实在野蛮，他们的罪行令人发指。 生2：我真为我们国家失去这样一座精美的园林而惋惜。 生3：侵略者真是罪不可赦。	

续表

时间分配	授课行为 （导入、提问、讲解等）	应掌握的技能要素	学生行为 （预想回答等）	教学意图
17分00秒	（二）这园林艺术的瑰宝、这建筑艺术的精华就这样毁灭了。对于圆明园的毁灭，作者用了一句话来评价，谁找到了？ 1. 那么"不可估量"是什么意思？ 2. 这把火烧毁了园林艺术的瑰宝，烧毁了建筑艺术的精华，烧毁了耗资五亿三千万两白银、历时一百五十一年才建成的"万园之园"。这样的损失是可以估量的吗？	确认 理解提问 建立联系 引发共鸣 评价提问	生：圆明园的毁灭是祖国文化史上不可估量的损失，也是世界文化史上不可估量的损失！ 生：圆明园的毁灭损失大得没法计算。 生再读：圆明园的毁灭是祖国文化史上不可估量的损失，也是世界文化史上不可估量的损失！	通过理解提问，让学生了解"不可估量"的含义，提高思维能力。
	（三）小练笔：当时的清政府闭关锁国，整个国家的科学技术已大大落后于西方。面对侵略者，腐败无能的清政府却委曲求全，而当时的咸丰皇帝弃社稷于不顾，自逃性命，从而造成都城无主、百官皆散、军卒志懈、民心大恐的危机局面。这就从根本上动摇了对入侵者坚决抗御的决心。清政府的腐败无能、英法联军的贪婪残暴，导致了圆明园的毁灭。同学们，面对这断壁残垣，你又有什么感受呢？拿起手中的笔，写下自己的感受吧！	行为强化 综合提问 情感升华	学生写感受。	通过小练笔和综合提问，不仅使学生深入地理解课文，还提高了学生的语言表达能力。
20分40秒	四、总结升华 （一）课文的题目是"圆明园的毁灭"，但作者为什么用那么多笔墨写圆明园昔日的辉煌？ 这正是作者表达的巧妙之处。	诱导提问 强调	预设： 生：题目为"毁灭"，作者却用大量的笔墨写它辉煌的过去，把美的东西毁灭了，这真是一个悲剧，更能激起读者的痛心与仇恨。	通过诱导提问、与作者对话，加深学生的思考，把学生的思维由浅向深引入，从而理解作者独特的写作方法。

续表

时间分配	授课行为 （导入、提问、讲解等）	应掌握的技能要素	学生行为 （预想回答等）	教学意图
25分00秒	（二）在我们祖国逐渐强大的今天，我们不能忘记过去屈辱的历史。让我们永远记住历史的教训——落后就要挨打。我们要努力用自己的双手建设强大、繁荣的祖国，使火烧圆明园的历史悲剧不再重演。同学们，让我们勿忘国耻，振兴中华！	引发共鸣 升华情感		
	（三）这节课马上就要结束了，通过这节课的学习，你有什么收获？	指导反思	预设： 生1：通过这节课的学习，我知道园内有现实生活中根本找不到的景观，那些景物完全是人们根据想象而建成的，所以会有"置身在幻想的境界中"这样的感受。 生2：通过这节课的学习，我知道古代劳动人民非常了不起，他们具有非凡的想象力、创造力。	通过总结收获，使学生对学到的知识有一个系统的梳理。
	不错！你们既总结了知识收获，又谈了阅读方法方面的收获，还谈了情感、价值方面的收获……	反馈 强化	生3：我了解了英法联军这些侵略者的野蛮、无耻、疯狂。 ……	通过反馈归纳、概括讲解帮助学生巩固学习成果。

日期：2017年3月23日

[教案解析]

在01分50秒，导入环节教师通过诱导提问，鼓励学生发现问题，提出问题，质疑问难，充分发挥了学生的主动性，使教师的"教"为学生的"学"服务，为本课的学习搭桥铺路，为学生创设了良好的自主学习态势。

在10分00秒，教师运用分析提问，使学生能够结合所学知识说出感受，体会圆明园是当时世界上最大的博物馆、艺术馆。

在 15 分 30 秒，教师播放影视资料，运用综合提问，让学生直观感知英法联军的罪恶。

本课结束，教师通过诱导提问和与作者对话，把学生的思维由浅向深引入，使学生理解作者独特的写作方法。

四、强化案例

张苗苗

(一)强化技能的要点

强化技能是教师依据操作条件反射的心理学原理，对学生的反应采用肯定或奖励的方式，使教学材料的刺激与预期的学生反应之间建立稳固联系，帮助学生形成正确的行为，促进学生思维发展的一类教学行为。

在教学过程中，学生自觉能动性的发挥是提高教学质量的内因；教师的主导作用是提高教学质量不可缺少的条件，是外因。外因要通过内因起作用，因此教师要把着力点放在调动学生学习的自觉能动性上，通过不同的强化类型或方式帮助学生形成一系列的正确行为，促使学生思维发展和各种学习能力的提高。

(二)强化技能的功能

1. 促进学生注意力集中；2. 促进学生主动参与学习；3. 帮助学生形成正确的行为方式；4. 促进学生巩固正确的反应行为。

(三)强化技能的构成要素

1. 语言强化；2. 动作强化；3. 标志强化；4. 接近强化；5. 活动强化。

(四)教案设计举例

葡萄沟

1. 教材分析

《葡萄沟》是三年级上册《语文》教材的一篇课文，是一篇充满浓郁的风土人情的文章。课文以"葡萄沟真是个好地方"为主线贯穿全文，主要介绍了新疆葡萄沟的葡萄品种多、产量高，老乡热情好客，葡萄干颜色鲜、味道甜、非常有名。

2. 学情分析

通过对学生三个月的训练，学生具有初步的圈画能力，有一定的朗读方法，能够通过不同的朗读方式入情入境，自主赏析，在活动中提升审美情趣，受到情感熏陶。教学时，教师要抓住重点词句，进行朗读指导，让学生在读中悟，在悟中读，在反复的朗读、品读中感受葡萄沟葡萄的特点，体会老乡的热情好客。

3. 教学目标

(1)通过圈画重点词、句，理解葡萄沟葡萄的特点，感受葡萄沟是个好地方，进行有感情的朗读。

(2)引导学生质疑，通过小组合作，利用课外资料自主解疑，知道葡萄沟的葡萄干有名，感受葡萄沟真是个好地方。

4. 教学重难点

(1)教学重点：理解为什么说葡萄沟是个好地方。

(2)教学难点：小组合作讨论自主解疑，了解葡萄干的制作过程。

5. 教学理念

《语文课程标准》明确指出："阅读教学是学生、教师、文本之间的对话过程。"教学过程中，教师要给学生充足的时间与文本对话，从而形成师本之间、生本之间、师生之间、生生之间互动的网状关系，实现学生、教师、文本的和谐统一。

强化技能是教师在教学中的一系列促进和增强学生反应和保持学习力量的方式。强化是一个心理学概念，"使有机体在学习过程中增强某种反应的重复可能性的力量称为强化"，强化是塑造行为和保持行为强度的关键。

6. 教学策略

通过学生和文本对话，利用抓住重点词语进行想象的思维策略，使学生理解为什么说葡萄沟是个好地方。

通过生生对话，利用学生小组合作探究式学习，使学生理解词语"五光十色"和"五颜六色"的意思。

通过学生行为强化，突破难点，使学生明白葡萄干的制作过程和阴房的作用。

通过学生自我强化，使学生对所学知识有一个系统的梳理；通过学生间的互相强化，激发学生的学习兴趣和探索欲望。

7. 媒体准备：多媒体课件

8. 教学过程

微格教学教案

科目：课文 课题：葡萄沟 训练的技能：强化技能 主讲：张苗苗

教学目标：
1. 理解葡萄沟葡萄的特点，进行有感情的朗读。
2. 通过小组合作，利用课外资料自主解疑，了解葡萄沟的葡萄干有名，感受葡萄沟真是个好地方。

续表

时间分配	授课行为 （导入、提问、讲解等）	应掌握的 技能要素	学生行为 （预想回答等）	教学意图
01分 15秒	一、激情导入 （一）播放音乐（《我们新疆好地方》） 伴随着动听的音乐，这节课就让我们跟随着作者来到新疆，走进葡萄沟。齐读课题。	激情导入 确认	学生齐读课题。	通过听音乐，引起学生注意，渲染气氛，使学生走入情境。
	（二）那么我们怎么样走进这葡萄沟呢？ 师：这几位学生告诉了我们学习的方法，说得好不好呀？我们把掌声送给他们。 师：自由轻声读课文，看有什么不懂的问题或想知道的问题？	探查 语言强化 行为强化 设置话题 语言强化	预设： 1. 读课文，看看作者都写了什么，它们都有什么特点？ 2. 把不懂的问题画出来。 3. 把感受深的词语圈出来，简单地写下自己的感受。 学生鼓掌。	教师通过语言强化和行为强化，给予学生肯定，激发学生学习的兴趣。
	师：你们提的都是非常有价值的问题。那么让我们带着这些问题认真默读课文。 板书：好地方		预设： 1. 葡萄沟给你留下了什么印象？ 2. 作者为什么说葡萄沟是个好地方？ 3. 梯田是什么样子？	通过学生自学质疑，引出话题，提高学生学习的兴趣和自学能力。
4分 30秒	二、圈画、品读，感悟"好地方" 出示阅读提示： 请同学们打开书，默读课文，边读边思考：从哪儿感受到葡萄沟是个好地方？画出来。 全班交流。 （一）略读第1自然段，体会葡萄沟盛产水果，是个好地方	引出话题 确认 依从 标志强化 活动强化 组织交流	学生默读课文，边读边思考：从哪儿感受到葡萄沟是个好地方？全班交流。 预设：第1自然段从葡萄沟盛产水果介绍了葡萄沟是个好地方。	读文本与作者对话。

续表

时间分配	授课行为 （导入、提问、讲解等）	应掌握的技能要素	学生行为 （预想回答等）	教学意图
	1. 盛产是什么意思？ 师：解释得真清楚。 2. 启发引导，体验情感。 是呀！一年中有近半年的时间出产各种水果，看来真是个好地方！ 过渡语：除了"盛产水果"以外，你还从哪里感受到葡萄沟是个好地方？ （二）细读第2自然段，体会情感，感悟写法	解释 交流反馈 语言强化 描述讲解	预设：大量地出产。盛：丰盛；产：出产。	通过理解重点词，使学生体会到葡萄枝繁叶茂、长势喜人，人们能享受到它们带来的凉爽，同时引导学生建立起句与句之间的联系。
06分00秒	①茂密的枝叶向四面展开，就像搭起了一个个绿色的凉棚。 教师画几片叶子，体会枝叶的茂密。 出示图片，直观感受茂密的枝叶像凉棚，引导学生进行朗读。	活动强化	预设： 1. 四面展开：光照充足，长势很好。 2. 一个个：凉棚特别多。 3. 凉棚：采用了比喻的修辞手法，写出了枝叶茂密的样子。	教师通过画叶子，帮助学生理解枝叶的茂密，从而引发学生想象凉棚的样子。
	②引导想象：在骄阳似火的夏天，吐鲁番的气温能达到40多度，这时如果你钻进绿茵茵的凉棚里，会有什么感觉？ 师：说得真好！仿佛你就置身于这凉棚中。 ③朗读指导：带着舒畅的心情读读这个句子。 过渡：再读读这段，看看哪里还让你感觉到葡萄沟是个好地方？ ④葡萄： 到了秋季，葡萄一大串一大串挂在绿叶底下，有红的、白的、紫的、暗红的、淡绿的，五光十色，美丽极了。	组织交流 语言鼓励 诱导启发	预设：凉快、惬意。 学生读句子。	通过教师引导想象，丰富了学生的情感体验，加深了学生对作者心情的理解。

续表

时间分配	授课行为（导入、提问、讲解等）	应掌握的技能要素	学生行为（预想回答等）	教学意图
	⑤体会葡萄数量多。 ⑥体会葡萄颜色多。 教师引读：到了秋季…… 学生评读。		预设：1. 一大串一大串——写出了葡萄的数量多和颗粒大，写出了硕果累累的样子。 2. 有红的、白的、紫的、暗红的、淡绿的——颜色多、美丽，也说明的葡萄种类多和颜色多。 学生读句子。	通过学生评读，互相强化，激发学生的学习兴趣和探索欲望。
10分30秒	教师引导学生思考： 五光十色——你能给这个词找个近义词吗？ 师：对，"五颜六色"这个词也表示颜色多，那如果把"五光十色"换成"五颜六色"行不行？	行为强化 反馈矫正	预设：五颜六色、五彩缤纷等。 预设： 1. 行！这两个词都表示有很多很多颜色。 2. 不行！我觉得五光十色不光指颜色多，还写出了葡萄有光亮。	通过对"五光十色"和"五颜六色"的比较，使学生与作者对话，从而明白词意和作者用词之准确。
	师：回答得真棒！同学们再看看这两个词有什么相同之处和不同之处？	引导质疑	预设： 生：相同之处都指颜色多。 生：不同之处是五颜六色只指颜色多，而五光十色比五颜六色多了一个光字，说明这个词不仅指颜色多，还指有光泽。	

时间分配	授课行为 （导入、提问、讲解等）	应掌握的技能要素	学生行为 （预想回答等）	教学意图
11分30秒	出示两张图片：一张颜色很多，另一张有很多颜色且发光发亮。 师：现在你们明白两个词之间的区别了吗？谁能用这两个词分别说一句话。	视觉强化 行为强化运用	预设： 生1：公园里有许多五颜六色的花朵。 生2：晚上，街道上的霓虹灯全亮起来，五光十色，煞是好看。	通过行为强化，使学生区别"五颜六色"与"五光十色"，从而理解词意。
14分18秒	师：那现在你们觉得把"五光十色"换成"五颜六色"到底行不行？ 你们看（出示图片）太阳光一照，每一颗葡萄就像珍珠、玛瑙闪闪发光。再加茂密油绿的枝叶相互映衬，不禁让我们陶醉在这葡萄的海洋里。 师：让我们体会着这些再来读读这句话吧！	描述讲解 行为强化		通过指导朗读和行为强化，使学生把体会到的情感表达出来，把对文章内容的理解外化出来。
	（三）体会老乡热情好客，感受"好地方" 1. 葡萄真吸引人啊。要是这时候，我们到葡萄沟去。你们这些维吾尔族老乡会怎样招待我们呀？ 2. 角色体验： 导语：用一个词夸夸他们。 热情好客（板书） 小结：这里的维吾尔族老乡再一次让我体会到了——"葡萄沟真是个好地方"。	促进参与 逻辑	预设： 生：给您端上最大最甜的葡萄。 生：端上各种各样的葡萄让您吃个够。 预设：热情好客。 学生再读：葡萄沟真是个好地方。	
	三、质疑、解疑，再悟"好地方" 师：课文中还有哪些方面让你感觉到葡萄沟真是个好地方？ 小结：所以说新疆吐鲁番的葡萄——真是个好地方。	集体强化	预设： 生：我觉得葡萄沟的葡萄干颜色鲜、味道甜，非常有名，葡萄沟是个好地方。	通过联系生活实际进行想象，进行角色体验，使学生体会到由于维吾尔族老乡热情好客，客人们能把美味的葡萄吃个够，

时间分配	授课行为 （导入、提问、讲解等）	应掌握的技能要素	学生行为 （预想回答等）	教学意图
	导语：刚才我们从这么多方面觉得葡萄沟是个好地方。那么这节课咱们就学得到这里好不好？ 引发思考：你们都有什么问题？	设置话题 激发期待 反馈探询	预设： 生：不行，老师，我还有很多问题呢！ 预设： 1. 为什么阴房要建在山坡上？ 2. 为什么会有这么多阴房，它是干什么的？ 3. 阴房为什么没有房顶？ 4. 葡萄干为什么要在阴房里晒，在外面的空地晒不行吗？	所以说葡萄沟是个好地方。 通过即时强化，强调探究话题。
18分20秒	师：关于阴房，你们有这么多的问题，看来我们要好好研究研究第3自然段？ 师：那么维吾尔族小老乡们，请你们仔细读课文，认真读好每一个字，然后小组讨论，看看葡萄干到底是怎样制成的？阴房到底什么样？一会儿把阴房给我们介绍介绍。	即时强化 启发质疑 组织交流	学生自读第3自然段。 预设： 生1：欢迎大家来到葡萄沟，我们来给大家介绍……你们听明白了吗？谁还有补充或有不明白的问题？	
	师：感谢前两位同学给我们带来的精彩的讲解。第三位同学的问题确实很难，老师给大家带来了一些资料。你们看一看就明白了。 阅读资料发现： a在阴房里晒葡萄干可以避免阳光直射、暴晒，保留糖分。 b吐鲁番温度变化大，阴房没有屋顶，能更好地带走水分，保留葡萄的味道。 c阴房里能更好地保留葡萄美丽的颜色。	即时强化 描述性讲解 建立联系	生2：我给你补充，通过你的介绍我觉得听得并不明白，我觉得画图就更清楚了，这是我们组在预习时，为了理解这个自然段画的图，大家请看这就是阴房。	教师通过行为强化，突破难点，使学生明白葡萄干的制作过程和阴房的作用。

续表

时间分配	授课行为 （导入、提问、讲解等）	应掌握的技能要素	学生行为 （预想回答等）	教学意图
	小结导语：同学们，你们明白了吗？正是有了用阴房来制作葡萄干的方法，才让这里的葡萄干颜色鲜、味甜，非常有名。出示葡萄干颜色鲜、味道甜，非常有名。	引发共鸣	生3：我有一个问题就是葡萄干为什么要在阴房里晒，在外面的空地晒不行吗？	
	导语：维吾尔族老乡们能够利用阴房制作葡萄干，真想再用一个词夸夸他们，你们知道是什么吗？ 教师引读：他们不仅热情好客，还充满智慧。看来，葡萄沟真是个好地方！	情感升华	预设：聪明、智慧、了不起。 生再读——葡萄沟真是个好地方！	
20分50秒	四、总结收获 导语：同学们欣赏完了葡萄沟，观赏了葡萄干的制作方法。我们马上就要离开葡萄沟了，那么通过这节课的学习，你有什么收获？	指导反思 反馈	预设： 通过与同学交流知道葡萄沟…… 所以作者才…… 通过同学画的图，知道阴房……	通过总结收获，实现学生自我强化。 通过师生对话、生生对话、学生和作者对话。使学生对学习起到一个系统的梳理，总结提升认识。
	反馈语言： 不错！你总结了知识收获！ 你是从阅读方法方面谈收获…… 大家还谈了情感、价值方面的收获……	即时强化 鼓励强调	通过介绍，知道为什么要在阴房晒葡萄干…… 我知道对感触深的词语可以重读…… 我知道可以将感受深的词语圈出来，写下自己的感受，再把感受深的词重读。 作者用"五光十色"用得非常好，在写作文时和造句时就不会…… 葡萄沟的老乡不仅热情好客，还很聪明，我非常喜欢葡萄沟……	

续表

时间分配	授课行为 （导入、提问、讲解等）	应掌握的技能要素	学生行为 （预想回答等）	教学意图
	总结归纳： 同学们的收获还真不少，有的同学学到了不少知识，知道了为什么说葡萄沟是个好地方；有的同学知道了五光十色和五颜六色的区别；有的同学知道了阴房的样子和各部分的作用等；有的同学学到了读书的方法，比如划重点词批注和朗读的技巧；还有的同学由此喜欢上了葡萄沟。看来这趟葡萄沟之旅真是不虚此行呀！老师还想告诉你们葡萄沟是个好地方，这不仅是因为咱们课上说的这些，感兴趣的同学还可以课下上网找相关资料，咱们下节课交流。	归纳讲解 概括收获	倾听，提升认识。	通过归纳、概括讲解和描述性的语言，帮助学生巩固学习成果，提升认识，并为后续学习做铺垫。

日期：2016 年 11 月 10 日

〔教案解析〕

1. 教师运用行为强化、即时强化、语言强化、视觉强化等多种途径，创造了师生和谐的课堂学习氛围，同时也激发了学生们学习的兴趣，形成师生、生生等多维度的对话。

2. 教师在上课 01 分 15 秒导入时，询问学生用什么方法走进葡萄沟。在这一环节中，教师用很多积极性的、激励的语言，对学生的回答进行肯定性评估，学生得到了积极的反馈，更活跃地参与到课堂活动中。学习者的学习动机、兴趣增强，思维、记忆等认知功能就会活跃起来，从而大大提高了学习效率。

3. 在 11 分 30 秒时，教师通过视觉强化和行为强化，使学生区别"五颜六色"与"五光十色"，从而理解词意。

4. 在结尾处，教师通过总结收获，使学生实现自我强化。在此环节中，教师对学生的表现进行肯定，学生在鼓励中产生了学习的兴趣，同时课堂氛围更加和谐。

五、指导口语交际案例

郭　英

(一)指导口语交际技能的要点

指导口语交际技能就是教师指导学生在学习、交流、交往中,学会听、说,培养文明礼貌的言谈举止的一种教学行为。

《小学语文新课程标准》在课程的基本理念中指出:"要全面提高学生的语文素养。九年义务教育阶段的语文课程,必须面向全体学生,使学生获得基本的语文素养。"

语文课程素养教育,应培育学生热爱祖国语言的思想感情,指导学生正确地理解和运用祖国语言,丰富语言的积累,培养语感,发展思维,使他们具有适应实际需要的识字写字能力、阅读能力、写作能力、口语交际能力。

指导口语交际课能让初次接触的教师感到学生回答问题的方式很新颖,这种形式能够使学生学会倾听和表达。如果教师能够从点滴处注重对学生口语交际能力的培养与训练,学生将受益匪浅。

(二)指导口语交际技能的功能

1. 帮助学生在学习交流、交往活动中学会听、说。

2. 通过口语交际的实践活动,培养学生文明礼貌的言谈举止。

(三)指导口语交际技能的构成要素

1. 教学生倾听;2. 指导学生会说;3. 指导体态手势;4. 培养情感态度;5. 指导反馈、监控调整;6. 交际语言积累建库。

(四)教案设计举例

小壁虎借尾巴

1. 教材分析

《小壁虎借尾巴》是一篇科普童话,课文借助形象化拟人的手法,通过小壁虎向小鱼、黄牛、燕子借尾巴的故事,揭示了"动物的尾巴都有用"这样一个道理。文章语言浅显易懂,内容生动有趣,课文把小动物之间有礼貌和真诚相待的美好形象表现得栩栩如生,符合低年级学生的年龄特点,适合学生有感情地朗读和表演,教学本文适合说一说、演一演的形式,学生可以在宽松的语言环境中了解课文内容并与他人交流,促进学生口语交际能力的发展。

2. 学情分析

学生对文中的小动物比较熟悉,学生在独立阅读的基础上,容易了解动物尾巴的用途。他们能够借助教师提供的交际平台,探究学法,从而增强阅读兴趣。

3．教学目标

(1)理解课文内容，知道动物的尾巴各有各的用处及壁虎的尾巴能再生的特点。

(2)分角色朗读课文，力求读出语气。

(3)能够仿照课文的叙述方式展开联想和想象说几句话。

4．教学重点和难点

(1)重点

①理解课文内容，知道动物的尾巴各有各的用处及壁虎的尾巴能再生的特点。

②分角色朗读课文，力求读出语气。

(2)难点

分角色朗读课文，力求读出语气。

5．教学理念

《语文课准标准》指出："阅读教学是学生、老师、文本之间的对话过程。"教学过程中，教师要给学生充足的时间与文本对话，从而形成师本之间、生本之间、师生之间、生生之间互动的网状关系，实现学生、教师、文本的和谐统一。

《语文课程标准》总目标中指出：学生要"具有日常口语交际的基本能力，在各种交际活动中，学会倾听、表达与交流，初步学会文明地进行人际沟通和社会交往，发展合作精神"。因此，落实新课程标准理念，培养学生的口语交际能力，是新课程环境下口语交际教学中一个极其重要的课题。

开展合作学习。小组合作学习可以使学生在宽松舒适的语言环境中充分地与他人交流，促进口语交际能力的发展。教师指导学生在学习群体中为了完成共同的任务，开展有明确的责任分工的互助性学习，可以有效地帮助学生实现自主学习。

6．教学策略

(1)结合搜集的资料和生活实际，通过联想和想象，学习语言和表达，发展语言和思维。

(2)采用小组合作学习、教师指导倾听和表达、课内外知识联系迁移等方法进行教学。

(3)通过说一说、演一演的形式了解课文内容，使学生在宽松的语言环境中与他人交流，促进学生口语交际能力的发展。

7．媒体准备：多媒体课件

8. 教学过程

微格教学教案

科目：语文　　课题：小壁虎借尾巴　　训练的技能：指导口语交际技能　　主讲：郭英

教学目标：
1. 理解课文内容，知道动物的尾巴各有各的用处及小壁虎的尾巴能再生的特点。 2. 能够走进故事、进入角色，感受和揣摩人物心理，有感情地朗读课文。 3. 能够仿照课文的叙述方式展开联想和想象说几句话。

时间 分配	授课行为 （导入、提问、讲解等）	应掌握的 技能要素	学生行为 （预想回答等）	教学意图
00分 00秒	一、情境导入，激发兴趣 小朋友，看老师给你们带来了什么？（出示课件，展示小壁虎的形象）今天，我们继续学习第17课《小壁虎借尾巴》。（齐读）谁来说说小壁虎是什么样子的？仔细观察图。 你们说得都很好。我们观察到的小壁虎是有尾巴的呀！	引起注意 语言强化	答：是一只小壁虎。小壁虎的身体扁扁的，嘴巴大大的。小壁虎还有一条长长的尾巴。	集中注意力，进入新课。 激发学生兴趣。
01分 30秒	二、深入课文，了解内容 （一）质疑 1. 再读课题，你想知道哪些问题？ 2. 怎样解决这些问题？ 3. 汇报交流，通过读书你解决了哪些问题？	引导质疑 形成期待 促进参与 探询 指导学法 探询	预设：小壁虎向谁借尾巴了？它为什么要借尾巴？借到没有…… 读课文、合作交流。	引导学生提出问题，培养质疑探究能力。 指导学习方法。
02分 50秒	（二）合作学习、解决问题 小壁虎怎么借尾巴？借到没有？为什么没借到？ 合作学习课文3—5自然段。 要求： 1. 每个同学先自己读一读，画一画它们说的话，思考问题，再和同学交流。 2. 用上"因为……所以……"，说一说小动物们不能把尾巴借给小壁虎的原因。 3. 教师巡视指导。	台阶提问 指导小组合作学习 分析综合 指导口语交际	预设：1. 小壁虎向小鱼、老牛、燕子借尾巴了。2. 小壁虎的尾巴断了。3. 它没有借到尾巴。 小组合作学习 1. 读3—5自然段。 2. 思考问题。	了解学情。 培养学生合作意识。

时间分配	授课行为 （导入、提问、讲解等）	应掌握的技能要素	学生行为 （预想回答等）	教学意图
06分10秒	（三）反馈交流 哪个小组先来汇报？ 1. 指导学生交际语言，先问好，再汇报。汇报时要组织好语言。 2. 要求听的同学要认真听，认为说得好的地方，要鼓励，有不同意见的同学补充。	指导交流 礼貌用语 指导倾听	答：因为小鱼要用尾巴拨水，所以不能借给小壁虎。 大家好，我代表我们组汇报，小壁虎没有借到尾巴，因为小鱼要用尾巴拨水，因为老牛……同意我的意见吗？谢谢大家！	通过汇报交流，指导学生当众发言要有礼貌，没有发言的同学要学会倾听并思考。鼓励学生个性发言。
08分05秒	3. 表扬、鼓励 板书：小鱼、燕子、老牛。 4. 分角色读3—5自然段。 5.（出示"小鱼姐姐，您把尾巴借给我行吗？"和"小鱼，你把尾巴借给我。"）自己先读一读，谁能说说这两句有什么不同？你认为哪一句好？为什么？	强化 语音 语调 对比分析 语音 语调 诱导提问	有不同意见的同学请补充发言。 小组分角色有感情地朗读，注意神态、手势。 第一句多了"姐姐""您""行吗"，用了礼貌用语，使用的是商量的语气。	知道小鱼、小燕子、老牛尾巴的作用。体会小壁虎的心情变化。 进行语言文字训练，又进行了文明礼貌教育。
12分50秒	6. 你们愿意把小壁虎借尾巴的过程表演出来吗？ 课件出示：小壁虎向小鱼、小燕子、老牛借尾巴的图片。	运用 体态语 指引观察	表演：小鱼（做游泳的动作），小壁虎（爬行状） 小壁虎（希望地）："您好，小鱼姐姐，您把尾巴借给我行吗？" 小鱼（为难地）："不行啊，我要用尾巴拨水哪！" 小壁虎（失望地）："噢，再见，小鱼姐姐。" 小鱼："再见，小壁虎。"	通过表演让学生回顾小壁虎向小鱼借尾巴的心理历程，使学生在宽松的语言环境中与他人交流，促进学生口语交际能力的发展。

续表

时间分配	授课行为 （导入、提问、讲解等）	应掌握的 技能要素	学生行为 （预想回答等）	教学意图
14分 10秒	三、总结归纳，学习表达 同学们，学习课文后，谁能讲讲小壁虎的故事？课件出示：小壁虎向（　）借尾巴，小壁虎说：（　）。（　）说：（　），小壁虎（　）借到尾巴。	指导交流 强调 归纳 综合	小壁虎向（小鱼）借尾巴，小壁虎说：（"您把尾巴借给我行吗？"）……	
	四、总结收获 通过这节课的学习，你有什么收获？（指导学生说出不同的收获） 你还有什么和同学们交流吗？	指导反思	我想说说我的收获…… 我有不同的收获…… 我还有一个问题……	通过让学生当众表达感受，提高反思学习的能力。

日期：2017 年 4 月 5 日

［教案解析］

本节课我运用了指导口语交际技能，并配合导入、提问、强化等教学技能；

在学习知识的过程中，采用激趣导入，质疑导学，实现了引导学生主动思考、主动学习的行为方式；

创设口语交际情境，通过说一说、演一演的形式了解课文内容，使学生在宽松的语言环境中与他人交流，促进学生口语交际能力的发展，在理解感悟中实现了学习目标。

六、演示案例

刘志鹏

（一）演示技能的要点

演示技能是教师在语文教学中运用操作、示范、实物、模型、板演等直观教学手段，充分调动学生的视觉、听觉等多种感官，形成感性认识，指导学生进行观察、思考和练习的一类教学行为。

小学语文课堂教学演示，是教师操作各种媒体为学生提供感性材料，辅导学生观察分析、帮助学生理解教学内容的重要手段之一。掌握演示技能利于调动学生的学习积极性，更好地突破难点，强调重点，提高课堂教学效率，实现教学目标。

在语文教学中，运用现代化化教学手段，对培养学生语文能力、发展学生智力，能起到重要作用，尤其利用现代多媒体技术辅助教学，更容易激发学生的学习积极性，利于提高学生学习能力，开阔学生视野。演示技能弥补了教师口述和课本文字符号的不足，为开展生动、活泼、多渠道传递教学信息的教学提供了广阔前景。

当代语文课程资源越加丰富，如教科书、教学挂图、工具书、报刊，电影、电视、广播、网络等，触屏、互动反馈技术、白板日常教学中也日益普及，基于多媒体及网络技术的微课、翻转课堂、慕课等新型课型更是应运而生，课堂教学资源和课外学习资源已经实现有机的整合。

小学语文教师应及时掌握现代多媒体教育技术，具有使用传统媒体和现代教学媒体演示的技能。

（二）演示技能的功能

1. 根据丰富的直观感性材料，帮助学生感知、理解和巩固知识，培养学生的科学态度；

2. 指导学生观察事物的形象，启发和训练学生分析、归纳，形成正确的思维方式；

3. 开阔学生的视野，展现客观情景，实现情境教学；

4. 运用新颖生动的演示，激发学生的学习兴趣，提高学习积极性。

（三）演示技能的构成要素

演示技能的构成要素主要有：

1. 演示设计；2. 引入观察；3. 操作控制；4. 指引观察；5. 组织引导。

（四）教案设计举例

天然动物园漫游记

刘志鹏

1. 教材分析

《天然动物园漫游记》是一篇游记，记叙了作者游览米库米天然动物园的经过，生动地介绍了园内各种动物的特性和活动情况，表达了作者无比欢乐的心情。

2. 学情分析

六年级学生能在理解课文内容的基础上，有感情地朗读课文，能对自己感兴趣的事物提出问题，确定学习目标，并能进行探究性的学习，寻求解决问题的办法。但是学生在分析写作手法方面还存在着一些不足，不能准确地进行分析。

3. 教学目标

（1）体会作者是怎样表达出"米库米天然动物园之行是乐趣无穷的"。

(2)理解课文内容，了解米库米天然动物园各种动物的特性和活动情况，感受作者的乐趣，产生与野生动物和谐相处的兴趣和愿望。

4．教学重点和难点

(1)教学重点：理解课文内容，了解米库米天然动物园各种动物的特性和活动情况，感受作者的乐趣，产生与野生动物和谐相处的兴趣与愿望。

(2)教学难点：体会作者是怎样表达出"米库米天然动物园之行的乐趣是无穷的"。

5．教学理念

课堂教学演示，是教师操作各种媒体为学生提供感性材料，辅导学生观察分析事物、帮助学生理解教学内容的重要手段之一。演示技能利于调动学生的积极性，更好地突破难点，强调重点，提高课堂教学效率，实现教学目标。

语文对话教学采用对话式教学模式，在教学中教师应积极创造各种条件，采用多种手段，引领学生进行有效对话，在对话中理解文本、体验情感、交流思想，让课堂更加鲜活。

6．教学策略

通过学生和文本的对话，抓重点词句，结合教师提供的场景图片，使学生理解为什么游览米库米天然野生动物园是乐趣无穷的。

通过教师提供的感性材料，帮助学生理解斑马的"泰然自若、毫不惊慌"。

通过媒体演示，开阔学生的视野，展现长颈鹿和基马猴的画面，实现情境教学。

通过生动的演示，激发学生的学习兴趣，提高学生的学习积极性。

7．媒体准备：多媒体课件

8．教学过程

微格教学教案

科目：语文　课题：天然动物园漫游记　训练的技能：演示技能　主讲：刘志鹏

教学目标：
1. 理解课文内容，了解米库米天然动物园各种动物的特性和活动情况，感受作者的乐趣，产生与野生动物和谐相处的兴趣和愿望。
2. 体会作者是怎样表达出"米库米天然动物园之行的乐趣是无穷的"。
3. 能够仿照文章的写作方法完成习作练习。

续表

时间分配	授课行为 （导入、提问、讲解等）	应掌握的技能要素	学生行为 （预想回答等）	教学意图
00分 00秒	一、揭示课题，导入新课 老师今天给大家带来了一幅图片，请大家看一看，谁能说说你都看到了什么？想到了什么？	演示 引起注意 指导观察	预设：看到了猴子、斑马、长颈鹿等动物。我觉得这节课和动物园有关。	通过演示，引起注意。利用图片内容，激发探究兴趣。
	你们很聪明！这些动物都来自米库米野生动物园，今天我们就继续来学习第五课《天然动物园漫游记》。请你们快速浏览课文，说一说作者游览完国立米库米天然动物园后的感受是怎样的？	强化 依从 回忆 反馈探察	预设：游览米库米天然动物园之行的乐趣是无穷的，无怪乎每年从世界各地前去游览的人络绎不绝。	
	游览米库米天然动物园到底有哪些乐趣呢？大家想不想知道？ 我们这节课就一起走进米库米天然野生动物园，来感受这份乐趣。	设置话题 形成期待	答：想。	引起学生热情，通过启发想象，进而形成学习期待。
01分 20秒	二、深究语言，感受乐趣 谁来说说，你打算用什么方法感受这份乐趣呢？ 1. 下面请大家默读4—6自然段，我们就按照他的学习方法来学习。 2. 小组内交流。 3. 全班同学交流。	诱导提问 引入话题 组织讨论	生1：首先我们要找到令我们感受最深的词句，然后把自己的理解写在旁边。先和小组内成员交流，再全班同学一起交流。 默读课文。 画批词句。 写感受。	通过合作学习，创设宽松环境，培养学生合作意识。
	谁来说说，你从哪里感受到了米库米公园的乐趣？		生2：我找到的是"泰然自若"和"毫不惊慌"两个词语。泰然自若是指在异常的情况下毫不慌乱，而不像其他动物园的斑马听到一点声响就警觉起	通过演示刺激学生，引起学生注意。

时间 分配	授课行为 （导入、提问、讲解等）	应掌握的 技能要素	学生行为 （预想回答等）	教学意图
02分 00秒	PPT出示下面这段话： 　车子慢慢逼近，到了只有二十来米远……它还是泰然自若……真是千姿百态，逗人喜爱。 你是从这里感受到的乐趣。其他同学呢？ 你的生活经验很丰富啊！你注意到文中20米远这个词，并联系自己的生活经验，体会出当时作者离斑马确实很近。三四秒就能接近它，而它依然在安详地吃草。确实很有趣！谁还有补充？	演示 指引观察 追问 探询 引入对话 指导交际	来。所以我感觉到这里的斑马很特别，很有乐趣。 生3：他说得不太完整，我有补充……而斑马依然泰然自若。 生4：两位同学说……下面我说说我的想法……说明作者被这里的斑马深深吸引了。	通过学生之间的对话，感受到游览米库米公园是乐趣无穷的。
03分 20秒	请大家看黑板，老师这里有一幅图片，这里有一只斑马在安详地吃草，而在不远处，就有一辆车在观察它，而它不为所动，依然干着自己的事情。它真是…… （PPT出示斑马图片） 下面谁给大家读一读这句话，读出斑马的泰然自若。 就像这几位同学说的一样，米库米公园的斑马确实很惹人喜爱，让我们感受到了游玩的乐趣。作者是用什么方法让我们感受到这份乐趣的呢？ 下面请大家自己体会作者的写法，然后再读一读这句话。 谁能再来说说，你还从哪些地方感受到乐趣了？ PPT出示下面这段话：	演示 强调 指导观察 强调 探询 语言强化 强调 探询	生5读。 生6评读：我觉得你读得很流利，但是没有读出斑马的泰然自若，下面我来读一读。 生7评读：我在你的读书声中，仿佛看到了一群可爱的斑马在安详吃草的画面。 生8：作者用排比和拟人的方法，写出了斑马的泰然自若和自由自在。 自读自悟。 预设： 亭亭玉立这个词语是……这是在广阔的非洲大草	通过演示斑马的图片，让学生充分感受斑马泰然自若的形态。 通过朗读，体会游览米库米公园的乐趣。 通过学生之间的对话，使学生感受作者的写法。 与文本对话，感悟长颈鹿的形象。

续表

时间分配	授课行为 （导入、提问、讲解等）	应掌握的技能要素	学生行为 （预想回答等）	教学意图
	它们高扬着细长的脖子，在树荫下亭亭玉立……远远望去恍若一幅巨大、迷人的风光画。	引入观察 形象演示 动态激趣	原上，……多像一幅巨大迷人的风景画啊！	
05分40秒	下面哪位同学愿意为大家长读读这段话？请大家一边欣赏黑板上的图片，一边在××同学的读书声中感受长颈鹿文静可爱的动人姿态。 PPT出示：长颈鹿的图片。	指引观察 指导朗读	生9朗读，其他学生观察图片。朗读并欣赏美丽的风光画。 自由交流……	
	是啊，这些同学都非常有想法。在这样一幅宁静优美的画面中，还有一群很特别的动物，仿佛是来搞破坏的，它们就是……	诱导提问 演示	观察……	通过演示长颈鹿的图片，使学生深入理解"亭亭玉立"的意思，构建长颈鹿的形象。
	谁能来对着黑板上的图片说说文中的基马猴是什么样子的？ PPT出示基马猴的动态图片和下面这段话： 更有趣的是，成群的非洲基马猴正在这些长颈鹿中间……周旋了好一阵子。	演示 探询 确定 文本演示	答：非洲基马猴观察…… 预设：从"蹦来蹦去""一边啃""一边挤眉弄眼""挑逗"等动词中体会到基马猴的乐趣。	通过演示基马猴的图片，帮助学生理解基马猴的活泼好动，从而进一步理解课文。
	大家说得都特别好，尤其是××同学，他注意到了文中的一些动词，并体会到了米库米动物园的乐趣！长颈鹿和基马猴这两种动物的性格是什么？ PPT出示两种动物的图片。长颈鹿是静态图，基马猴是动态图。 哪位同学能读一读这段话，读出它们截然不同的性格特点？	语言强化 强调 诱导提问 形象演示 对比观察 文本演示 强调重点	预设：长颈鹿文静，基马猴活泼好动…… 生10朗读。 生11评读：你读得很流利，但我觉得你读得还有些不到位。在读长颈鹿的句子的时候，你应该用低沉安静的语	进行时间和空间双重演示，通过对比思维使学生直观感受动静结合的画面。

时间分配	授课行为 （导入、提问、讲解等）	应掌握的技能要素	学生行为 （预想回答等）	教学意图
			气；在读基马猴那一句的时候，应该用轻松欢快的语气。下面我来试一试。	
	通过他的指导，你确实抓住了动物的特点，进步了很多！	强化	生10：你读得确实很好，下面我带着你的指导，再来读一读。	
	请大家想一想，作者为什么要把两种性格截然不同的动物放在一个自然段去写呢？这样写有什么好处吗？	诱导提问	生12：两种性格特点互相衬托，使静者更静，动者更动，这样就能给人留下更深的印象，使人感受到更多游览的乐趣。	通过提问，体会感受动静结合的写法。
	你说得很到位，这就是我们常用到的动静结合的写作方法。	归纳		
	下面两个人之间再来读一读，感受一下这种动静结合的画面给我们带来的乐趣。 三、总结课文，交流方法	反馈 活动强化	个人读，两人互相读，评读。	通过朗读培养表达能力。
13分30秒	播放图像，结合讲解： 经过我们刚才的交流，我们认识了（泰然自若）的斑马、（文静美丽）的长颈鹿、（顽皮好动）的基马猴，这些动物都让作者感受到了（游览米库米动物园的乐趣）。	演示 指引观察 强调 归纳 操作控制	用一个词概括每个动物的特点。	运用多种演示技巧，加深学生对动物的形象认识，培养学生的形象思维能力。
15分00秒	通过今天这节语文课，谁能说说你有什么收获？ 小结：希望大家能在以后的学习中，运用到今天所学的知识，也能够在以后的生活中爱护我们身边可爱的动物。	监控反思 归纳总结	生13：学到要抓住重点词句分析课文。 生14：学到写作的方法，比如动静结合、排比和拟人。	指导学生反思，培养学生反思监控能力。 总结收获，实现师生对话、生生对话、生本对话。

续表

时间分配	授课行为 （导入、提问、讲解等）	应掌握的 技能要素	学生行为 （预想回答等）	教学意图
			生 15：通过学习，以后在日常生活中，要保护可爱的小动物。	

日期：2017 年 4 月 5 日

[教案解析]

00 分 00 秒，导入时教师以演示提问，学生看屏幕回答问题，增添学习乐趣。

03 分 20 秒，教师用屏幕演示斑马的图片，帮助学生理解斑马的泰然自若。

05 分 40 秒，教师演示长颈鹿的图片，指引学生观察，提升学生对长颈鹿"亭亭玉立"的理解。

13 分 30 秒，课件演示，强化形象，巩固认知，指导学生深刻理解文本。

七、结束案例

刘志鹏

（一）结束技能的要点

结束技能是教师完成一项教学任务时，通过重复强调、概括总结、组织实践活动等方式，对所学的知识和技能进行及时的系统化巩固和运用，使新知识稳固地纳入学生的认知结构中并诱发学生继续学习的积极性的一类教学行为。

结束技能可使学生对全课的教学内容获得明晰的印象，开拓学生视野，引起联想和思索，产生巩固知识、启迪智慧的结果。正如教育家袁微子先生所说："成功的结尾教学，不仅能体现教师的技巧，而且学生会感觉到主题更明，意味犹存，情趣还生。"

结束技能并非只能应用于一节课的结尾，课堂上任何相对独立的教学阶段都需要应用结束技能。小学语文课文形式多样，题材各异。对某个段落如何结束，对某篇文章如何结束，对某个单元如何结束，都要求教师根据教材及学生特点深思熟虑。由于每节课的教学任务不同，结束的方法也应有所不同。

在结束一节课时，教师与学生通过精要的小结，能起到画龙点睛的作用，可使学生保持求知欲和浓厚的学习兴趣，从而取得课虽尽而趣无穷的教学效果。

(二)结束技能的功能

课堂教学的结束环节是教学过程中的重要环节,精要的、完善的结束技能的主要功能有:

1. 强调重要的事实和规律,概括、比较相关的知识,使新知识和学生的认知结构建立联系,形成巩固的系统化的知识。

2. 引导学生总结教学中的思维过程和解决问题的方法,促进学生思维能力的发展。教师在结束课时,不能就事论事,仅停留在学会了一个词、学完了一段话、读完了一篇文章上,这样的学习不利于形成良好的学习习惯和自学能力。有经验的教师不仅要使学生学到知识,还要重视学生对获取知识的思维过程和解决问题的方法的学习。因此,他们在结束一段内容时,常常问学生:"我们刚才是怎样学习的?"引导学生总结规律与方法。

3. 小学语文教学中的任何一项技能的形成都是在训练实践中获得的,以训练行为技能为目标的教学活动,在结束阶段一般为自主练习阶段,使单一的简单技能逐步形成综合技能,并通过实践使技能更加熟练。

4. 学生在教师的引导下参与评价活动,可以提高学生的学习监控能力和策略水平。

5. 承上启下、扩展延伸。在某一教学阶段结束时,既要概括一个问题的主要内容,又要巧妙地引出下一个问题的学习。在全课的教学结束时,要为讲授以后的新课题创设教学情境,埋下伏笔,促进学生的思维活动不断深化,诱发学生继续学习的积极性。

6. 重申所学知识的重要性和注意点。一个段落、一篇文章、一个单元、一本书学完了,对于里面的重要之处、需注意之点,教师在结束教学时加以重申,一方面可以帮助学生牢固掌握知识,另一方面可以为学生将来的学习打下基础。

7. 检查或自测学习的效果。教师在课结束时安排学生的实践活动,通过学生的表现发现学生学习实际与教学目的的差距,可随时调整讲课的深度、速度和学习方法,使整个学习过程得以顺利进行。

(三)结束技能的要素

1. 提出任务

紧扣教学目标,抓住教学重点,对照教学内容中的主要问题,提出概括任务,为学生主动参与总结活动提供心理准备。

2. 概括要点

教学一段或一课内容,使之系统化,组织学生开展读书、讨论、评议等活动，概括出要点，从而得出确切的结论。

3. 首尾呼应

在导入部分制造悬念，是调动学生积极思维的一种手段；在结束部分使导入阶段产生的悬念得以落实，并找到其与结束阶段所获结论之间的联系，是满足学生求知欲望的不可忽视的重要技能。

学习新知识结束时，教师要经常联系已经掌握的旧知识、旧技能，注意找出新旧知识、新旧技能的区别和联系。

4. 总结方法

教师教给学生的知识就数量而言总是有限的，最重要的还是让学生掌握正确的学习方法。在教学结束之时回顾一个段落、一篇文章的思路和思考方法，长此以往就能掌握学语文的规律，从中得到启示，通其义而得到其要，达到闻一知十的功效。

语文教材中不同体裁的文章有不同的学习方法，教师应充分运用课文中的例子，使学生能做到举一反三，培养独立阅读的能力。

5. 开展主体性学习实践活动

在结束学习内容时，教师正确有效地组织学生进行各种练习是十分必要的。学生在教师指导下通过动口、动手、动脑活动，可开发智力、发展想象能力、陶冶情操。练习的形式有多种，在语文方面可进行口语练习、朗读练习、书画练习、画图练习、观察练习、操作练习等。

6. 深化扩展

引导学生通过对结论适用条件的讨论评价，使学习内容拓展深化。阅读教学的目的是教会学生阅读，通过阅读得出结论，指导学生确立较高层次水平的阅读目的。

7. 自训评价

教学结束，教师要引导学生根据课堂教学的内容对文章的主题、问题的结论、解决问题的方法给予评价。评价是一种较为高级的思维形式，在教学中教师应该鼓励学生积极参与评价，并给出评价的理由、评价的原则，以此作为评价的依据。在进行评价时，应帮助学生形成正确的价值观念、思想观念和学法，且评价要与教学目标相呼应。

(四)教案设计举例

我看见了大海

1. 教材分析

《我看见了大海》是一篇写人记事的文章，讲述了一个感人的故事：平凡的继父想尽一切办法帮助"我"——一个身体畸形、又从不出家门的女孩成长为能独立生活、自食其力的人。

2. 学情分析

六年级学生能在理解课文内容的基础上，有感情地朗读课文，能对自己感兴趣的事物提出问题，确定学习目标，并能进行探究性的学习，寻求解决问题的办法，但是学生在抓人物特点方面还存在着一些不足，不能准确地进行概括。

3. 教学目标

(1)理解课文内容，体会继父对"我"深沉的爱，以及"我"对继父的感激之情。

(2)领悟"我看见了大海"所包含的深层含义。

4. 教学重点和难点

(1)教学重点：理解继父对"我"的良苦用心。

(2)教学难点：体会继父对"我"这个残疾女孩深沉的爱以及"我"对继父的感激之情。

5. 教学理念

通过重复强调、概括总结、组织实践活动等方式，理解继父对"我"的良苦用心。利用曾经学习的知识体会继父对"我"的爱，使学生深刻地理解继父对"我"深沉的爱以及"我"对继父的无比感激之情。

语文对话教学采用对话式教学模式，在教学中教师应积极创造各种条件，采用多种手段，引领学生进行有效对话，在对话中理解文本、体验情感、交流思想，让课堂更加鲜活。

6. 教学策略

通过学生和文本的对话，抓重点词句，体会继父对"我"深沉的爱。

通过教师深化拓展，帮助学生理解为什么要等到"我"15岁才去看海。

7. 媒体准备：多媒体课件

8. 教学过程

微格教学教案

科目：语文　　课题：我看见了大海　　训练的技能：结束技能　　主讲：刘志鹏

教学目标：
1. 理解课文内容，体会继父对"我"深沉的爱以及"我"对继父的感激之情。 2. 领悟"我看见了大海"所包含的深层含义。

续表

时间分配	授课行为 （导入、提问、讲解等）	应掌握的技能要素	学生行为 （预想回答等）	教学意图
00分 00秒	一、回顾内容 我们继续来学习《我看见了大海》，谁能说说这篇课文讲了一件什么事？	回忆 提出任务	预设：这篇课文讲述了一位平凡的继父，想尽一切办法带河子走出家门……揭开真相后，河子从自卑变得自信自立。	通过回忆引入课文，并概括文中人物的故事。
	通过他的回答，我们知道课文出现了两个人物，分别是"我"和继父。	强化 概括		
	上节课我们已经梳理出了河子的变化和继父的做法，谁愿意到黑板上来写一写？其他同学打开表格和小组同学说一说。（请同学板书）	回忆 反馈探询 练习实践		通过学生的板书，回忆故事的全过程。
	现在我们来深入研究继父为什么这样做？他是一个什么样的人？谁来说说你打算怎么研究？	提出任务 设置话题 诱导提问 引入话题	预设：应该抓住课文中的语言、动作、神态，从中感受继父为什么这样做，从而体会他是一个怎样的人。	通过抓文中语言、动作、神态来体会继父的品格。
05分 00秒	继父为什么要给河子讲海的故事？听了海的故事，河子有怎样的表现？	诱导提问 确认	预设：继父要用这段时间锻炼河子，让她自己学会生活的本领。 生1：我觉得…… 生2：我觉得……	通过拓展提问，引导生生对话，找出继父答应河子看海的真正目的。
07分 30秒	同学们说得都很有道理，既然继父要带河子去看海，为什么要等到她15岁才带她去呢？	语言强化 追问点拨	生3：继父……这是一个有着爱心的继父…… 生4：起初河子不能接受：当时……到头来却是个骗局。	生生对话交流，概括要点，为后续学习做铺垫。
	继父做了一系列的事情，而且还对河子编了一个善意的谎言，这么做，继父到底是为了什么？	深化拓展 诱导提问		通过深化拓展，使学生理解继父为什么这么做。

续表

时间分配	授课行为（导入、提问、讲解等）	应掌握的技能要素	学生行为（预想回答等）	教学意图
	在之后的日子里，继父鼓励"我"做家务、学知识、独立做事，当时继父是一个怎样的状态呢？	反馈探询设置话题提出任务	自由交流。通过"病病歪歪"和"成天"体会继父的伟大。通过"欣喜若狂"体会继父在"我"学会做事情后的感受。	通过生生对话、与文本的对话，再次体会继父的良苦用心。
	出示文本读文字：在这样的情况下，继父……仿佛……	演示指导实践	表情读、评读。	在理解的基础上朗读，培养表达实践能力。
	哪些词句感动了你，为什么？	确认分析	自由交流……	通过与文本对话，找关键词语，体会继父的不容易。
09分00秒	就是这样的一位继父，他把自己的爱都给了河子，现在你对继父有了怎样的认识？	提出话题探询深化理解	对话交流……通过对"我"心理变化的分析，理解文本。	对话交流，感受有着大海一般胸怀和深厚爱心的继父。
	后来，"我"渐渐明白了"看海"的含义。谁能说说在什么情况下"我"突然明白了"看海"的含义？	揭示重点前后呼应	对话交流：体会河子的心理活动。	理解"看海"的含义，再次体会继父的用心。
12分00秒	看来此时大家也都明白了"看海"的含义，但是河子明明没有看见大海，为什么却说"看见了"？	质疑反馈探询	对话交流……	通过生生交流，使学生更深层地认识文本的含义，培养思维的深刻性。
15分00秒	这是一位普通的海员，这又是一位伟大的父亲！他使一条封闭的小河融入了浩瀚的大海之中！	语言激情		
	经过我们一节课的学习，你们都学到了什么？	指导反思	生5：知道了学习语文要抓住重点词句分析课文，体会作者的思想感情。	指导学生反思，培养学生反思监控的自训能力。

续表

时间分配	授课行为 （导入、提问、讲解等）	应掌握的 技能要素	学生行为 （预想回答等）	教学意图
			生5：学到了写作方法，比如…… 生6：学到了读书的方法。 生7：生活中有很多关心我们的人，我们……	

日期：2017 年 4 月 5 日

[教案解析]

本节课训练的主要技能是结束技能。05 分 00 秒的时候，教师通过深化拓展，使学生感悟继父对"我"的爱，从而理解课文。

07 分 30 秒，概况文章要点，生生对话，再次体会继父的良苦用心。

09 分 00 秒，提出任务，引导学生思考和交流对继父的认识。

12 分 00 秒到 15 分 00 秒，通过一节课的学习，让学生真正理解看海的意义，并通过自我反思，提高学习效率。

第五章　对话课堂教学实录

一、《缝纫鸟》课堂实录

大红门第二小学　张苗苗

(一)教学目标

1.感知缝纫鸟编织巢穴的过程;

2.体会缝纫鸟的编织技巧和对缝纫鸟勤劳、不畏困难、坚忍不拔等精神的赞赏;

3.了解写作方法,进行读写训练,能正确流利地朗读课文。

(二)教学重难点

1.教学重点:感知缝纫鸟的不可思议,体会作者对缝纫鸟的赞赏之情。

2.教学难点

能够结合缝纫鸟编织巢穴的情景感受作者的细致观察和有序描写。

(三)教学实录

1.整体感知,回忆内容

师:今天我们继续学习《缝纫鸟》。

生:齐读课题。

师:上节课我们的作者曾经几次观察大树上的缝纫鸟?

生:三次观察大树上的缝纫鸟。

师:这三次有什么不同?

生:第一次是观察编织鸟巢的全过程;第二次是近距离的仔细观察;第三次是雨过天晴,观察到缝纫鸟修补巢穴编织新巢。

师:看来同学们对上节课的内容掌握得不错,那么这节课同学们还有什么想知道的?

生1:缝纫鸟的巢为什么是口朝下?

生2:为什么缝纫鸟能编织出如此牢固的巢?

生3:为什么说缝纫鸟的巢像一个艺术品?

生4:为什么缝纫鸟的巢从高高的树枝上掉下来都没有散解变形?

生5:缝纫鸟为什么能坚持两三天时间不停歇地劳动?

生6:作者为什么说缝纫鸟编织巢穴不可思议?

师：刚才同学们提出了很多问题，而这些问题我们再一起回顾一下：同学们觉得缝纫鸟在很多方面都让我们感到不可思议，由此我们可以把以上这些问题梳理成一个大问题——为什么缝纫鸟让人感觉不可思议？（板书：缝纫鸟——不可思议）

2. 与文本对话，入境还形，情动意会

（1）从编织技术感悟缝纫鸟的不可思议

师：默读第 2 自然段，找一找，想一想，师：从哪儿可以感受到缝纫鸟不可思议呢？简单画批。

生汇报交流。

生 1：请大家看第 2 自然段，我找到了缝纫鸟建造鸟巢的语句。"它们从印度洋沿岸的草丛中衔来一根根两三尺长的嫩草，用自己的尖嘴，先是把草打成几道圆圈，而后用人类织布的原理，有经有纬地开始把长长的嫩草左右穿梭。看上去它们那尖嘴的灵巧程度，一点儿也不比人类的双手差。"我从"它们从印度洋沿岸的草丛中衔来一根根两三尺长的嫩草"这句话中的"一根根""两三尺长"感受到缝纫鸟编织巢穴用的材料很多，不是一两根嫩草，而是很多根，而且还很长。

师：你能把这句话带着自己的理解给大家读一读吗？

生 1：好的。

师：谁来评一评？

生 2：通过他的朗读，我从"一根根""两三尺长"还感受到了缝纫鸟衔草路途遥远，而且来回往返地衔草，一只小鸟衔这么多、这么长的嫩草，经历这么远的路途，多么不容易呀！

师：请你读出这种不容易。

生 2 朗读"它们从印度洋沿岸的草丛中衔来一根根两三尺长的嫩草，用自己的尖嘴，先是把草打成几道圆圈，而后用人类织布的原理，有经有纬地开始把长长的嫩草左右穿梭。"

生 3：我从"用自己的尖嘴，先是把草打成几道圆圈，而后用人类织布的原理，有经有纬地开始把长长的嫩草左右穿梭"这句中的"先""而后"这些词语中感受到缝纫鸟编织巢穴还有一定的顺序。它们先把草打成几道圆圈，编一个底，而后再编上边的部分。这样有顺序地编织，才能编得好。

师：同学们不仅能抓住重点词语理解课文内容，而且融入了自己的想象和理解。你们还有哪些感受？

生 4：我同意刚才××说的"这样有顺序地编织，才能编得好"，但我认为他说得不全面。我认为"有经有纬""左右穿梭"这样巧妙编织的方法，也是缝纫鸟的巢穴能编得好的原因之一。

师：什么是有经有纬？用手势演示一下纵横交织的动作。

生5：我从"有经有纬""左右穿梭"这两个词中感受到缝纫鸟很聪明，它能用人织布的原理编织自己的巢穴。这样编织的巢穴非常牢固结实。

生6：是的，缝纫鸟能用它的尖嘴左右穿梭地进行编织，这个方法真好！我也感受到缝纫鸟搭窝的技艺特别高！

师：你说得很好！你们不仅体会到缝纫鸟是怎样编织巢穴的，还感受到缝纫鸟编织巢穴那么巧妙，技艺那么高超。想象当时的画面，把自己的这种感受融入情感读一读。

生自由读。

师：缝纫鸟要负这么重的重量，要飞行这么多次，说明缝纫鸟编织巢穴怎么样？

生1：说明缝纫鸟编织巢穴不容易。

生2：说明缝纫鸟编织巢穴很困难。

生3：说明它不怕困难、坚忍不拔。

师板书：不怕困难、坚忍不拔。

(2)从编织时间之长感悟缝纫鸟的不可思议

①点明主题

师：还可以从哪儿感受到缝纫鸟的不可思议呢？

生1：我从"它们双脚的爪子，首先要紧紧抓住树枝以保护自己，唯一能劳动的就是它们那只尖嘴。一只鸟要花两三天时间不停歇地劳动，才能给自己编织成一个能让它自己和情侣相依而居的窝"这句话中的"尖嘴""唯一"中体会到缝纫鸟的劳动很艰巨，工作量很大，非常艰辛。我想给大家读一读。

师：请大家闭眼倾听，想象画面。

生1朗读。

师：读得真好，老师仿佛都能看到缝纫鸟在辛苦地劳作了。

生2：我仿佛看到了海边的树特别高，缝纫鸟站在那么高的树枝上，编织时不抓紧树枝随时都有从高高的大树上掉下来的危险，尽管工作环境危险，可是缝纫鸟不怕艰险，不怕困难。

生3：我仿佛看到了缝纫鸟劳动时间非常长，72小时不停歇地劳动。

师：这72小时，它不能(干什么？)，不能(干什么？)，只能(干什么？)。

生4：不能吃饭，不能喝水，只能衔草。

生5：不能玩耍，不能睡觉，只能编织。

师：我们用手编织彩绳，缝纫鸟是用什么来编织巢穴的呢？缝纫鸟用嘴来编织。我仿佛看到了——

生6：我仿佛看到了缝纫鸟能两三天坚持不懈地编织巢穴，只能用那唯一的工具——那只尖嘴。我非常佩服它，如果是我可能不会坚持那么长时间，而这只小鸟却能不停歇地劳作，真了不起呀！

②再次点明主题

师：用嘴编织，灵巧，了不起！请同学们用作者的话夸夸缝纫鸟。

生读"它们双脚的爪子，首先要紧紧抓住树枝以保护自己，唯一能劳动的就是它们那只尖嘴。一只鸟要花两三天时间不停歇地劳动，才能给自己编织成一个能让它自己和情侣相依而居的窝"。

师：这么繁重的工作，不但能有序地编织，还能有经有纬地编织，并且是用嘴来完成编织的。一只小鸟能做到这些，太不可思议了！技能高超！

生读"它们双脚的爪子，首先要紧紧抓住树枝以保护自己，唯一能劳动的就是它们那只尖嘴。一只鸟要花两三天时间不停歇地劳动，才能给自己编织成一个能让它自己和情侣相依而居的窝"。

师：这么繁重的工作，那么的辛苦啊！72小时持续那么长的时间都不能休息，太有毅力了！太让人佩服了！太让我们感动了！一只小鸟能做到这样，太让人感到不可思议了！

(3)整体感知感悟：从巢穴的样子感悟缝纫鸟的不可思议

师：还可以从哪儿感受到缝纫鸟的不可思议呢？

生1：我觉得巢穴的样子不可思议。

师：缝纫鸟的巢穴是什么样呢？

生2：那窝活像个圆葫芦，不过奇怪的是口朝下，肚朝上。它特别像我们小时候用秫秸皮编织的蝈蝈笼子，经纬交织，左右相连，十分结实，即使从大树上掉了下来，也一点都没有变形。

生3：葫芦什么样？为什么这样设计？谁能帮我解决这两个问题？

生4：葫芦口小，肚大。

生5：肚大，居住空间大，宽敞，居住舒适。

生6：口小、口朝下，安全，比如说老鹰看不到，就不容易把它们吃掉。

生7：除了老鹰，蛇也是鸟的天敌，还有蛇。

生8：我认为这样还能防雨。

师：这真是一只聪明的鸟，它的巢除了设计巧妙，还非常结实以至于从那么高的树上掉下来都没有散解变形，真像椰子壳那么结实！难怪作者说那草窝简直就是一个精致的艺术品！

生齐读：那草窝简直就是一个精致的艺术品！

师：什么是精致的艺术品？精致的艺术品什么样呀？

生1：很稀少很珍贵。

生2：精致的艺术品一定很吸引人，让人想马上看到。

生3：艺术品是好看的精美的工艺品。精致的艺术品是精巧细致不粗糙的艺术品。

师展示艺术品的图片。

生欣赏图片。

师：看完这些艺术品的图片，你们有什么感受？

生1：这些艺术品很精致很漂亮。

生2：具有收藏价值，看了让人爱不释手、永生难忘。

师：（出示缝纫鸟的巢穴的图片）看到这个精致的艺术品，此时你想对谁说些什么？

生1：我感受到缝纫鸟筑巢的本领非常高超。

生2：我感受到缝纫鸟真的很了不起，我更加喜欢它了。

生3：我不仅非常喜欢它，还特别敬佩它，觉得缝纫鸟太棒了。

生4：我想对缝纫鸟的巢穴说："精致的艺术品，你从高高的树枝上掉下来都没有散解变形，你太结实了。"

生5：我想对大自然说："大自然，你真的太神奇了。"还有缝纫鸟，它编织的草窝简直令我不敢相信。

生6：我想对人们说："我们要保护缝纫鸟。它既聪明又可爱，非常了不起。它编织的巢穴多么精致啊！"

师：缝纫鸟的巢穴外观精美、设计精巧、结构结实，能与人手制作的艺术品相媲美，缝纫鸟编织的巢穴被称为鸟巢中的精品。

生接读："那草窝简直就是一个精致的艺术品！"

师：这样一只鸟能做到这些，太让人感到不可思议了！（指着板书说不可思议）这样精致的艺术品，缝纫鸟是怎么巧妙地不可思议地编织出来的？（课件出示编织过程）

生齐读："它们从印度洋沿岸的草丛中衔来一根根两三尺长的嫩草，用自己的尖嘴，先是把草打成几道圆圈，而后用人类织布的原理，有经有纬地开始把长长的嫩草左右穿梭。"

3. 入境神往，有感情地朗读，走进文本

师：缝纫鸟的巢穴就是这样巧妙地不可思议地编织出来的，是这样历尽艰辛编织出来的。一场无情的狂风暴雨，草窝便被打了下来，落得个前功尽弃。缝纫鸟罢休了吗？

生：没有。"早餐后，我外出工作……"

师：（范读）闭上眼睛想象情境。

师：体会它们是一群什么样的鸟？

生1：我感受到缝纫鸟没有被暴风雨吓倒，没有放弃。

生2：它们是不怕困难的小鸟。

生3：它们是一群坚忍不拔的小鸟。

生4：它们是一群乐观向上的小鸟。

生5：它们是一群勤劳的缝纫鸟。

生6：它们是一群快乐的缝纫鸟。

师：当我们和作者一起看到这样一群不惧艰难困阻、积极乐观的鸟儿，我们由衷地感到赞叹。

4. 回顾全文，总结三次观察

师：通过这节课的学习，你们有哪些收获？

生1：通过与同学交流，知道缝纫鸟的巢设计得非常巧妙。

生2：通过介绍，知道缝纫鸟的巢为什么这么结实。

生3：我知道学课文时可以将感受深的词语圈出来，写下自己的感受，再把感受深的词重读。

生4：缝纫鸟不仅坚强，还很聪明，我非常喜欢它。

生5：我们应该向缝纫鸟学习坚持不懈的精神。

师：我们进一步了解了缝纫鸟建巢方法巧妙、过程艰辛，感受到缝纫鸟高超的筑巢技术和坚持不懈的精神，让我们由衷地赞赏这些聪明、灵巧、可爱、勤劳的缝纫鸟吧，再次带着对缝纫鸟的喜爱与赞美读一读课文吧！

生读课文。

（四）教学反思

1. 追求和谐的课堂活动，在师生互动中发挥学生的主体性

在这一课教学中，我放手让学生提出问题。学生分别提出：缝纫鸟的巢为什么是口朝下？为什么缝纫鸟能编织出如此牢固的巢？为什么说缝纫鸟的巢像一个艺术品？为什么缝纫鸟的巢从高高的树枝上掉下来都没有散解变形？缝纫鸟为什么能坚持两三天时间不停歇地劳动？作者为什么说缝纫鸟编织巢穴不可思议？由于学生提出的问题有的是浅层次的，没有多大的思维价值，有的是深层次的，具有较高或很高的思考价值，于是我把学生所提的问题梳理成一个主问题——为什么缝纫鸟让人觉得不可思议？

2. 设置有价值的问题，突出文章的思路和主旨

我以"不可思议"为主线，层层深入，体会作者的情感，逐步让学生的情

感得到升华。

首先，通过感知缝纫鸟编织巢穴的过程和巢穴的样子，感悟缝纫鸟的不可思议，从中感悟缝纫鸟的精神品质，抓住并突出了教学重点。

其次，能够围绕一条主线、一个主题开展阅读对话式教学——缝纫鸟的不可思议，进行整体感知感悟。

教学过程中始终围绕"从哪儿可以感受到缝纫鸟的不可思议"感悟文本。

3. 教师巧引导，学生会质疑

上课伊始，我让学生自由轻声读课文，看看有什么不懂的问题或想知道的问题。通过提问技能的使用，启发训练学生思维，引导学生通过自我提问的方法，为本课的学习搭桥铺路，创设良好的自主学习氛围。不仅如此，我还及时疏导提问，让学生转移偏差问题，重新回到对文章的解读和分析上，避免学生走入思考误区，耽误教学时间。

4. 指导反思，助学生成长

在教学结束部分，教师引出问题，引起学生的深入思考，让学生主动参与教学活动。这样的总结有利于学生回忆、检索和运用所学知识。不仅如此，结束环节还实现了以人为本的思想，培养了学生的语文素养。

二、《赵州桥》课堂实录

大红门第二小学　郭　英

(一)教学目标

1. 认知目标：了解赵州桥的雄伟、坚固、美观、设计的独特性及其作用；会背诵喜欢的部分。

2. 技能目标：初步学会怎样围绕一个意思写一段话，提高学生的朗读能力、说话能力、思维能力。

3. 情感目标：感受赵州桥坚固、美观的特点，体会我国劳动人民的智慧和才干，激发学生的民族自尊心和自豪感。

(二)教学重难点

1. 教学重点：体会重点词句，理解赵州桥雄伟、坚固、美观的特点及设计的合理性和独特性，激发学生的创新精神，发展学生的想象力。

2. 教学难点：帮助学生理解赵州桥设计的特点及其好处。

(三)教学实录

1. 生本对话，走进文本

师：同学们，这节课我们继续学习第 17 课《赵州桥》，通过上一节课的学习，你们都知道了些什么？

生1：赵州桥非常雄伟。

生2：赵州桥不但坚固，而且美观。

生3：赵州桥历史非常悠久，到现在已经有1300多年了。

生4：赵州桥是隋朝的石匠李春设计和参加建造的。

生5：我还知道赵州桥又叫安济桥。

生6：赵州桥是一座举世闻名的石拱桥。

生7：赵州桥在河北省赵县的洨河上。

师：现在请你们用自己喜欢的方式读一读课文，待会儿请你们说说在读的过程中，你们脑子里出现了哪些问题？

生1：赵州桥的设计为什么在建桥史上是一个创举？

生2："横跨"是什么意思？

生3：为什么说雕刻在桥上的龙好像活了一样？

生4：为什么说赵州桥是举世闻名的桥？

生5：为什么说赵州桥表现了劳动人民的智慧和才干，是我国宝贵的历史遗产？

师板书：创举、横跨、好像活了一样、举世闻名、智慧和才干、历史遗产。

师：大家的问题提得都很有价值，其实你们提的这些问题可以归总到一个问题，它是一个什么问题呢？小组互相讨论，一会儿交流。

生1：我觉得是"为什么说赵州桥的设计在建桥史上是一个创举"。

生2：应该是"为什么说赵州桥举世闻名"。

生3：我觉得是"为什么说赵州桥表现了劳动人民的智慧和才干，是我国宝贵的历史遗产"。

师：你们再想一想，赵州桥举世闻名是因为什么？

生：它的设计是一个创举。

师：那么赵州桥的设计是一个创举和赵州桥举世闻名，其实都体现了什么？

生：劳动人民的智慧和才干。

师：所以说归总到一个问题就是"为什么说赵州桥表现了劳动人民的智慧和才干，是我国宝贵的历史遗产"。这一节课的学习将围绕着这个问题展开。

2.深读文本，体会赵州桥世界闻名、历史悠久

师：你们想怎么解决这个问题？

生：读课文，思考问题，画出重点语句，和同学合作交流。

师：你们真会学习！请你们带着这个问题自由读课文，看能不能从文中

找到答案，用直线画下相关语句，然后和同桌交流。

师：谁来说说你们组的学习成果？

生1：我代表我们组发言，赵州桥到现在有1300多年的历史了，历史悠久，所以说它是宝贵的历史遗产。

生2：我同意你的观点，我给你补充，赵州桥是一座世界闻名的石拱桥。

师板书：历史悠久。

3. 深读文本，体会赵州桥的雄伟、坚固

除了这一点，你们还可以从哪儿体会到赵州桥是古代劳动人民的智慧和才干的结晶呢？

生3：我还从赵州桥的雄伟看出它是古代劳动人民的智慧和才干的结晶。

师：课文是怎样介绍赵州桥的雄伟的？你从哪儿体会到赵州桥非常雄伟？

生4：桥长50多米，有9米多宽，中间行车马，两旁走人。我从这里感受到赵州桥的雄伟。

师：能具体地说说吗？

生4：我们的教室的长度大约有9米，赵州桥的长大约有6个教室这么长。赵州桥有9米多宽，它的宽度大致相当于我们教室的长度。

师：你把课本上的数据转化为生活中我们熟悉的数据，让我们感受到这样一座雄伟的桥，说得非常好！除了感受到雄伟之外，你们再来读读，还能感受到什么？

生5：感受到造桥的人很辛苦！古代没有先进的造桥工具，是用肩把一块块石头背上去的。

师：在科技发达的今天，我们有先进的造桥工具，然而在一千多年前，赵州桥又是怎样建成的呢？是我们的祖先们用肩背扛着一块一块的大石头，建成了这50多米长、9米多宽的大桥。非常的不容易！劳动人民太伟大了！

师：请你们再读读，想一想还能感受到什么？

生6：我感受到桥很安全，中间能行车马，两旁走人，不会发生车祸。

师：你感受得真好！带着自己独特的感受再来读读这句话，读出赵州桥的雄伟，读出对我国古代劳动人民的崇敬。

生6朗读。

生6：谁愿意评评？

生7：通过你的朗读，我感受到赵州桥桥面很宽，人走在桥上很安全。

师：除了这些，你还能从哪些地方看出赵州桥凝聚了劳动人民的智慧和才干？

生8：从赵州桥的坚固可以看出赵州桥凝聚了劳动人民的智慧和才干。

生9：我从"这么长的桥，全部用石头砌成，下面没有桥墩，只有一个拱形的大桥洞，横跨在 37 米多宽的河面上"中的关键词"全部""石头""没有""横跨"感受到了赵州桥的坚固。石头本来就很坚硬，这座桥全部用石头砌成，肯定很坚固。

师："横跨"什么意思？

生10：横跨是指从桥的一端跨向另一端，中间没有支撑的东西。

师：（出示赵州桥的图片）你们看这就是赵州桥，有桥墩吗？它就是这样横跨在洨河之上，屹立 1300 年，这座桥太坚固了，古人的设计太伟大了！

师：带着这种感受再来读读。请你们边读边把读到的文字变成一幅美丽的画面。谁来给大家读读？看看谁能读出这幅雄伟、坚固的赵州桥的画面。

生1朗读。

师：谁来评价他读得怎么样？

生2：通过他的朗读，我仿佛看到了赵州桥很坚固，我也想给大家读读。

生2朗读。

师：听了他的朗读，你们想说点什么呀？

生3：听了他的朗读，我眼前好像浮现出了一座坚固的赵州桥。

师：是啊，古人实在是太聪明了，太伟大了，设计出了这么一座雄伟坚固的赵州桥。如果此时你就置身在这座雄伟坚固的赵州桥面前，你想说些什么？有什么样的感受？

生4：我想说："赵州桥，你太坚固了，设计你的人太伟大了！"

生5：我想说："古代的劳动人民太伟大了！"

师：说得真好，再来读读这句话吧，读出你的敬佩之情。

生齐读。

师：你们知道吗？赵州桥在建成的 1300 多年间，经历了很多风雨的洗礼，（出示补充资料）快来读读这段话吧！

生齐读。

师：此时你们想说些什么？

生6：我觉得赵州桥太坚固了，经历了 10 次的洪水和多次的地震，1300 多年都没有塌。设计它的人太伟大了！

生7：设计和建造赵州桥的人太不容易了，把它建造得这么坚固，1300 多年都没有塌。

师：在这 1300 多年间，10 次的洪水和多次的地震都没有摧毁这座雄伟而坚固的桥，知道是什么原因吗？

生8：因为"大桥洞顶上的左右两边，还各有两个拱形的小桥洞"。这样，平时河水从大桥洞流过；发大水的时候，河水还可以从四个小桥洞流过。所以，它才能经历这么多次洪水的冲击而不被冲毁。

师：非常正确，赵州桥的这种设计你们了解吗？拿出你的笔和纸，一边画一边说一说这是一种怎样的设计，好好体会它设计上的巧妙。

生画桥洞的设计。

师：现在我们来评价××同学的画，我们不看他画的技术好不好，只是通过他的画，评价他有没有读懂课文。不过，你在评价时得引用文中的话来判断他有没有理解课文。

生评画。

师：大家画得非常棒。瞧，这种设计多巧妙呀！这种设计是指——

生：大桥洞顶上的左右两边，还各有两个拱形的小桥洞。

师：这种设计可了不得呀，作者用了一个词语来高度称赞它，是哪一个词语？

生：创举。

师：谁来说说"创举"是什么意思？

生1：创新或第一次出现。

生2：就是从未有过的举动或事业，就是第一次出现的。

师：对，它是中国建桥史上的……

（生接：第一次）

它也是世界建桥史上的……（生接：第一次）

师：这种创举有什么作用呢？

生3：既减轻了流水对桥身的冲击力，使桥不容易被大水冲毁，又减轻了桥身的重量，节省了石料。

师：作者用了一对什么样的关联词把这两方面的作用连接起来了？

生4："既……又"

师：原来这四个小桥洞的作用这么奇妙啊，让我们一起来读一读，体会一下这四个小桥洞的奇妙。（指名读）

师：谁来评评他读得怎么样？

生5：我觉得他读得不错，强调了"既……又……"，读出了奇妙，但声音有点小，我来给大家读读吧。

生5读。

师：听了你的朗读，我觉得赵州桥的这种设计很巧妙。谢谢你！在桥梁史上，我国的这种设计比欧洲早了数百年。请看一段资料（出示资料），此时，你想说些什么？

生1：设计师李春太了不起了！

生2：我国古代的劳动人民太伟大了！

生3：我真为古代的劳动人民感到自豪。

师：是啊，赵州桥的这种独特的设计在我国的历史上是前所未有的，在世界上也是最先创造发明的，赵州桥凝聚了我国古代劳动人民的智慧。

生齐读：赵州桥表现了劳动人民的智慧和才干，是我国宝贵的历史遗产。

4．入境神往，有感情地朗读，感受赵州桥的美观

师：古代劳动人民的智慧还远不止于此呢，还有哪些地方也可以体会到劳动人民的智慧？谁来说说？

生1：桥的图案美观。

师：桥面栏板上都有哪些精美的图案？谁来读读？

生读：桥面两侧有石栏，栏板上雕刻着精美的图案：有的刻着两条相互缠绕的龙，前爪相互抵着，各自回首遥望；还有的刻着双龙戏珠。所有的龙似乎都在游动，真像活了一样。

师：读到最后一句话的时候，你有什么疑问吗？

生2：为什么说龙像活了一样？

师：这个问题提得非常有水平，大家给他鼓鼓掌，带着这个问题，一起来读读这些句子。

生自由读句子。

师：从哪些词看出这些龙好像活了一样呢？自己圈一圈。

生1："缠绕""吐出"。

生2：我来给他补充，还有"抵着""回首遥望"和"戏"。

师：就是这些词语把龙给写活了。谁来读读这段话？（指名读）

生3朗读。

师：谁来评评？

生4：我觉得他读的时候强调了关键词，加重了语气，把龙给读活了。

生3：谢谢你的评价。

师：这就是栏板上的图案，这两条龙在……

生5：相互缠绕，嘴里吐出美丽的水花。

师：这幅图呢？

生6：前爪相互抵着，各自回首遥望。

师：这两条龙又在玩什么游戏？

生7：双龙戏珠。

师：同学们，老师非常喜欢这段话，你们边听老师描述边闭眼想象画面，

好吗？（师范读）此时，你们的眼前出现了一幅怎样的画面？

生1：我眼前仿佛看到了两条龙在抢珠子，还有两条龙在前爪相互抵着，回头互相看着对方。

生2：我再补充一条，我仿佛看到了还有两条龙缠在一起，嘴里不停地吐出水花。龙就像活的一样，都在游动。

师：是啊，栏板上所有的龙似乎都在游动，真像活的一样。你能用一个词语来形容出这些龙吗？

生1：栩栩如生、活灵活现。

生2：我再补充一个词，惟妙惟肖。

师：请在边上把这些词语积累下来，这些都可以表示出龙的活灵活现。

生批注。

师：请你大胆想象一下，除了课文中描绘的三种龙以外，还可能会有什么样的龙？用"有的……有的……"句式说一说。

生1：有的刻着两条龙在安静地听桥下的水声；有的刻着一条小龙很淘气，龙妈妈用爪子摁住它；还有的刻着一条小龙在外边玩时受委屈了，龙妈妈把它抱在怀里安慰它。

生2：有的刻着两条龙在玩捉迷藏，龙宝宝藏在云朵里；有的刻着母龙给小龙讲故事；还有的刻着两条小龙在打闹。

师：你们的想象真丰富！同学们，如果这时，你在雕刻着精美的图案的赵州桥上，你想说些什么呢？

生1：赵州桥，建造你的人实在是太伟大了，把你建造得这么漂亮。

生2：赵州桥，你好美丽！好漂亮！

生3：赵州桥，你太漂亮了！建造你的人太伟大了，一定很辛苦，我真的特别佩服他们！

师：是呀，我们在纸上画出这栩栩如生的龙的图案已经很不容易了，要把这些龙雕刻在栏板上就更不容易了，可以看出古时候雕刻工艺的高超。栏板上龙的图案至今还保存完好，足以看出古代劳动人民的智慧。他们实在是太伟大了！请你们再来美美地读读这一自然段，读出龙的生动、活泼。（指名读）

生1："桥面两侧有石栏，栏板上雕刻着精美的图案：有的刻着两条相互缠绕的龙，前爪相互抵着，各自回首遥望；还有的刻着双龙戏珠。所有的龙似乎都在游动，真像活了一样。"××同学，你来给我评价吧。

生2：好的，通过你的朗读，我眼前好像看到了两条龙在拼命地抢珠子；有两条龙回头互相看着对方；还有两条龙缠在一起，怎么也分不开，嘴里不停地吐出漂亮的水花。龙就像活的一样，都在游动。但是你的语速稍有点快，我给大家读读吧。大家请安静，请听我读。

生1：谢谢你的评价。

师：大家都读得很用心，老师相信大家都记住了栏板上精美的图案，我们一起背一背。（出示课件中的提示文字）

学生看着黑板上的提示一起背课文。

师：赵州桥实在太美了！我们来看看这一句话："这座桥不但坚固，而且美观。"联系上下文想一想，它是一个什么句子，起到了什么作用？

生1：这是一个中心句，起到了概括段意的作用。

生2：我不同意你的观点，我认为它是一个过渡句，起到了承上启下的作用。

师：非常正确，你能具体说说它承上启下的作用吗？

生2：它总结上文写的赵州桥的"雄伟坚固"，又提示下文要写的赵州桥的"美观"。

师：说得非常好！给他鼓鼓掌。它是一个过渡句，这句话的前半句是对上一个自然段的总结，后半句是对下一个自然段的概括，既总结上文写赵州桥的"雄伟坚固"，又提示下文要写赵州桥的"美观"。

师：（出示"有的……有的……还有的……"句式）这是一个什么句子？这样写好处在哪里？

生1：排比句。写出了图案非常的精美。

生2：还让句子更生动。

师：我们在以后写作时也要学着用一些排比句。请你们再来读读这段话，读出美观，读出排比句的气势。（师生合作读）

师读：桥面两侧有石栏，栏板上雕刻着精美的图案。

生读：有的刻着两条相互缠绕的龙，前爪相互抵着，各自回首遥望；还有的刻着双龙戏珠。

师生齐读：所有的龙似乎都在游动，真像活了一样。

师：纵观全文，你能发现文章在写法上有什么特点吗？除了我们说的过渡句和排比句，先看看全文有什么写作特点？

生1：全文是总—分—总结构。

生2：第2、3自然段都有中心句，采用了先概括后具体的写法。

生3：运用了列数字的方法。

师：你们真会学习！给自己鼓鼓掌！这是一篇以写景状物为主的文章，我们写景物，就要抓住景物的特点。第2自然段，作者抓住的景物的特点就是雄伟，分别从桥的外形、构造、优点来说明，还用到了列数字的说明方法。我们写景物的时候，也可以仿照这样先概括后具体的写作方法。

5. 总结升华，与作者对话

师：一个普通的石匠，他和广大劳动人民一起建造了这样一座桥，而且这座桥建造在距离今天 1300 多年前，举世闻名，课文是怎样夸它的？齐读一下。

生齐读：赵州桥表现了劳动人民的智慧和才干，是我国宝贵的历史遗产。

师：赵州桥世界闻名、历史悠久，它表现了……

生：劳动人民的智慧和才干，是我国宝贵的历史遗产。

师：赵州桥非常雄伟，它表现了——

生：劳动人民的智慧和才干。

师：赵州桥不但坚固，而且美观，表现了——

生：劳动人民的智慧和才干。

师：同学们，通过这节课的学习，你们都学到了什么呢？大家交流交流。

生 1：通过这节课的学习，我知道了赵州桥是一座雄伟、坚固和美观的石拱桥。

生 2：我还知道了排比句的作用。

生 3：我学会了怎样提出问题。

生 4：通过与同学们的交流，我知道了赵州桥的雄伟、坚固和美观凝聚了古代劳动人民的智慧和才干，它是我国宝贵的历史遗产，我感到非常自豪。

生 5：我们要学习古代劳动人民勇于发明创造的精神，把伟大的祖国建设得更加美好。

师：看来大家收获还真不少，有的同学学会了自我质疑，有的同学为赵州桥的雄伟、坚固和美观感到骄傲和自豪。赵州桥是一座石拱桥，充分表现了我国古代劳动人民的智慧和才干，是我国宝贵的历史遗产。我们应该为我们的祖先感到自豪，我们要学习他们那种勇于发明创造的精神，把伟大的祖国建设得更加美好。下课。

（四）教学反思

1. 导入环节，教师先通过复习旧知识激发兴趣，建立新旧知识间的联系；然后通过提问启发学生思维，引导学生运用自我提问的方法思考并形成学习期待；接着引导学生抓住文章线索"为什么说赵州桥表现了劳动人民的智慧和才干，是我国宝贵的历史遗产"阅读，走进文本，在阅读过程中充分发挥学生的主体作用，符合新课程理念。

2. 通过例证和点拨等讲解方式，引导学生与文本和作者对话，感染学生，熏陶情感，让其体会到赵州桥的雄伟和坚固，感受到我国古代劳动人民的智慧，从而为我们的祖先感到骄傲和自豪。

3. 教师启发学生联想和想象，分析比喻句和排比句，领会赵州桥上图案的精美，并通过多种形式的朗读培养学生的语感和语言理解能力，引导学生有层次地与文本对话，让学生感受到赵州桥桥面栏板上图案的精美和古代劳动人民的智慧。

4. 在课程的最后，通过学生的自我监控、师生对话、生生对话，在反思交流中，从多个角度总结学习成果，提升学习能力，使学生获得自主学习的情感体验。

5. 课堂上，教师对学生的活动还要及时地进行评价、强化。课堂中如何有效地组织小组活动，是教师在今后有待探讨的问题。

三、《美丽的北海公园》课堂实录

大红门第二小学　柯炜

(一)教学目标

1. 能正确填写词语，摘录课文中优美的词语或精彩的句段。

2. 朗读课文，背诵自己喜欢的自然段。

3. 感受北海公园的风景如画，知道北海公园闻名于世界，从而为北京有这样美好的地方感到自豪。

(二)教学重难点

1. 教学重点：感受北海公园的风景如画，知道北海公园闻名于世界。

2. 教学难点：理解课文中优美语句的意思。

(三)课堂实录

师：同学们，我们生活在北京，这是一座具有悠久历史的文化古都。北京城已经有两千多年的历史了，很多的皇帝选择在这里建都城，所以留下了许多闻名世界的皇家园林。今天我们要学的这篇课文就向我们介绍了其中的一个。请大家齐读课题。

生：美丽的北海公园。

师：通过读课题，你知道什么了？

生：北海公园很美丽。

师：这篇课文主要介绍的是北海公园。（板书：北海公园）主要介绍北海公园怎么样？

生：美丽。

师："美"字的笔顺是什么？请大家边说笔画边书写。（用红色笔板书：美丽)今天我们就跟随作者走进北海公园去游览一番，感受一下这座古代皇家园林的美丽景色。请大家轻声自由读课文，做到读准字音，读清词语，读句子时不多字、不丢字。

生齐读课文。

师：停，请大家轻声自由读课文，清楚了吗？

生轻声自由读课文。

师：在读课文的过程中，你有什么问题吗？

生：没有。

师：那我要考考你们了。请大家快速找到课文的第 4 自然段，我想请一位同学来读一读这个自然段，看看他能不能把这一自然段正确地朗读出来。大家认真听，仔细看课文，他哪读得好，值得我们学习？哪里读得有问题，请画出来，待会儿我们帮他纠正。

指名生 1 读第 4 自然段。

生 1 读书。

生 1：我读完了，请大家给我提提意见。

生 2：她的声音有点小。

师：先说优点好吗？

生 2：优点就是读得很有情感，缺点就是声音有点小。

师：点头肯定。(对生 1)对于他给你提的意见，你接受吗？

生 1：我接受。

师：那你赶紧谢谢人家吧！

生 1：谢谢你给我提的意见。

师：(对生 2)那你能选择其中的一句声音洪亮地读出来吗？

生 2：好，"湖北岸的五龙亭造型别致"。(响亮地读出)

师：大家听到这声音了吗？这就叫声音洪亮。现在正值旅游旺季，很多人来到北京旅游。作为北京的小主人，我们能不能结合课文内容向大家介绍一下北海公园呀？

生：行。

师：要想介绍北海公园，首先要了解北海公园。下面请同学们自由读课文的第 2—4 自然段，根据自学提示来学习。

出示如下自学提示：

> 1. 这三个自然段分别向我们介绍了北海公园的哪些景点？请用铅笔圈出景点的名称。
> 2. 用横线画出它们各是什么样的。

师：请大家默读自学提示。

生默读提示。

师：读懂了吗？

生：读懂了。

师：好，下面开始读书吧。

生读第2—4自然段并圈画。

师：谁来说一说？

生1：有湖水。

师：介绍了哪些景点？

生2：有绿树鲜花，还有亭台楼阁、长廊短桥。

师：这些都是景物。介绍了哪些景点？什么叫景点啊？

生2：就是景色。

生3：它四面环水，景色十分美丽……

师：这是在说哪儿啊？

生1：琼岛。

师：对，琼岛就是北海公园中的一个景点。（板书：琼岛）那么你应该圈上"琼岛"二字。还有哪些景点啊？

生4：白塔。

师：你能读读这段吗？

生4：白塔……

师：还有吗？我们继续找一找。

生5：五龙亭。

师：（板书：五龙亭）五龙亭在哪儿呢？

生5：在湖的北岸。

师：琼岛、白塔和五龙亭是北海公园的三个景点，你能说说它们分别在哪儿吗？请找到课文中的语句，读出来。

生5：北海公园的中心是琼岛。

师：这句话告诉我们了琼岛的位置。请大家在这句话旁边批注上"位置"二字。会写这两个字吗？

生：会。（批注）

师：作者先交代了景点的位置。按照这个方法，我们再来找一找白塔和五龙亭的位置。

生6：白塔在琼岛上；五龙亭在湖北岸。

师：圈出这三个景点了吗？

生：圈出来了。

师：那么，谁来说说这篇课文向我们介绍了北海公园的几个景点啊？

生7：三个景点，分别是位于北海公园中心的琼岛、琼岛上的白塔和湖北岸的五龙亭。

师：对，琼岛、白塔和五龙亭是北海公园的三个景点。现在你们知道什么是景点了吗？

生：知道了。

师：我想问问大家，谁去过北海公园，请举手？（个别学生举起手来）没去过的同学不要紧，我们来当游客，请咱们班的小导游们带领我们去逛一逛北海公园的这三个景点，好不好？

生：好。

师：那你要选一个你最喜欢的景点来介绍。谁介绍得全面、细致，让我们最想去，谁就是最佳小导游，好吗？谁愿意当小导游啊？

生8：我。（其他学生也都高举着手）

师：好，请小导游们先准备一下，迎接我们的客人。

生同桌之间相互交流。

师：（走到一位男生面前，亲切地）导游，请问您贵姓啊？

生8：我姓"汤"。

师：汤导，您好！（边说边握手）

生笑。

师：请问汤导，您今天准备带我们到哪个景点参观啊？

生8：五龙亭。

师：请汤导上前来。（轻声问）您准备用什么形式向大家介绍五龙亭呢？

生8有些茫然。

师：是通过有感情的朗读还是用自己的语言来介绍？

生8：我用自己的话来介绍。

师：好，我们一边听汤导的介绍，一边想象着五龙亭的样子。看看谁的脑海中能出现五龙亭的样子。

生8：（介绍……）游客朋友们，你们有什么问题要问吗？

生9：五龙亭有没有颜色？

生8：有，五座亭子都有深蓝色的亭顶，朱红色的亭柱，还有汉白玉的护栏。

师：汤导的介绍，让我们看到什么了？

生齐答：颜色。

师：把你们看到的颜色读出来。

生读：五座亭子都有深蓝色的亭顶，朱红色的亭柱，还有汉白玉的护栏。

师：这些颜色，使我们感到五龙亭……

生：很美。

生8：游客们，大家还有什么问题？

生10：汤导，五龙亭是不是很大？

生8：五座亭子都建在靠近湖岸的水中。中间的一座最高大，亭檐有两层。上面一层是圆的，下面一层是方的。小亭的两层亭檐都是方的。

生10：通过介绍，我知道了五龙亭里面的横梁上、顶板上都刻着龙。

师：请大家读读课文。

生齐读。

师：这五座亭子远远望去，像……

生齐答：像一条巨龙，在湖边戏水。

生8：还有什么问题吗？

生：没了。

师：谢谢汤导，汤导请回。通过汤导的介绍，你们喜欢五龙亭这个景点吗？

生11：喜欢。

师："远远望去，五龙亭就像一条巨龙，在湖边戏水。"这句话运用了什么修辞方法？

生11：比喻。

师：把五龙亭比作一条正在湖边戏水的巨龙，有什么好处啊？你们仿佛看到什么了？

生12：仿佛看到了一条真的巨龙。

师：我们再来读读这句话。

生齐读。

师：这五座亭子和别的亭子有什么不同？

生13：中间的一座最高大，亭檐有两层。上面一层是圆的，下面一层是方的。小亭的两层亭檐都是方的。亭子里面的横梁上、顶板上，都刻着龙，画着龙。五座亭子都有深蓝色的亭顶，朱红色的亭柱，还有汉白玉的护栏。它们之间有曲折的石桥相连。

师：作者是围绕着这五座亭子的什么来说的啊？

生13：造型。

师：这五座亭子的造型如何？（手指第一句"湖北岸的五龙亭，造型别致"

生 14：别致。

师：就是说这五座亭子的造型和别的亭子不一样。第一句告诉我们这五龙亭有什么特点啊？

生：造型别致。

师：(板书：造型别致，指导"型"字的书写)请大家找出描写五龙亭造型别致的句子画下来，读一读。

生读文。

师：(边出示五龙亭的全貌图，边引导回忆内容)这个效果图是从哪个角度拍摄的啊？

生：上面。

师：从天空中俯视，这五龙亭像不像一条巨龙在戏水啊？

生：太像了。

师：那我们再来读读第 4 自然段，感受五龙亭别致的造型。

生读。

师：通过学习，你记住北海公园的哪个景点了？

生：五龙亭。

师：你还想了解哪个景点啊？

生：白塔。

师：谁能给这个景点做导游？

生 1：我当导游，介绍白塔。我们一起来看看白塔。(出示白塔的图片)看看这是什么？认识塔基——手指塔基部位；认识塔身——手指塔身部位，30 多米的塔身啊！咱们的教室高大约 3 米，这座塔身就有 10 多间教室摞在一起那么高啊！

生齐说：哇，好高啊！

生 1：那你们看看这是哪儿啊？(手指塔尖部位)你们猜猜塔尖上的铜铃是干什么用的呢？

生齐说：不知道，快告诉我们吧！

生 1：好，我告诉你们，这是惊鸟用的。当鸟飞累了想在塔尖上休息时，微风吹动铜铃，发出叮铃铃的声音，就把鸟儿们惊跑了。这样就能保持塔身的干净。大家想一想，白塔那么高大，很难靠人力来清洁它。人们想出这样的好方法，既美观又实用。这说明我们的先人充满了智慧。正是用这种方法才能保证白塔的干净，所以说"白塔远远望去，像一尊白玉石瓶"。这么美的白塔，大家想不想用赞美的语气读出来啊？

生齐说：想。读文……

生1：能说出白塔的特点吗？

生齐说：高大雄伟！

师：（板书：高大雄伟，并指导观察"雄"字的书写）白塔的特点是高大雄伟。你这个导游真是不错呀！还有哪个景点没有游览？

生齐答：琼岛。

师：请大家读一读描写琼岛的部分。这一段共有几句？我们分别请四位小导游来介绍。看看他们能不能将琼岛的特点表现出来。

四位学生分别朗读介绍……

师：这段把琼岛比作什么？

生：仙境。

师：这说明琼岛很……

生：美丽。

师：你能从这段话中的哪些语句感受到琼岛如同仙境一般？

生："那里到处是苍松翠柏，绿树鲜花，还有高大的宫殿庙宇，精巧的亭台楼阁，以及长廊短桥、怪石奇洞，如同仙境一般。"

师：琼岛上到处是＿＿＿＿＿，＿＿＿＿＿，＿＿＿＿＿，＿＿＿＿＿，＿＿＿＿＿，＿＿＿＿＿。这些都是琼岛上的物，我们叫它们为"景物"。你们自己读一读这段。（生读）

师：你读出什么感受了？

生：景色十分美丽。

师：（板书：景色美丽）这里把什么比作成仙境？"那里如同仙境一般"。"那里"指的是哪里？

生：琼岛。

师：对，我们通过联系上下文知道这句话在说"琼岛如同仙境一般"。琼岛不但岛上美丽，就连岛周围都很美，快读一读。

生读文："岛的周围水面开阔，湖水平静得像一面大镜子，映出了蓝天白云的影子，也映出了琼岛那美丽的倒影。"

师：这里也藏着一个比喻句，你们发现了吗？这里是把什么比喻成什么？

生：把平静的湖面比喻成一面大镜子。

师：在这段中出现了两个比喻句，比喻词分别是"如同""像"，你还知道哪些比喻词呢？

生：好像、仿佛、犹如、就像、恍若……

师：看到琼岛的美丽景色，我们的心情都变得……

生：高兴。

师：那让我们带着这种喜悦之情读一读这部分。

生读第 2 自然段。

师：(出示全文，引导学生发现写作特点)大家观察一下这三个自然段，作者是怎样表现北海公园美丽的特点的？

生：都是先写景点的位置和景点的特点，再围绕景点的特点进行具体描写。

师：这是采用了先概况后具体的写法。再观察，你还能发现什么特点？

生：都有比喻句。

师：请大家读出这些比喻词。(生读)这些比喻句的运用，可以更加生动、形象地表现景点的特点。通过今天的学习，你们对北海公园有了一定的了解，相信你们一定想亲眼看看北海公园的迷人景色了。今天的学习，你们有哪些收获？

学生交流收获……

(四)课后反思

1. 教师注重培养学生的学习能力。教学中，教师注重培养学生评读和生生互动的能力。

2. 整堂课的教学设计采用小导游介绍的方式，将课堂的主动权还给了学生，学生的主体意识得到了最大限度的发挥。导游情境的创设对教学过程起到了很好的推动作用。

3. 教师善于帮助学生总结文本的特点，比喻词的归纳、比喻句的作用、写作方法，使得语文的工具性、人文性得到了充分的发挥。

4. 需要注意的问题：教师的走动过于频繁；组织学生齐读、齐说的形式过多，收放不自如，比如对于较长的文字，齐答的形式要少。

四、《葡萄沟》课堂实录

大红门第二小学 李继红

(一)教学目标

1. 有感情地朗读课文，感受葡萄沟的葡萄好，并能背诵第 2 自然段。

2. 通过抓重点词句了解课文内容，能按要求找出句子。

3. 了解葡萄沟是盛产葡萄的好地方，那里的葡萄干非常有名，对葡萄沟产生喜爱之情。

(二)教学重难点

1. 教学重点：让学生感受到葡萄沟真是个好地方！

2. 教学难点：让学生了解葡萄干是怎样晒成的。

(三)课堂实录

1. 词语导入，图片激趣

师：老师想检查一下同学们的生字词掌握得怎么样，请你们拿出听写纸。

师听写词语：盛产、挂在、搭起、凉棚、颜色、葡萄沟。一生黑板写，其他生在纸上写。

师：小组交换，对照黑板订正答案。如果他写得不太认真，一会儿悄悄地提醒他。

师生交流订正词语。

师：同学们要在写字前注意观察每个字的笔顺。写得正确的同学举手，有错的同学下课修改。谁来带大家读读这些词语？

一生读。

师："葡"和"萄"单个读时都是二声，连读时"萄"读轻声。我们一起再来读读。

生练读。

师：（出示葡萄和葡萄干的图）请同学们一起看看，这一大串一大串的葡萄和香甜的葡萄干看起来多诱人啊！我国许多地方都出产葡萄，但是产量最多、吃起来口感最好的，就要数我国新疆吐鲁番的葡萄了。那里的葡萄不仅种类多，而且个大、味道香甜，用这些葡萄晾晒成的葡萄干非常有名。你们想不想和老师一起到这个出产葡萄的地方去看一看？

生：愿意。

师：今天我们继续来学习 21 课《葡萄沟》。（板书课题）

［设计意图：从学生非常熟知、喜爱的葡萄入手，将新课的导入与学生的生活结合起来，调动了学生的生活经验储备，激发了学生学习的兴趣。］

2. 整体感知，抓住中心

师：请同学们打开书，自由轻声读课文，思考：你认为葡萄沟是个怎样的地方？

生：美丽的地方；盛产葡萄的地方；葡萄沟真是个好地方（直入第 4 自然段）。

师：在我们的课文里，有一句话直接告诉我们葡萄沟是个怎样的地方了，你找到了吗？快速浏览课文，在文中画出来。

生：葡萄沟真是个好地方！

师板书：好地方。

师指导朗读：感叹号表达出作者赞叹的情感，同学们要读出感叹号所表达的感情。我们一起来读一读。

生齐读。

师：作者为什么说葡萄沟真是个好地方？它究竟好在哪里？再次自读课文，把你认为葡萄沟好的方面在书上标出来，同桌之间互相交流。

生自由批画，同桌之间进行交流。

［设计意图：从整体入手，让学生找出和中心句相关的语句，调动学生的读书兴趣。给学生充足的读书时间，让学生自读自悟，然后再采用生生对话的方式进行交流，能够更好地对课文进行整体把握。］

3. 紧扣中心，读中感悟

(1)学习第 1 自然段

师：你从课文中哪里感觉到葡萄沟真是个好地方？

生 1：第 1 自然段说了水果的种类多，所以葡萄沟是个好地方。

师：你能不能给大家读读这一自然段？

生 1 读。

师：听同学读，你们了解到什么？

生 2：水果种类多，有杏、香梨、蜜桃、水果、葡萄。

师：那里出产这么多的水果，当地的人们心里一定非常高兴，能不能读出当地老乡的高兴心情？

生 3 读。

师：你再试一试，老师相信你一定能够读好。

生 3 读，"最喜爱"读得很重。

师："最喜爱"读得很好，突出了人们在这些水果中最喜爱的还是葡萄。我们一起再来读读这段话，读出高兴的心情好吗？

生齐读。

(2)学习第 2 自然段

师：你还从课文中哪里感觉到葡萄沟真是个好地方？

生读第 2 自然段。

师：人们最喜爱的葡萄种在哪里？

生：梯田里。

师：葡萄生长得怎么样呢？轻声自由读第 2 自然段，在文中找到描写葡萄枝叶和葡萄的句子并画出来。

生 1：茂密的枝叶向四面展开，就像搭起了一个个绿色的凉棚。

师：从这个句子中你们感受到了什么？（板书：多）

生 2：葡萄秧种得多；枝叶很茂密。

师：哪些词语能让你感受到葡萄种得很多？

生3："一个个"表明葡萄种得多。

师：吐鲁番有"火洲"之称，那里的天气非常热，温度最高时可达到49摄氏度。在这种天气里，钻到这样的凉棚底下，会有什么感觉？

生：凉爽、舒服。

师：带着这种感受读读这句话。

指名读，读出凉爽的感受。

[设计意图：让学生结合具体的语言环境，结合具体的词句去体会"茂密"的意思，真正做到"字不离词，词不离句"，并通过反复地读、有感情地读，让学生深入品味语言所蕴涵的意境。]

师：在山坡的梯田上，一个个绿色的凉棚构成了葡萄沟一道亮丽的风景。快抬头看，透过茂密的枝叶你发现了什么？

生：一大串一大串葡萄。

师：谁愿意来说说你找到的课文中描写葡萄的句子？

生3：到了秋季，葡萄一大串一大串地挂在绿叶底下，红的、白的、紫的、暗红的、淡绿的，五光十色，美丽极了。

师：听同学读描写葡萄的句子，你们又有哪些感受？

生4：我感受到葡萄很多，一大串一大串的。

生5：我觉得葡萄很美，那么多的颜色，有红的、白的、紫的、暗红的、淡绿的。

师："葡萄一大串一大串地挂在绿叶底下，有红的、白的、紫的、暗红的、淡绿的，五光十色，美丽极了。"哪个词让你感觉到颜色多？

生：五光十色。

师：我们学过"五颜六色"，这个词也表示颜色多，那如果我们换一换，你们再来读读试试。

生：到了秋季，葡萄一大串一大串地挂在绿叶底下，红的、白的、紫的、暗红的、淡绿的，五颜六色，美丽极了。

师：把"五光十色"换成"五颜六色"好不好？

生：不好。

师："五光十色"不仅指出葡萄的颜色多，这个"光"字很贴切地说明了太阳照在葡萄上，葡萄像发出了光一般，表明葡萄长得特别好。你们看（出示图片）太阳光一照，每一颗葡萄都发光发亮，像一颗颗珍珠、玛瑙。葡萄沟的葡萄不但种类多、颜色多，长得还好，所以作者用了五光十色这个词。茂密油绿的枝叶和五光十色的葡萄相互映衬，不禁让我们陶醉在这葡萄的海洋里。这么美的句子，你们不想再读读吗？谁愿意读？

指名读。

师：通过刚才你们的朗读，我们确确实实地感受到了葡萄沟的葡萄五光十色，美丽极了。

[设计意图：先运用比较的方法区分词语含义的差别，帮助学生理解五光十色的意思；再以读代讲，让学生在读中感悟，在读的过程中逐步加深对课文的理解，感受到葡萄的美丽。]

师：要是你真到了葡萄沟，看着这一大串一大串诱人的葡萄，你最想干什么？

生：品尝。

师：你的愿望肯定能实现，因为课文中有一句话就可以让你们的愿望实现，谁愿意读一读？

生6：要是这时你到葡萄沟去，热情好客的维吾尔族老乡准会摘下最甜的葡萄让你吃个够。

师：从中你们感受到什么？

生7：维吾尔族老乡热情好客。

师：葡萄沟不仅葡萄个儿大，种类多，颜色多，水灵灵的，像一颗颗玛瑙，晶莹剔透，美丽极了！而且当地的维吾尔族老乡也非常热情好客，让我们感觉到这里景美、物美、人也美。让我们美美地读一读第2自然段。

生齐读。

师：我想在座的每一位同学都想把这美丽的画面深深地印在我们的脑海里。那我们就按照提示带着自己的感受，试着把空填完整。

全班同学读，完成填空。

（3）学习第3自然段

师：课文中还有哪些方面让你感觉到葡萄沟真是个好地方？

生读第3自然段。

师：第3自然段在向我们介绍什么？

生1：葡萄干儿。

师：自由读第3自然段，找出描写葡萄干儿颜色、味道的句子。

生：这里生产的葡萄干儿颜色鲜，味道甜，非常有名。

师：老师给同学们带来了一些颜色不同的葡萄干儿，我都放在每组的同学那儿，咱们拿几个尝尝，好吗？

生兴奋地说好。

师：吃完这些葡萄干儿，你有什么样的感受？

生：甜、好吃。绿色的葡萄干儿特别大。

师：所以说新疆吐鲁番的葡萄干儿好吃、有名。这里的葡萄干儿这么有名，与它独特的制作过程是分不开的。自由读第 3 自然段，思考葡萄干儿是怎么制成的。

生自由读。

师：能够吃到颜色鲜、味道美的大葡萄干儿，在制作过程中谁起到了重要的作用？

生：阴房。

师：这就是阴房(出示图片)，样子像碉堡。谁能简单地介绍一下阴房？

生 2：样子像碉堡，四壁留着许多小孔，上面没有屋顶，里面堆着许多木架子，成串的葡萄挂在架子上。

师：谁想把葡萄干儿制作的过程给大家介绍一下？

生 3：成串的葡萄挂在架子上，利用流动的空气把水分蒸发掉，就成了葡萄干儿了。

师：当葡萄成熟的时候，葡萄太多了，就把一小部分运到酿酒厂，制成葡萄酒，而大部分的葡萄都制成葡萄干儿了。当地的老乡把葡萄整齐地一串一串地挂在阴房里的木架子上。(出示图片)同学们介绍了阴房里有许多通气的小孔，在这样造型奇特的阴房里，制成了非常有名的葡萄干儿。再读第 3 自然段，回顾葡萄干儿的制作过程。

生齐读。

[设计意图：利用图片，并结合课文的内容，帮助学生理解不常见到的事物，使学生感受到葡萄沟的葡萄干儿色鲜味甜粒大的特点。]

(4)回顾全文，抒发感情

师：面对葡萄沟美丽的景色，品尝着色鲜味美的大葡萄和葡萄干儿，感受着维吾尔族老乡的热情好客，让我们发自内心地赞叹葡萄沟——

生：葡萄沟真是个好地方！

师：带着自己的理解，带着自己的感受，我们一起再来读一读这篇课文。

生朗读。

师：其实，不仅葡萄沟是个好地方，整个新疆都是好地方。正如歌里所唱的：新疆是个好地方，牛羊成群，瓜果遍地。随着西部的开发，新疆会越变越好。有机会你们一定要到新疆吐鲁番这个景色美丽、盛产水果的地方看看，到时候热情好客的维吾尔族老乡就会用最好的葡萄和甜甜的葡萄干儿来招待你们。

(四)课后点评

1. 精彩评价，激发兴趣

新课程改革呼唤充满活力的新课堂，新课堂呼唤"以学生发展为本"的新评价。恰当的课堂评价会保护学生的自尊心，呵护学生的求知欲，激发学生的创造欲。教学过程中，教师灵活巧妙地进行评价，打动了学生的心，使语文课堂更精彩、更有活力。

2. 注重对学生朗读能力的训练

《葡萄沟》是一篇文质兼美的课文，语言生动优美，词汇丰富，是训练学生朗读能力的好文章。《小学语文新课程标准》中指出："阅读是学生的个性化行为，不应以教师的分析来代替学生的阅读实践。"所以，在课堂教学中尊重学生的独特体验至关重要。在这节课的教学中，教师能引导、组织学生运用多种形式充分地朗读，抓住关键词语让学生品读、体会，重难点突出，如对"准会摘下最甜的葡萄让你吃个够"处理得比较好，并能引导学生通过比较，体会、积累一些优美词句，如"一大串一大串""五光十色"等。就整堂课而言，这节课给人的感觉放得很开，又收得很好。

3. 多媒体课件运用恰当、适宜

运用课件展示梯田、阴房的图片，整节课课件运用得恰当而不牵强、有实效而不做作。课件与课堂教学紧密相连，起到了为课堂教学服务的目的。

第六章　对话课教学研究

一、教学论文

对话互动引导教师崇尚科研、崇尚和谐、享受教育[*]

丰台区大红门第二小学　武金英

一、为什么要用科研的力量、哲学的力量促进教师和谐发展

1. 无限相信科学的力量是教师教育信仰的真谛之一

"崇尚科学"是今天我们国家的信仰之一。"崇尚科学",即崇尚科学发展,崇尚科学研究,崇尚科学实验。

为什么崇尚科学?因为科学发展史、艺术发展史、哲学发展史和宗教发展史相比较,科学发展史始终居于中心、统领的地位和主导地位,所以我们党提出了崇尚科学的伟大理念。

2. 不断地追问事物"是什么",增长教师的哲学智慧

希腊哲学家亚里士多德说过:"智慧是人脑活动的产物,哲学的最高智慧就是"是"本身的学问,即不断追问是什么。"

脑要动起来,智慧要活起来,就要不断地追问你所面对的、你所做的事物是什么。你知道一点点事物是什么,你的智慧就长了一点点。

3. 激活"知"的状态,达到自觉状态,实现教师的和谐发展

首先弄清科研是什么,才能使教师自觉地做好教科研工作。"弄清"的意思是明白、理解、懂、知道。弄清的目的在于"知"。

"知1":知道事物是什么,说明你有知识;

"知2":知道事物实际是什么,说明你有经验;

"知3":知道怎样使事物更和谐地发展,说明你有才能。这才是我们教育的根本;

"知4":知道事物是什么,还知道事物不是什么,说明你有完整的智慧;

---

　　* 注:此文于 2009 年 12 月被中国人生科学学会魏书生教育研究中心评为 2009 年度优秀论文一等奖,收入本书有删改。

"知5"：知道事物与人的生存发展的关系，知己知彼，教而不怠，学而不怠，发展不怠。

当上述这些"知"达到非常丰富、非常广博、非常深刻的程度，就是人的态度、行为达到自觉的程度。这就是人的觉悟。

所谓充分发挥科学、哲学的力量，就是要用各种方法激励教师不断地追问、不断地思考、不断地探究他所面对的事实。随着追问、思考、探究的深入、持久，教师自己就能实现和谐发展了。

二、弄清科研是什么？

1. 定义

科研是求真的事业；暗箱原理是科研工作的基本原理；经验主义是科研工作的准则。

2. 为什么用这三条表述？

(1)暗箱原理揭示的是自然规律

我们生活在自然之中，而人对世界的认识不足10％，我们将其称之为"白"，90％以上是黑，所以我们是生活在暗箱之中。"暗箱"指自然，暗箱原理揭示的是自然规律。

(2)怎么求真？

科研是求真的事业。我们生活在暗箱之中，怎么求真？马克思说："人不仅用思维和头脑在对象世界里肯定自己，而且以全部感觉感知世界。"因此我们要调动全部的思维和感觉，积极地在客观世界里和谐发展。

(3)经验是人的一种价值体验

人的"三有"：知识、经验、才能。经验主义指人本身有了情感体验，才能再形成价值体验。

三、引导教师崇尚科研，崇尚和谐，享受教育

教师从事教书育人的工作，不仅是为了学生，也包含教师自身价值的体现。教师与其职业结合的最佳境界是享受教育。

用3—5年的时间，引导教师崇尚科学，崇尚和谐，享受教育，避免教师厌教、学生厌学，促进教师的可持续发展。

以人为本，就是以人为贵，以人为重；以人为本，就是以人的生命活动为本、为贵、为重；人的生命的基本活动方式就是和外界进行物质和精神的交换、交流、交融，以维系生命活动。对话互动就是人与人精神的交换、交流、交融、交往；对话互动是人的一种生命活动、生存方式和生存状态；对话互动质量的高低直接影响着人的生命活动质量的高低。

教育类似农业，而非工业。工业是把原材料按原来的设计程序进行加工；

农业是把种子撒在地里，让它自己生长、开花、结果，其中离不开阳光、温度、水分、土壤。教育的最重要作用、最根本目的是为受教育者提供充分的、合适的外部条件。

教师应该认识到自身的角色和职责，正如帕斯卡尔所讲的："大自然通过空间包围了我，像吞没尘埃一样吞没了我，而我却用头脑和全部的感觉去理解大自然，理解大自然的无尽意义。"

"从"尊重生命 "活"教师潜能 "哺"教育发展

丰台区大红门第二小学 武金英

校园以学生的生命活动、教师的生命活动谱写着校园文化和校园生命的乐章！提升教师和学生生命的状态，优化师生生命的质量，促进师生生命的生长，促进学生和教师的全面、健康、协调、可持续发展，是校园生命活动的永恒话题！

因此要坚持以"尊重生命"为中心，以"和谐发展"为目的，以"科学发展"为要务，创设适宜生长的教育沃土，激发学生和教师的潜能，促进学生发展成为社会人、文明人和文化人，促进教师成为科研型教师，全面提升人的素质，促进人的发展。

"从"尊重生命，"活"教师潜能，"哺"教育发展，是我校党支部服务于教育、服务于社会、服务于教师的有效途径。

一、提高目标的达成度指数，"四个一"是助推剂

分析问题，感悟发展，提高目标的达成度指数，才能"活"教师潜能，"哺"教育发展。通过各项活动，让"一家人、一盘棋、一条心、一股劲儿"，即"四个一"成为提高目标的达成度指数的助推剂！在终结性目标、阶段性目标、集体目标、个人发展目标之间，特别是工作安排的细节、过程的管理、检查与落实、调整与提高、交流与分享等环节，需要面对全体教师，需要分层管理与扁平化的管理紧密结合，需要条状管理与块状管理紧密结合，从而做到上下一盘棋，上下一条心，上下一股劲儿，全校一家人，提高目标的达成度指数。

教学中，要实施以积极的、健康的、阳光的对话、互动为基本形式的交流、交往、交心、交融的人的精神生命生成的活动，使教师在情感体验中形成人的价值体验，促进教师的文明与文化的生成，提升教师的精神生命质量，激活教师的潜能与活力，提升教师生命的状态，促进人的可持续发展。

二、逐步建设优秀教师团队，"三个有"是润滑剂

"三个有"即有心、有情、有意。

1. 有心，即要做工作和生活上的有心人

(1)要有求真务实、务求实效、解决问题，促进发展之心

要"求"教育发展、学校发展和师生发展之真；要"务"责任、事业、工作之实；要"想"学生、教师和学校发展之本；要"干"利于学生、教师、学校发展之事。想干事，想把事干好，要积极地动脑筋，想办法，提升干部教师的创新能力、实践能力、协调能力、管理能力、领导能力、统筹能力、服务能力，改进工作作风，提升办学的品质，提高干部教师教书育人的本领，解决现实问题，促进发展。

(2)要有静心思考、潜心研究、用心谋划、专心教育之心

无论是领导，还是干部、教师，在纷杂的工作中，在多彩的生活中，在千头万绪中，要学会选择，学会排除干扰，学会去粗取精，要静得下心来，去除浮躁，要舍得精力、舍得时间、舍得力气，抓住教育这条本线，务本求实，精心钻研教育教学，潜心于教育教学的研究，用心规划，用心设计，勇于探索创新，在实践中、在体验中、在行动中，不断地总结、提升，提升教育教学的生命质量！在工作中，享受教育，享受教育带给我们的快乐与生命的灵动！享受师生共同进步、发展的快乐！提升师生生命的幸福指数！如果这样做，太难能可贵了，也太不容易了！

(3)要有尊重生命"上善若水"的善心、珍爱生命"无私奉献"的爱心、呵护生命的精心、忠诚教育的诚心

水利万物无所争斗，水泽生命天长地久，水养人情似水流年，水济沧桑清净淡泊。水向下而流，奔腾到海，千山万水峰回路转，九曲情怀直达苍穹。

上善若水，是一种人性纯美的功德，是一种心灵善良的智慧，是一种博爱精深的谋略，是一种高尚完美的境界。上善若水，有一种水的柔情和广纳吞吐的胸襟，有一种坦荡真诚和水一样的清明透亮……

因此，教师需要有"上善若水"的品质，要"蹲"下身来，平等地与学生交往、交流，提升课堂生命的质量，让"生成"成为课堂永久的话题，让生命得以舒展、生长。

同时，干部教师之间要有"上善若水"的品质，相互之间对话、互动，交流、交往、交心、交融，提升干部教师生命的状态和生命的质量。

将一颗真诚的爱心无私地奉献给你身边的每一个人，善待生命，善待学生、善待教师，善待亲人，善待我们身边的每一个人，让我们的存在，带给别人阳光、快乐和幸福！用精心的呵护，诠释赤诚之心，忠诚于教育之心。

(4)无私、公正，彼此忠诚、相互理解、谅解、宽容与包容，才能赢得彼此的信任、支持与帮助，团队中的教师才能成为优秀的合作伙伴。

2."有情"即做工作与生活的有情人

智商高的同时，还要情商高，这样才能追求上有境界，工作上有趣味，生活上有情趣，发展上有劲头儿！在工作、生活上要有热情、有真情、有激情。

有情，才能活得有滋味。随着"80后"、"90后"的成长，随着时代的变迁，随着市场经济时代的到来，我们似乎面临着许多的困扰。部分教师缺乏应有的对工作、对他人的热情、真情、激情，变得冷漠、世故。当今的时代更加呼唤人情味儿、亲情味儿，校园同样呼唤人情味儿、亲情味儿。

3."有意"即做工作和生活的有意人

"有意"即：安全意识、责任意识、全局意识、岗位意识、合作意识、质量意识。

教师职业是一个特殊的行业！当你选择了这个职业，你就选择了对教育事业的忠诚，选择了具有一颗真诚的爱心，选择了爱他人、爱学生、爱你的事业，选择了给予别人爱、和别人分享爱；当你选择了这个职业，你就选择了无私奉献，选择了叶的事业，用阳光、用空气、用养分、用水分、用适宜的温度滋润你的学生，创造教育沃土培育你的学生。

强烈的安全意识、责任意识、质量意识赋予你新的生命与活力，让你在同伴合作中，在给予中，在教育教学实践活动中，诠释你的人生价值，诠释你的人生体验，诠释岗位上的成功体验赋予你的快乐与幸福！

以人为本，就是以学生、教师为本。校园要遵从于生命生长的规律，尊重生命的价值。促进人的全面、健康、和谐、可持续发展，是教育的最终目的！

让学生在情境中"活"　让学生"活"在情境中
——创设良好的学习情境 促进学生学习方式的变革*

丰台区大红门第二小学　武金英

一、问题的提出

（一）为什么要研究

培养具有创新精神和实践能力、学会学习的可持续发展的新型人才，是时代赋予教育事业的新使命，而传统僵化的课堂教学方式，不利于新型人才的培养。因此，建立新型的课堂模式，转变教学的方式，将以往知识本位、学科本位、学科知识本位的教育观转变为学生发展本位、关注每一个学生的

---

* 本文于 2009 年 3 月获北京市教育学会微格教学研究会教学成果一等奖，收入本书有删改。

发展的教育观，让课堂教学过程真正成为师生交往、共同发展的互动过程，是我们研究的原因。

（二）研究的内容

以课堂为依托，转换教师角色，改变传统的授受型的教学方式，创设新的教与学的方式。通过创设良好的学习情境，促进学生学习方式的变革。我们把良好的学习情境的基本特征、学习情境创设的方式、对学习情境的评价标准作为研究的内容。

（三）研究的目的

创设良好的学习情境，改变学生的学习方式，使学生在一个完整的情境中，在一个鲜活的动态的情境中，在情境的熏陶、感染中共存、共生、共进，是我们研究的最终目的。

二、研究过程

（一）良好的学习情境应该具备以下基本的特征

1. 学习情境与知识内容的一致性

学习情境与知识内容的一致性，指创设的学习情境为一定的知识内容提供相同或相似的背景，情境与内容有内在的联系，始终保持一致，而且情境本身保持它自身的完整性、连续性。

例如：《文明看演出》一课在教学时就再现了影剧院的情境，观众们在"心愿剧场"观看"动物狂欢节"表演。中场休息时，学生谈感受，说："表演很精彩！""有观众总说话！""有人吃东西。""他踢我椅子。""公共场所有人太不文明了！"通过中场休息时的真情互动，在下半场演出时，小观众们不再叽叽喳喳议论不停，成为一名文明的小观众。

2. 学习情境的活动性

学习情境的活动性指围绕一个主题，创设一系列完整的学习活动情境，让学生在这样的情境中主动地参与活动，合作、体验、对话、交流、探讨，寻求真知。

3. 学习情境的延伸性

开放型的课堂既要向课前延伸，又要向课后延伸。延伸是指通过各种手段和方式到生活中，到书籍中，到其他的音像资料中，到网上等广泛地搜集与所学内容相关的信息，而且不停留于一节课信息的搜集。

（二）学习情境创设的方式

1. 预习探究式和实践拓展式

学习情境的延伸性决定了课堂向课前和课后延伸。《葡萄沟》一课，学生在课前收集了许多关于吐鲁番阴房的图片和资料，学生带着课前的学习储备进入课堂，奠定了课堂教学的基石。

2. 调查访问式

信息获取的形式是多种多样的。《好习惯早养成》一课安排了调查访问，通过调查访问，部分家长以书信的形式告诉孩子怎么养成认真踏实、一丝不苟的好习惯，老师则以录像形式告诉同学们如何养成好习惯。

3. 实践体验式

创设类似的生活情境，学生在实践中体验、探究。《认识价签和条形码》一课，就创设了学生为新开业的红领巾商店的商品设计价签的活动。

4. 想象入境式

《水与我们的生活》一课，调动学生的各种生活体验和感受，想象进入情境：先讨论"生活中哪些地方用到水"，然后安排了一个活动——我国的淡水是非常有限的，假如你是一滴水，你想流到哪里去发挥你的作用呢？接着小组研究，学生充当小水滴，流到工厂、田间……

5. 游戏活动式

由于低年级学生喜爱活动的特点，对他们的教学要更具特色，教师可根据不同的课文内容，组织他们开展游戏活动。实践证明，这样的教学是成功的、有效的、可借鉴的。

6. 声像生动真实式

《小山村》一课，多媒体教学为学生创设了真实的生活画面，一年四季的山村美景，村前小河绿水盈盈，流水声声，白鸭浮于水面、尽情嬉游。

7. 自由读、轻声读、体态读，与作者一道经历人生体验式

知识和能力、过程与方法、情感态度和价值观是三维度语文教育新理念。语文课就是一段生命的历程，通过反复诵读，可以让学生与作者一道经历生命体验。反复诵读就是让学生学会自由、轻声、体态读。自由读就是自我、自主地读；轻声读就是近似无声地读；体态读就是把自由读、轻声读时产生的能量用体态表现出来。自由读、轻声读、体态读时一定要做到"读文还形""入境神往""情动意会""有感情地朗读"。

创设良好的学习情境的方式还很多，如操作式、交流合作式、实验式、参观游览式、统计式等，可以广泛地应用于各个学科。

(三)学习情境的评价标准

1. 以人为本的、以学生为本的、以学生的发展为本的，关爱师生的生命、关注师生健康的情境是和谐、民主、平等、宽松的课堂环境；

2. 教学过程是一个完整的情境，是一个鲜活的动态的情境；

3. 师生"活"在情境中，"游"在情境中，实现人与情境的和谐统一；

4. 师生在情境中"活"，即师生在情境中对话、合作、反思、交流，富有情趣地愉悦地享受着一份和谐；享受着彼此间心有灵犀一点通的快乐；享受着一份再创造；享受着通过主动探求、辛勤付出获取知识后的得胜者的喜悦，在情境的熏陶、感染中共存、共生、共进；

5. 课堂是生态的课堂，学生的个性得以张扬，潜力得以发挥，生命体验得以优化，学习需求得以满足，人与情境之间的关系高度和谐，教与学之间信息交换的高度民主，师生之间的人际关系高度依存。

6. 学生作为学习的个体，积极地独立思考，在实践中体验，在探究中感悟，师生间、生生间共同参与、相互交流、相互合作，达到一种智慧层面上的交流、碰撞和交融，达到情感、态度、价值观层面上的传递、感染和沟通，达到知识层面上共同探求、共同体验、共同经历、共同感受、共同协作、共同获取、共同进步，实现情感与情境相互交融、经验与知识相互链接、课堂质量与生命质量相互提升。

三、研究的结论

（一）效果

1. 创设良好的学习情境，转变学生学习方式的研究，转变了教师的教学行为。从去年一年 220 多节的各种级别的研讨课看，体现新的教育理念的新课堂能够达到 95％；从推门课看，新课堂也能够达到 80％。特别是一批青年教师脱颖而出，多次参加全国、北京市、丰台区的研讨活动。

2. 创设良好的学习情境，转变学生学习方式的研究，改变了学生学习的状态。现在的学生更喜欢课前收集一些信息，注重课前体验学习；学生更喜欢师生、生生间的平等交流，渴望与智者对话，渴望得到教师的点拨、指导；学生更乐于动手实践、体验、探究真知。

（二）结论

通过研究，我们认为，将教育理念转化为新的教学行为，是一个艰苦的过程。只有创设良好的学习情境，才能够转变学生的学习方式，使学生最终学会学习。

四、问题的讨论

将新的教育理念转变为教师的自觉行动是难能可贵的。学生将学习方式积极应用于自己的学习生活，养成新的学习、思维方式是应该深入研究的。

语文教育非线性探索

——三维度的教育教学理念

丰台区大红门第二小学　武金英

《语文课程标准》指出："语文课程应致力于学生语文素养的形成与发展。九年义务教育阶段的语文课程，必须面向全体学生，使学生获得基本的语文素养。"这基本的语文素养的内涵是丰富的，新的课程标准就是围绕"知识和能力""过程和方法""情感态度和价值观"三个维度展开的。

"改变课堂过于注重知识传授的倾向，强调形成积极主动的学习态度，使获得基础知识与基本技能的过程同时成为学会学习和形成正确价值观的过程。"新的课程标准鲜明地提出了三位一体的课程目标，体现了新课程的价值追求。因为这三个维度的多重性和复杂性，因为它们是非线性的、多元的、开放的、随机的，是动态的、发展的，是不确定的、不唯一的，所以我们称三维度的语文教学理念的探索为语文教育非线性探索。

因此，我校把知识和能力、过程与方法、情感态度和价值观三个维度作为语文课堂的基本理念，进行了语文教育非线性探索。

知识和技能、过程和方法是间接经验，情感、态度和价值观则是直接经验。三维度的教育教学理念强调的是间接经验和直接经验的统一，尽可能把间接经验转变为直接经验。所以我校教师十分重视教学过程中学生的价值体验。

基于此，对于语文课堂教学来说，只有读书，才能把三个维度统一起来。在语文教学中我们十分强调反复诵读。反复诵读有利于字词句篇知识的自然积累；有利于学生对自然世界建立感性认识；有利于学生和作者一道经历人生体验，接受文化审美的熏陶和感染。

"在诵读中整体感知，在诵读中培养语感，在诵读中受到情感熏陶。"这描述的是读书的良好状态，也是学生的一种课堂生存的状态。因此一节课也是一段生命的历程，学生课堂生存状态的好与坏决定着一节课的好坏。所以，我们要求教师在每节课上给予每一个学生充分独立地反复诵读的机会。

基于这个原因，语文教学要求教师充分利用语文这个工具，进行师生群体和作者的充分的真情实感的交流。与作者共同经历生命体验，使教师和学生共同接受文化审美的熏陶和感染，从而优化生命的状态，优化生命质量，达到"随风潜入夜，润物细无声"的状态。

例如，《会变的瞳孔》一课就设计了这样一个教学环节：自由轻声读三遍，做到读准字音，遇到标点做适当停顿；再读两遍，做到带表情自由轻声读，读出对文字的体验和理解。

又如，《它们怎样睡觉》一课中同样设计了这样的环节，先自由轻声拼读三遍，争取读准字音；接着同桌互读互查，正音正字；再根据 6 个自然段进行接读，比比谁读得好，大家评读；最后每位同学学习其他同学的长处，练读两遍。

这样学生群体读书就有六七遍，给予了每一个学生充分独立地反复诵读的机会，优化了学生读书的状态，与作者共同经历情感体验。反复地读课文要淡化分析性操作，强调整体感知感悟，反对一问一答地讲。"书读百遍，其义自见。"书读得多了，读得熟了，其中的含义自然就领悟了。熟能生巧，熟能生悟，熟能生趣，从中经历生命体验，优化学习状态，激发人生情趣。

另外，书面语言交际的实质是经历生命体验，语文教学的实质是完成师生群体与作者之间的真情实感的交流。所以，我校要求教师借助语文这个工具，引导学生群体有感情地读，学会自由读、轻声读、体态读，这追求的是一种状态。自由读，体现主体性、自我、自主投入；轻声读，就是近似无声读，"春雨润物细无声"，强调"润"的状态；体态读，就是学生在自由读、轻声读时产生一种能量，把自己的感知、感悟、感受通过体态表现出来。

如《它们是怎样睡觉》一课，学生自由轻声拼读三遍，教室里学生们埋头专注地读书，完完全全地进入了文中的境界。老师悄悄地缓慢地进行巡视，细心地观察每位同学的表情、目光和姿态，而后静静地等待。

从同学们的体态语中可以看出"四有"：有兴、有趣、有形、有情。"有兴"，即不走神，处在兴奋状态中，作者创作必须有兴，读者阅读也必须有兴；"有趣"，即有所回味、有所感悟；"有形"即用形体表现出来，是肢体语言；"有情"，即有面部表情。

因此，在课堂上，要求老师追求内在价值、心灵价值，把学生多多少少的好奇心和零零碎碎的新鲜感转化为敏锐的聚精会神的探索态度。

语文课就要做到有感情、全身心地投入读书，做到"读文还形""入境神往""情动意会""有感情地朗读"。

"读文还形"，就是熟读课文，展开想象，把抽象的语言文字转化为具体的形象，在大脑中呈现真实的生活情景和与语言文字相对应的真实景象。

"入境神往"，就是达到"神与物接""神与物游""神历其事""神睹其物""神临其境"。

"情动意会"，就是在"入境神往"的基础上，自然而然地触景生情，感悟生情，缘事生情，达到读者与作者的情感共鸣。这就是"心有灵犀一点通"。这样作者积极的有价值的情感，就成为学生自己的情感了。尤其是当学生非常投入地去读，达到勿我两忘的境地，处在一种意会状态下时，就会出现一个新我，心灵得到成长。

"有感情地朗读"，就是在与作者情动意会的基础上，"神临其境"地忠实地读出喜爱、崇敬、向往、同情、憎恶等情感，与作者产生情感共鸣。

在新课堂中展示新课程，在新课程的引导下创建新课堂，这二者是统一的，前者是理念，后者是具体的行为实践。运用新的教育理念指导课堂教学实践，在实践中感悟、理解新的教育理念，在此基础上，调整自己的课堂教学实践。

教学实践中，我们要改革教学过程，使教学过程成为师生间、学生间的动态的信息交流的过程，在交流的过程中相互沟通，相互影响，相互补充，共同成长。

对话教学在课堂教学中的作用

大红门第二小学　韩旭

《语文课程标准》明确指出："阅读教学是学生、教师、文本之间的对话的过程。阅读是学生的个性化行为，不应以教师的分析来代替学生的阅读实践，应让学生在主动积极的思维和情感活动中，加深理解和体验，有所感悟和思考，受到情感熏陶，获得启迪，享受审美乐趣。要珍视学生独特的感受、体验和理解。""阅读是一种对话"，"对话，体现了阅读的目的和本质"。通过对话，可以更好地理解课文，获得知识技能和情感体验。把"阅读教学"定位为一种"对话"，无疑是对传统教学的突破，折射出素质教育的理念之光。对话教学，让学生直接面对文本。在读书的过程中，阅读主体和文本之间相互交流、双向互动，教师与学生之间、学生与学生之间围绕着与文本互动对话、多向交流。教学对话就是建立在这一原理之上的教师与学生、学生与作者之间的一种精神上的相通，以达到学生自主和自由发展的目的。

一、对话中探究，动态生成

苏联教育家苏霍姆林斯基认为，教育的技巧并不在于能预见一堂课的所有细节，而在于根据当时的具体情况，巧妙地在学生的不知不觉中做出相应的变动。将"预设"和"生成"结合起来不仅是一种教育的科学，更是一种教育的艺术。

课堂教学具有极强的现场性。面对富有价值的生成资源，不能拘泥于预设的教学规程，而应独具慧眼，将弹性灵活的成分、始料未及的信息等生成性资源即时捕捉并理智地纳入课堂临场设计的范畴之中，盘活资源，从而真正让课堂教学呈现出灵动的生机和跳跃的活力。

例如教学《捅马蜂窝》一课，学生们找出了描写作者情感的句子后：

有的学生提出："为什么特别想捅马蜂窝？难道他不知道马蜂会蜇人吗？"

有的学生说："爷爷奶奶的对话，就告诉我们原因了。"

教师说："那我们就来请一位同学读一读爷爷奶奶的对话。"

读完后，教师请学生练习学着爷爷奶奶说话的语气说一说，体会奶奶特别想把马蜂窝捅下来的迫切心情，并让学生交流：听了这样的话你有什么想法？

有的学生说："我恨不得赶紧把马蜂窝捅下来。"

有的学生说："捅马蜂窝肯定很容易。"

有的学生紧跟着就问："为什么作者心里涌出一种捅马蜂窝的强烈渴望？"

有的学生回答道："因为他太想捅马蜂窝了。"

有的学生说："他迫不及待地想把马蜂窝捅下来，这样就可以开窗户了。"

学生在交流中充分体会了作者捅马蜂窝的强烈渴望。这样以灵活的教育机智，及时"变奏"教学流程，超越文本，链接生活，激活学生的生活体验，学生的语言和精神在实践中同构共生。这样的教学，既有深度，又有宽度，充满生命活力，使学生体会到学习语文的乐趣。

二、对话中鉴赏，拨动"情弦"

"情感是人们学习和工作的动力，它对人的认识和行为起着调节支配的作用。"心理学家威廉姆士通过研究发现，一个没有受到情感激励的人，仅能发挥其能力的 20%—30%。当他受到情感激励时，其能力可以发挥到 80%—90%。也就是说，同样一个人在通过充分的情感激励后，其所能发挥的作用相当于激励前的 3—4 倍。

因此，教师不仅要有渊博的知识，还要有丰富的情感世界，以自身的热情唤起学生的激情，缩短师生间的距离，把教学过程衍变为充满感情色彩的意向活动，密切注视学生的情绪变化，及时移情换位，思其所思，忧其所忧，乐其所乐。面对后进生不近题意的回答，多一些接纳，少一些排斥，用期待的目光抚慰他们有些胆怯的心灵，尽可能减少学生的挫折感；当学生思维出格时，要尽量为他们提供表现自我的机会，允许他们大胆挑战教师，不能用抑制的眼神捆绑学生的头脑，更不能用一盆讽刺的冷水把学生浇个透心凉。教师激励的话语应该是课堂里的流动红旗，让不同层次的学生解答不同难度的问题，人人都有机会享受成功的喜悦，使课堂教学朝气蓬勃、生机盎然。

我在教学《自然界之道》时引导学生说："这些刚出生不久的小海龟，就是这样日复一日、年复一年地满怀着对大海的无限希望与遐想，经过沙滩爬向大海。绝大多数幼龟都能平安进入大海，可是有一天却发生了意外的事情……"

学生们马上找到了食肉鸟吃幼龟的悲惨场面的描写:"很快引来了许多食肉鸟,这回它们可以饱餐一顿了。这时,数十只幼龟已成了嘲鸫、海鸥、鲣鸟的口中之物。数十只食肉鸟吃得饱饱的,发出欢乐的叫声,响彻云霄。两只嘲鸫仍静静地伫立在沙滩上,希望能捕捉到最后一只迷路的幼龟作为佳肴。"

我先让学生朗读这些句子,通过朗读学生开始议论:

有的学生说:"幼龟被吃时的场面太悲惨了。"

有的学生说:"这些幼龟太可怜。"

接着我安排学生观看食肉鸟吃幼龟的影片,看后有的学生说:"食肉鸟用尖嘴啄幼龟的头,一口把幼龟咬死。"

有的学生说:"食肉鸟把幼龟咬得遍体鳞伤。"

有的学生说:"看到这惨烈的场面,我想到了许多可怕的词语,比如遍体鳞伤、惨不忍睹、血迹斑斑、触目惊心。"

学生带着这份感受再次朗读这段话,比第一次更有感情,让人听了感觉更悲惨,这都源于学生对文本的感受的交流。

三、对话中积累,美读成诵

美读是将文本的言语还原为无声言语,是积累文本言语形式和内容,是潜心体悟和领会作者蕴含在文本中的思想情感的过程。在美读成诵中,学生实际已在心理上完成了一次次言语和精神的对话,从而达到叶圣陶所说的"设身处地,激昂处还它个激昂,委婉中还它个委婉"。

例如教学《缝纫鸟》一课,学生找出了感受缝纫鸟编织巢穴不可思议的句子:"它们从印度洋沿岸的草丛中衔来一根根两三尺长的嫩草,用自己的尖嘴,先是把草打成几道圆圈,而后用人类织布的原理,有经有纬地开始把长长的嫩草左右穿梭。"之后,我提出问题:

"从哪里感受到缝纫鸟编织巢穴不可思议呀?"

有的学生说:"'一根根',说明草的数量多,来回飞的次数多,它既要运输,又要编织,工作量非常繁重。"

有的学生说:"'两三尺长'说明草非常长,相对于缝纫鸟的身体而言,叼的草是它身体的好几倍,它要承担的重量也是它身体的好几倍,它要进行负重飞行。"

还有的学生说:"缝纫鸟太聪明了。它作为动物,具有人类的思维,能够按照人类织布的原理,有经有纬地把长长的嫩草左右穿梭。"

我接着让学生观看人类织布的图片,引导学生:"人类织布使用双手,而且一只手有五个手指头，两只手就是十个手指头，人类用十个手指头，使用织布机才能有经有纬地织布，而缝纫鸟编织它的巢穴只用自己的尖嘴，你们说缝纫鸟编织巢穴容易不容易？"

学生齐声说："不容易！"

"困难不困难呀！"

学生齐声说："困难！"

"这么困难，这么艰辛，它怕不怕呀？"

"不怕！"

"我们就说缝纫鸟——

"不怕困难！"

"它这么不怕困难，这么坚忍不拔，我们快来读一读吧。"

学生朗读后，我说："这段话这样写行吗？'……先是把草打成几道圆圈，衔来一根根两三尺长的嫩草，而后用人类织布的原理，有经有纬地开始把长长的嫩草左右穿梭。'"

学生马上说："不行，做事得有先后顺序，先有草，才能打圈，有了圆圈才能按照经纬度左右穿梭地编织。"

"从做事有序和经纬编织你看出什么了？"

"缝纫鸟很聪明。"

"这样一只鸟能做到这些，太让人感到不可思议了！再来朗读这段话，感受缝纫鸟做事有序，很聪明。试着背一背这段话。"

俗话说："书读百遍，其义自见。"所以在课堂教学中，让朗读走进课堂，让学生在朗读中用心灵感受文学作品蕴涵的丰富情感，是进入课文情境、体会思想感情、积累语言、培养语感的一条有效途径。学生从中积累大量的佳词妙句，不断充实自己的语言库存，并从背诵中进一步领略作者谋篇布局、遣词造句的精妙以及表达方式的精巧，这将会使他们受益终身，为以后的语文学习奠定良好的基础。

四、对话中品悟，张扬个性

《语文课程标准》指出："阅读是学生的个性化行为，不应以教师的分析来代替学生的阅读实践，应让学生在主动积极的思维和情感活动中，加深理解和体验，有所感悟和思考，受到情感熏陶，获得思想启迪，享受审美乐趣。"

因此，教师应允许每个学生用自己喜欢的方式去研究问题，用自己喜欢的方式去朗读课文，最大限度地发挥学生的自主性和能动性。对学生通向正确答案的不同途径和解答都给予适当的认可和充分的肯定，不强求学生都达到教师认定的水平；允许学生犯错误，允许他们随时随地对自己观察到的现象、思考到的问题、听到的讲解提出疑问，要关注学生新颖独特的想法或做法，也要关注学生那些看来比较"离奇"的答案。学生获得了个性发展的空间，课堂也会因此焕发出开拓创新的活力。这样做，不仅保护了学生独立思考的积极性，而且让每一个个性生命在语文课堂上展示出了活力。

我在教学《爷爷的芦笛》一课时提出："结合图片，用课文中的语言说一说海边生活哪里好玩？"

学生说："碧蓝碧蓝的海水踩在脚下……一群群的海鸟在窗外翱翔，星星如千万点萤火闪闪烁烁。普普通通的苇叶三折两卷就成了一支芦笛。"

接着，我第一次进行语言训练："在强强的想象里，这笛声……"

学生读道："在强强的想象里，这笛声婉转悠扬，让他体会到在海边生活的美好、在海边生活的乐趣，这笛声让强强对海边的生活无限向往。"

我继续引导学生："强强终于来到了爷爷的小屋。闭上眼睛想象强强来到小屋看到的情景，结合想象说一说海鸟飞来飞去干什么呢？用'有的……有的……'练习说一句话。"

学生说："有的在给爷爷伴舞，有的在天空中滑翔倾听，有的在天空中招呼其他伙伴倾听，有的用翅膀给爷爷鼓掌，有的随着笛声一起歌唱……"

我说："美妙的画面让我们感受到人与自然和谐发展。"

之后，我再次进行语言训练："在大海平静时，这笛声……"

学生读道："在大海平静时，这笛声清脆悦耳，轻快活泼；这笛声好似碧波荡漾；这笛声令他心旷神怡。"

我引导学生："夜晚很快就到了，爷爷要去查看潮汛，在那个风涛之夜，强强独自一人待在小闸屋会有什么样的感受？"

学生通过抓句子"大海不知什么时候变得狂怒起来，四溅的浪花和水珠喷洒到窗户上。狂吼的海风摇撼着小屋。这小屋好似一只在波峰浪谷中颠簸的小船，随时都有被海水吞没的危险。又是一个大浪摔打在窗户上，几乎把玻璃打碎。'哗——哗——'海水一浪接一浪，永不疲倦。刚要开门，'呼'的一声，一阵强风把门吹开了，强风裹挟进来的水滴把他身上淋得湿漉漉的"，感受到强强害怕。再用批注的方法感受强强的心理变化。

这时，我第三次进行语言训练："在狂风怒吼的黑夜里，这笛声给强强带来了什么？这笛声使强强懂得了什么？请拿起你的笔，写下来。"

学生读道："在惊涛骇浪的黑夜里，这笛声将强强的恐惧驱赶得一干二净，这笛声给了强强许多勇气，这笛声使强强想起了爷爷平时爱说的一句话：'海边的孩子，不沾点海水，就长不结实。'"

在这一段教学中，同一表达内容学生练习了三次，教师充分相信学生有与文本独立对话的能力，引导学生通过自读自悟，潜心领会文本，在先与文本做一番深入的独立对话后，再与同学、老师进行交流。学生们在自读、勾画、感悟之后，对文中的语言进行剖析、品悟，并张扬了自己独特的个性。个性是创造力的源泉，个性使我们的课堂教学充满活力。每个教师都应该积极地、耐心地俯下身来倾听每个学生的声音，用一双热情、冷静、智慧的眼睛去发现、珍视每一位富有个性的学生，并创造机会，让他们尽兴地表达见解、表现自我、展示才华，让个性在阅读教学中闪光！因为只有在交流和倾听中才会出现"仁者见仁，智者见智"的个性化解读，才会相互启发，出现智慧的碰撞。

对话教学是体现尊重差异、重视交流、达成理解、开放与互动，以人的发展为最终目的等基本精神的一种教学活动形态。对话教学是追求人性化和创造性的教学，使教师和学生成为课堂的主人，使教学过程成为引领学生主动获取知识并基于个体经验去富有差异地建构起自己的独特意义或意义体系的过程。师生在这样的过程中得以主动积极地发展自己。对话教学以师生双方心理世界的开放性为特征，以互动为方式，进行语言交融、心灵交流，从对话中获得道德和理性的升华。

浅谈学生自主学习能力的培养

大红门第二小学 柯炜

在新课程改革的大潮中，教学方式的变革日益凸显，教育的重点更凸显为对学生自主学习能力的培养。《基础教育课程改革纲要(试行)》中也明确指出：在教学过程中应培养学生的独立性和自主性，引导学生质疑、调查、探究，在实践中学习，改变教学过程中过分依赖教材，过于强调接受学习、死记硬背、机械训练的现状。倡导主动参与、乐于探究、勤于动手，鼓励学生对书本的质疑和对教师的超越，欣赏学生独特和富有个性化的理解和表达，爱护学生的批判意识和怀疑精神，帮助学生培养搜集信息和处理信息的能力、收集新知识的能力、分析和解决问题的能力以及交流合作的能力。学生自主学习成为新课程发展的必然趋势。

一、转变思想，为学生创造自主学习的条件

(一)为学生创设民主和谐的课堂氛围

积极的情感体验是人的一切活动的发动者和鼓舞者。营造民主和谐的课堂氛围是促进学习者自主学习的前提。在课堂教学中教师要用微笑去感染学生；要用鼓励去激励学生；要用趣味去吸引学生；要用自己的人格魅力去赢得学生。教师是学习的参与者、引导者、合作者，要使学生得到尊重与信任，心情舒畅，思维始终处于积极的状态。

1. 创设情境，激发学生的学习兴趣

心理学研究表明，积极的思维活动是建立在浓厚的兴趣及丰富的情感基础上的。兴趣是最好的老师，课堂上教师要创设学生感兴趣的情境，激发学生的学习兴趣。

例如：在讲《一粒种子》时，我利用多媒体播放无声动画，由学生进行配音演读。以情境引导学生绘声绘色地演读，学生读得入情入境，仿佛自己就是文中的种子、蚯蚓……学生在读文中体会了丰富的科学知识，感受了语言的优美。

2. 创设情境，鼓励学生发表自己的见解

教师在教学过程中要创设情境，鼓励学生表达自己的见解。在语文教学中，与学生共同研究一篇新的文章时，以对话的形式与学生商讨："这篇课文你打算怎样学习，把自己的方法介绍给大家"；"听了他的想法，我想你一定深受启发，来说说吧！"教师倾听着学生的发言，用自己的肢体语言、口头语言给予学生鼓励和自信，使他们敢于敞开自己的心扉充分地表达自己的见解。

(二)努力为学生提供充分的自主学习的机会

美国著名的心理学家罗杰斯指出：如果在教学中自主地选择和确定学习的方向和目标，自己提出问题，自己发现和选择学习材料，并亲身体验到学习的结果，这将收到最好的学习效果。

不同的人适合不同的学习方法，读读写写，圈圈批批，或静思，或朗读，还可以结伴共同学习等。学习方法在一定程度上是一种个性化的行为，不同的学生找到了适合自己的学习方法，便可以利用最少的时间和精力学习尽可能多的知识。

例如在学习《威尼斯的小艇》的第 4 自然段时，我设计了让学生自主学习的环节。

我说："船夫的驾驶技术这样好，我们用什么方法来学习此段呢？"

学生们纷纷举手。

有的说打算结合上下文学习，有的说打算结合生活实际学习，还有的说要列表、要画批，等等。

学生结合自己的实际选择了适合自己的学习方法，完成了学习目标。

此外，学生之间存在差异性，教师要让学生根据自己的实际学习情况自主设计作业的形式和内容，使作业更具有针对性。

二、对学生自主学习能力的指导

(一)培养良好的预习习惯

培养自主学习能力，首先是努力培养学生良好的预习习惯。预习是课堂教学的前奏，一般是让学生在课内完成，变先教为先学，变要我学为我要学。教师要适时进行引导，教会学生预习的方法，培养学生的预习能力。

语文课前的预习可以分成四部分：查、读、思、找。

查——通过工具书解决不认识的字、不理解的词语，为读文章扫清障碍。

读——读文本，要做到正确、流利，直到自己读得满意为止。

思——阅读文本，了解学习内容，把认为重要的语句、概念画下来，在阅读后有什么不理解的地方，在旁边进行标注，待上课时重点听。

找——搜集资料，辅助拓展。学生学习的资源是十分丰富的，工具书、报刊、图书、广播、电视等都是学生预习时可以利用的资源。学生可以结合自己的学习主题搜集相关学习资料辅助学习或拓展知识面。特别是当今走在信息时代高速路上，网络带给了我们更多的便利，学生在网络中学习成为一种必然。

（二）培养学生良好的质疑能力

爱因斯坦曾经说过："提出一个问题往往比解决一个问题更重要。"引导学生发现问题、解决问题对学生自主学习能力的培养具有重要的意义。教师要努力创设情境，消除学生的心理障碍，鼓励学生敢于质疑。教师要尤其注意语言的激励性，不仅要对有研究价值的质疑予以肯定和赞赏，更要对那些浅层次的质疑给予鼓励，保护学生质疑的积极性，使学生善于思考，变不敢问为敢问，变不会问为会问。

随后，对学生自主学习能力的培养应重点放在方法的指导上，以培养学生质疑解疑的能力。

如：对课题进行质疑；对重点词句、标点符号进行质疑；对文章的矛盾之处进行质疑；对文章的思想内涵进行质疑；对文章的写作顺序、表达方法进行质疑；还可以对即时的发言提出自己的质疑，等等。

在进行《我的战友邱少云》一课的教学时，学生读课文后提出九个问题：为什么叫"391"高地？为什么说它是"一颗毒牙"？为什么作者离邱少云很近而没有被烧？为什么敌人很容易发现"我们"？邱少云是怎样的人？邱少云稍微动一下怎么不可以？写邱少云为什么还要写"我"的心情？为什么写人而不见更多的语言、动作描写？棉衣烧焦的味道难道敌人闻不到吗？针对以上问题，我们进行梳理，提炼出共性的问题，即邱少云是怎样的人？文章为什么要写"我"的心情？

质疑能力在自主学习中是不可缺少的，学生有了积极的思维，才能发现问题，提出问题，这也正是解决问题的开始。

（三）小组讨论合作交流能力的培养

小组讨论合作交流是自主学习的一种表现形式。小组讨论合作学习的成员之间是一种平等的互助关系，成员之间互相尊重、信任，达到心理相容，学习成员的特长、才能、兴趣、爱好能够得到最协调的合作，并促进共同提高。小组讨论中，学生用语言表达自己的思想，在听取不同的发言时进行比较，在交流中学会合作学习。在合作讨论的学习活动中，学生一起研讨交流，小组成员共同完成任务。

例如在讲《美丽的小兴安岭》一课时，我在学生默读、思考、画批"作者抓住哪些景物描写夏天的美景"后，引导学生进行小组讨论交流。学生从欣赏优美词语的角度，从展开想象谈想法的角度，从阅读的角度，对文章的这段内容进行了深入的学习。

在小组讨论交流中，教师要鼓励每一个学生积极参与，组长要把每一次的学习任务分配到人，发挥每个成员的积极性，给成员提供展示自己的机会。

（四）评价能力的培养

评价是一种较为高级的思维。《语文课程标准》指出："实施评价要教师评价、学生自我评价、学生间互相评价相结合。"在教学过程中学生是评价的主体，要给学生提供评价的机会。学生可以评价自己或他人的长处与不足，可以评价教师的教学方法与行为，也可以评价学习材料和学习的过程。针对同一个内容，既可以一个人进行评价，也可以多个人进行评价，还可以一个人进行多次评价。在一次次的评价中，学生的评价能力得到培养，自主学习能力得到提高。

三、在指导学生自主学习中应注意的问题

（一）尊重学生差异，突出个性化教育

学生的差异表现在认知方式与思维水平的不同，以及认知水平和学习能力的不同。教师要了解并尊重学生的个性差异，满足学生多样的信息需求，有针对性地进行教育，使学生真正成为课堂的主人。我在讲《恐龙的灭绝》时，设计了读中促悟的环节："自由读第一种说法，说说读懂了什么？"有的学生抓住"突然"一词，说明恐龙的反应快；有的学生了解到了恐龙没有毛皮来保暖等。阅读是个性化的行为，教师适时进行点拨，尊重学生的认识差异。

针对不同的学生采取不同的方法，做到因材施教，突出个性化的教育，促使学生得到自身特点的最优发展。教师要鼓励学生到生活中学习，到书本中学习，到网络中学习，把课堂学习与课外学习结合起来，提高自主学习能力。

（二）教师在课堂教学中的角色定位——引导者

不同的时代对教师的角色赋予了不同的内涵。新课程要求教师放下"师道尊严"的架子，成为学生学习的引导者。教师要转变思想，为学生营造民主和谐的学习氛围，引导学生积极参与到学习中来，激活学生的思维。在学习的过程中，学生会发现并提出新的问题，会有一些新的生成。此时教师要俯下身去，有针对性地引导学生合作、讨论，采用最优的方法解决问题。

总之，教师的角色要通过引导的方式表现出来。教师不仅要对学习的过程进行引导，还要对学习的方法进行引导。只有教师正确把握角色定位，才能有效调动学生的学习积极性，促进学生自主和谐发展。

阅读课堂教学中教师的"牵"与"放"

大红门第二小学　柯炜

《语文课程标准》指出："阅读是学生的个性化行为，不应以教师的分析来代替学生的阅读实践……要珍视学生独特的感受、体验和理解。"新课程下的阅读教学，作为语文学科的"主角"，倡导的是个性化的阅读，深入到阅读当中去，去体味、鉴析、欣赏，并非仅仅从语言材料中寻出问题答案，更重要的是通过阅读材料，进一步地挖掘隐藏在语言材料后的信息，走进文章，走进作品中的人和事，身临其境地去感受作品人物的喜怒哀乐，达到一种物我两忘的境界。在语文课堂阅读教学中，应当把学生从传统的"认知体"提升到"生命体"的高度，从而让课堂焕发出生命的活力。

就课堂阅读教学中的教与学的关系而言，教师教育理念、教学方法的转变，最终都要落实到学生学习方式的转变上。通过教师适时适度地引导，使学生的自主性、独立性、能动性和创造性得到真正的张扬和提升。而在实际的课堂阅读教学中，我们仍然自然或不自然地牵着学生一步步沿着我们事先设计好的路线前行。

例如：前不久我在执教（北京市义务教育课程改革实验教材第 8 册的）《老人与海鸥》一课中就出现了这样一个严重的问题。本课重点内容为："当我们把老人的遗像安放在翠湖边上的时候，发生了怎样意想不到的情景？"设计这一环节的目的是通过学生有感情地朗读，体会作者抓住描写海鸥意想不到的举动，表达海鸥与老人之间的深厚情感。但在实际的操作中，当学生不能准确地答出教师想要的所谓的正确答案时，更重要的是为了顺利地完成教学任务，教师把一个原本开放的、张显学生个性理解的环节，变成了由教师一个个的琐碎问题牵着学生走、学生被动接受的学习形式。

一节课下来，看似顺利地完成了教学内容，但是扪心自问，学生们是多么无奈且极不情愿地跳入我的陷阱的啊！

那么如何才能实现真正意义上的阅读教学呢？

一、重视课前教学设计

要在充分了解学情的基础上，建立合理的设计结构和弹性化的方案，思考师生活动的合理方案与目标，并对自己设计的方案、思路、目标、过程在课前就了熟于心，不能简单地指望在课堂上靠自己的经验随机应变。教学设计既是一份教案，更是一份学案。

二、通过"先学后教"，把学生引向自读之路

"授人以鱼，不如授人以渔。"在阅读教学中引导学生学会自读，开展"先学后教"不乏为一个很好的方法。以皮亚杰为代表的认知心理学家提倡的建构主义，突出知识整体性呈现的地位，突出知识的迁移意义，突出与直接经验相联系的价值，突出引发学生探究问题的意识。这与新课标所提倡的是一致的。"先学后教"的整个过程都特别重视"行动第一"，要求学生在学习知识的过程中始终要根据自己的需要，结合自身的生活体验去学习语文知识，培养语文能力。

（一）把重心由课后操练转化为课前预习、课堂反馈

战争中有句名言"不打无准备之战"。同样的，在学习中对课文的预习也是必不可少的。因为，培养课前预习习惯，可以帮助学生更高效、更主动地学习课文内容，提高课堂学习兴趣与效率。

"先学后教"重视课前预习、课堂反馈，这样，能够真实暴露并准确及时地矫正学生学习中存在的问题，使学生在不断地预习、矫正中，真正形成良好的学习习惯。

（二）把以教师提问为主转化为以学生提问为主

"先学后教"使教师摆脱了牵着学生走的现象，改变了琐碎追问的状况，把提问权交还给学生。学生通过课前预习，由自问自答、发问互答，再到课堂中通过教师的指导，探究、合作解决问题。

（三）由单纯的重视知识传授上升为重视情感、态度、价值观的体验过程

"先学后教"的课堂教学不但重视知识的传授，更注重学生情感、态度、价值观的体验。学生通过自主阅读、独立思考，对文本内容及人物做充分的想象、联想，同时在教师的引导下，使阅读更加准确深入，具备探究的能力。

（四）以学为本，以教定导

"先学后教"强调的是学生自主学习。以"学"作为"教"的基础和前提，以"教"作为"学"的发展和深化，以"练"作为"学"的巩固和提高。在"学""教""练"三者的关系中，"学"为主轴，"教"和"练"都围绕"学"这一主轴展开，强调以教师为主导，以学生为主体，以训练为主线，以思维为核心，以创新为目标。

三、明确主体与主导，把课堂时间和空间还给学生

阅读课的主体性教育，是指阅读教学必须致力于培养学生的自主性、自

为性、自立性和自动性。学生能动地参与阅读教学活动，才能使他们获得语文整体素质的真正发展。

学生是教学的主体，教师是教学的主导。作为教师的我们要克服以教师为中心、以讲解为中心的毛病。教师洋洋洒洒地讲，学生昏昏沉沉地听；教师零零碎碎地问，学生简简单单地答；教师密密麻麻地下指令，学生唯唯诺诺地去执行；教师匆匆忙忙地赶教案，学生亦步亦趋地团团转……教师要敢于放手，将表演舞台让给学生，要努力使教学成为学生在教师的主导下，自主、积极地体验和感悟的过程，使课堂阅读教学真正成为师生共同合作、共同经历的互动式学习。

例如：上文中提到的《老人与海鸥》的内容，如果我这样设计：

师：（出示问题）当我们把老人的遗像安放在翠湖边上的时候，发生了怎样意想不到的情景？请大家自由读课文的第二部分，画出相关句子，并在小组内说说你的感受。

此时教师只是依课文的重点内容抛出一个话题，给学生一个思考的方向，引导学生围绕这个话题，通过自读、思考，通过小组内同学之间的交流、讨论，展示自己的理解和感悟。在这一过程中，教师应主动地参与到学生的小组讨论中去，成为参与者、合作者，在小组讨论中指导学生进行交流、讨论。当学生的讨论初具成效的时候，教师要适时地组织学生通过多种形式的有感情的朗读，进行全班交流。以有感情的朗读，检测学生的理解和感悟；以认真的倾听、客观的评价，引导学生之间的交流。

人们常说："一千个读者有一千个哈姆雷特。"作为教师的我们，一要尊重学生对文本独特的感受和解读，不能把自己或权威的解读直接灌输给学生，二要与学生站在平等的位置上交流和对话，更重要的是在教学过程中不只局限于对文本的正确解读，而是要鼓励学生自己对某个问题进行深入思考，形成自己独立的见解，让阅读课堂教学真正成为学生展现自我的舞台。

心灵对话 情感生成
——《自然界之道》随笔

大红门第二小学 韩旭

我在第一次设计这篇课文的教案时按照事情的发展顺序，围绕"'我们'来到南太平洋加拉巴哥岛看到了怎样的情况 '我们'是怎样做的 结果怎样"这条主线进行设计，教学时逐段串讲，面面俱到，费时费力，而学生却听得云里雾里，茫茫然不为所动，而且割裂了课文的完整性，学生体会不了作者的情感所在。怎样还文本原有的完整性，突出重点同时又使学生情动而辞发呢？

　　试讲后我对本课进行重新设计，我尝试着让学生走入作者的内心，与作者进行心灵的对话，使学生的情感一步步贴近文本，抓住作者的情感变化，感悟自然界之道，懂得如果违背了自然界的规律，有时好心也会办错事。以此来突出重点，突破难点，达成教学目标。

　　我要做的第一步便是根据学生的情感基点，确定合适的对话核心主题，使学生产生与作者对话、与文本对话的欲望。我从"对话核心主题"入手，直奔中心，扣住学生的情感世界。在整体感知课文的基础上，引导学生思考："这些刚出生不久的小海龟，就是这样日复一日、年复一年地满怀着对大海的无限希望与遐想，经过沙滩爬向大海。大多数情况下，海龟都能安全爬向大海，可是有一天却发生了意外的事情。浏览课文看看发生了什么意外？"我把问题指向了食肉鸟吃幼龟的悲惨场面，准备由此来展开心灵的对话，领会文章中心，体会作者的感情。

　　之后，我又根据核心主题预设了几个对话依托点：

　　①一个学生朗读，其他学生边听边想象一群食肉鸟吃幼龟的场面，表达感受；

　　②再请一个学生朗读，其他学生边听边想象一只食肉鸟吃幼龟的场面，表达感受；

　　③观看课件，教师展开语言描述，一方面进行必要的语言文字训练，另一方面指导学生练习朗读，更重要的是升华学生的感情，使学生认识到龟群被食肉鸟吃掉的场面太悲惨了。

　　情绪是可以感染的，学生的表情霎时变得有些凝重，在静静的带点哀伤的氛围中，学生用心与文本进行了对话，找出书中描写幼龟被食肉鸟吃掉时悲惨场面的句段。

　　在课堂对话中，通过有感情的朗读、想象、讨论及适时穿插对重点词的理解等方法，幼龟被食肉鸟吃掉的悲惨场面更形象化、具体化。

　　第二步与文本中人物对话，引导学生思考为什么会产生这样的惨状，让学生回到那个黄昏的沙滩去，想象一只刚刚孵化出来的小龟，身体还那么脆弱，连壳还没有变硬，就遭到这样一只硕大的食肉鸟的袭击的紧张的一幕。学生们都觉得侦察兵幼龟太可怜了，都想帮助它。接着，我引导学生与向导对话，"面对无动于衷的向导、铁石心肠的向导、无情的向导、残酷的向导，如果你是同行者之一，你会怎么呼喊？以使熟知生物知识的向导动了心？"学生们纷纷表达了自己的想法，更深入地理解和感受了游客的一片好心，一次次升华了自己的情感。通过学生有感情的朗读，学生对人类好心的理解逐步加强。

第三步再次回到悲惨的场面，与作者对话，重新认识向导若无其事的那句话："叼就叼去吧，自然界之道就是这样的"。向导的这句话不只是该不该救的问题，还有怎么救的问题。要么不救，要么选择正确的方式救。不救，绿龟会有自己的自保方式，我们遵守这个"自然之道"，它们或许不会受到更大的伤害，食肉鸟也自能按弱肉强食的原则觅食；如果救，也得要看清情况，了解清楚规则，顺应"自然之道"，选择正确的方法。从而提升学生的情感体会，完成对对话核心主题的集体构建。

然后，我三次引读向导的悲叹：

①一只海龟得救了，却伤害了一群海龟，向导悲叹地说："……"

②虽然出于好心却办成了错事，向导痛悔万分地说："……"

③因为违背了自然界之道而做出蠢事，向导不禁深深自责地说："……"

引读后，我引导学生表达："同学们，此时假如你还在海滩上，当我们看到这悲惨的一幕时，除了发出这样的悲叹，或许我们还会想到很多很多，你会想些什么呢？请你把你的想法写出来。由此，使学生感悟到如果违背了自然界的规律，有时好心也会办错事，并产生热爱和保护动物的情感。

整堂课，我始终紧紧抓住学生的情感线，采用对话教学模式，积淀了学生的语文素养、人文素养，升华了学生的情感。"缀文者情动而辞发，观文者披文以入情"，文章从来就非无情物，语文教学也从来不应薄情寡味。愿我们的语文课堂成为学生心灵对话的自由场、情感生成的始发地，为学生的生命铺垫温暖美丽的人文底蕴。

采用对话教学　提升学生课堂的生命质量

大红门第二小学　韩旭

在教学中，师生与文本、教师与学生、学生与学生等多种对话形式是并存的。教师要努力创设安全自由的对话环境，形成开放的、民主的、平等的对话教学氛围，积极维持对话，为学生搭建对话的桥梁，把学生培养成能够理性对话的人，让学生通过对话生成个性。叶澜教授曾说："课堂应是向未知方向挺进的旅行，随时都有可能发现意外的通道和美丽的图景，而不是一切都必须遵循固定线路而没有激情的行程。"阅读教学的课堂对话是和谐的，是生成的，更是师生共铸的生命体验。

下面以《缝纫鸟》的教学为例。

一、与文本对话，获取信息

与文本对话，不仅是指学生与文本的对话，也包括教师与文本的对话，而且首先是教师潜心与文本对话，其次才是学生与文本对话。

（一）教师与文本对话

在备课以前我用心去感受、理解文本的价值，体悟作者的思想感情，正确把握文本的人文精神。通过字里行间感受作者对缝纫鸟编织技能高超和对缝纫鸟勤劳、不畏困难、坚忍不拔等精神的赞赏。教师只有被文本感动了，有了真真切切的感受，教学时才能以真情感动学生。同时，我重视文本语言本身的特点和表达方法，发现学生语言发展的生长点。

这篇课文作者三次运用了比喻的修辞手法来描写缝纫鸟巢穴的样子。

第一次在第二自然段，"那个窝，活像个圆葫芦，不过奇怪的是口朝下，肚朝上"，说明缝纫鸟编织的巢穴外观精美。

第二次在第三自然段，"缝纫鸟辛勤编织成的几十个草窝，像熟了的椰子一样……"

第三次在第五自然段，"那草窝简直就是一个精致的艺术品！它特别像我们小时侯用秫秸皮编织的蝈蝈笼子。经纬交织，左右相连，十分结实……"

后两次比喻说明缝纫鸟编织的巢穴十分结实，从而体现出缝纫鸟编织技能高超，让读者感觉缝纫鸟编织的巧妙和艰辛，太让人感到不可思议了。

就全文而言，这是一篇科普类文章，但是在写法上作者采用了夹叙夹议的表达方法，在一段叙述后作者发表自己的感言、议论，这种写法学生理解起来有难度，要通过教师的引导让学生感受作者对缝纫鸟的赞赏之情。就学生语言发展的生长点而言在第二自然段，作者采用了表示先后顺序的词语来记叙缝纫鸟编织巢穴的过程。我引导学生感受作者的有序描写，并帮助学生认识到这种有序描写是基于作者细致观察的基础上的。

通过本课学习，学生能够对文本的典范性语言有所吸纳、积累、内化和运用。由此可见，教师只有先于学生对文本的语言"虚心涵泳，切己体察"，师生对话时才能恰当引导，画龙点睛。对于这些内容，教师都必须在学生与文本对话之前就成竹在胸。

（二）学生与文本对话

学生与文本的对话是学生与作者的间接对话。作者是躲在文本背后不出面的，以文本的书面文字为其代言。教师要让学生以认真虚心的态度去研读文本，听听文本讲了什么、是怎么讲的，即处在与作者平等的地位去感受与理解作者的思想感情，并体会作者是怎样将其诉诸语言文字的。

《缝纫鸟》一课是北京市版义务教育课程改革实验教材第七册中的一篇课文，篇幅长，语言凝练精美，蕴涵着丰富的人文内涵。学生在"洗耳恭听"文本诉说的同时，要融入自己的生活经验和情感积淀。这需要时间，也需要过程。

因此，学生与文本的对话必须十分充分。我在课堂上精心组织学生与文本对话三次：

第一次："在整体感知课文后，从哪里感受到缝纫鸟编织巢穴不可思议？把这样的语句用直线画在书中，把自己的感受批注在书上。"学生认识缝纫鸟最先引入眼帘的是缝纫鸟编织巢穴的过程，通过编织过程感受缝纫鸟不怕困难、坚忍不拔的品质。

第二次："在感受完缝纫鸟编织的巧妙和艰辛后，对于缝纫鸟编织的巢穴的样子进行质疑，如缝纫鸟的巢穴与其他鸟的巢穴不同，其他鸟的巢穴是口朝上的，而缝纫鸟的巢穴口却朝下，为什么？"

第三次学生与文本的对话是在缝纫鸟历尽千辛万苦，克服重重困难巧妙地编织的巢穴被暴风雨打下树来后，想象缝纫鸟又去重新编织草窝，修补被风雨损坏的巢穴的情景：

有的学生说："缝纫鸟在一起唧唧喳喳讨论如何修补受损的巢穴。"

有的学生说："缝纫鸟又开始从印度洋沿岸的草丛中精心挑选韧性很强的嫩草，用它灵巧的尖嘴编织新的巢穴。"

有的学生说："缝纫鸟编织好新窝后与它的情侣幸福地居住在里面。"

缝纫鸟满怀乐观的心态，重建它们的家园，它们没有被无情的风雨吓倒，它们没有气馁。

二、生生对话，相互启发

学生之间就文本的对话是在解读文本过程中自我与他人的交流过程，是与其他的精神生命相互碰撞的过程，在此过程中获得更深入更透彻的理解，不断生成新的意义。生生对话中，学生既是提问者，又是释疑者。对话中的质疑和解疑是学生对文本不断叩问，是对新的意义不断获取，是真诚地展示自我、愉悦地接纳别人以丰富自我的过程。

有的学生对缝纫鸟编织的巢穴的样子进行质疑，如缝纫鸟的巢穴与其他鸟的巢穴不同，缝纫鸟的巢穴开口为什么朝下。有的学生答道："普通鸟巢的开口朝上，它们的鸟蛋或幼雏很可能被其他动物偷袭，而缝纫鸟的巢穴开口朝下，其他动物进不去。"

有的学生答道："开口朝上的巢穴下雨时窝里的小鸟就会被雨水淋湿，而住在缝纫鸟编织的巢穴里就不会被雨淋了。"

另一个学生补充说："刮风时缝纫鸟的巢穴可以挡风。"

还有的学生说："所以作者夸赞缝纫鸟嘴的灵巧程度一点也不比人类的双手差。它那么聪明，在设计巢穴时当然会考虑得很周到。"

学生既是讲授者，又是倾听者，既是参与者，又是评价者，这样的对话就像音乐世界中的众人合唱，保留了每一种声音的个性，每一位学生各展其才，各取所需，各自发展。

三、师生对话，触发感悟

在对话式语文教学中，教师与学生之间是一种精神性对话交往关系，即"主"—"主"关系，双方之间互相倾听和言说，彼此敞开自己的精神世界，在理解和对话中获得精神的交流和意义的分享。

当学生就缝纫鸟的巢穴"活像圆葫芦，不过奇怪的是肚朝上，口朝下"进行完生生对话后，我引导学生看倒挂的葫芦的图片，再看缝纫鸟编织的巢穴的图片，在生生对话的基础上，进行师生对话："缝纫鸟住在这样的巢穴中除了安全，可以遮挡风雨外，活像圆葫芦、肚大还有什么好处呀？住在这样的巢穴里面什么感觉？"

学生豁然开朗，有的说"住在里面肯定舒服。"有的说"这样的巢穴很宽敞，里面的空间很大。"还有的说"缝纫鸟在编织巢穴的时候想得很周到，它把自己的家建设得这样舒适，这种鸟真是很聪明。"

我在此进一步启发：缝纫鸟的巢穴是鸟巢中的精品，所以作者称赞道："那草窝简直就是一个精致的艺术品！"学生也就不难理解了。

通过对话，学生的教师和教师的学生将不复存在，代之而起的是学生式教师和教师式学生；教师不再仅仅去教，而且也通过对话被教，学生不再仅仅被教，也通过对话去教，他们共同对整个成长过程负责。

因此，我在阅读教学中，总是先和学生分享彼此的思考、见解，交流彼此的情感、观念，在此基础上，又给学生大量的信息背景，让他们去发现，去探索，提升学生的课堂生命质量。让学生有更多的发现需要阐述，有更多的问题需要解决，对话的源头之水就会汩汩而来。要注意引导学生在与文本的对话中品味作者匠心独运的谋篇布局，感受文章的遣词造句，吟咏、背诵佳词佳句，从而积累丰富的语言。

对话教学中的课堂提问

大红门第二小学　张苗苗

巴西教育家保罗·弗莱雷认为：教育具有对话性，教学即对话，对话是一种创造性活动。他在《被压迫的教育学》中说："没有了对话，也就没有了交流；没有了交流，也就没有了教育。"在语文这一学科中，课堂提问是最有效的对话方式，是对话的最佳途径。

当前课堂教学的提问存着对话缺失和对话肤浅的问题。课堂提问缺少艺术性，课堂提问与对话严重脱轨。如何将高效的课堂提问与对话教学紧密结合起来？

对话教学的课堂提问与传统的课堂提问不同，它以教师、学生、作者、文本之间的多维对话为主要特征，它有利于师生共同探究、理解知识，能够引领学生发现问题，提出问题并解决问题，从而实现高效课堂。

一、对话教学下话题的特点

（一）话题具有交互性

对话教学理论认为，课堂对话交流不仅仅局限于师生之间的交流，更有学生与学生思想的交流与碰撞，甚至是师生与周围环境之间的立体交叉的多重交流与对话。只有这样才能使得语文课堂变教师的"独白"为师生的"共鸣"乃至"争鸣"，变教师提问为学生提问，活跃课堂气氛，增强师生间的沟通与交流，真正将学习变为学习主体的积极活动，将教师的讲堂变为学生的学堂。

（二）话题具有平等性

对话背景下的课堂提问要符合学生的实际情况，符合文本的特点。问题设计要针对学生的已有的知识水平、年龄、心理特征、兴趣爱好。而学生的个体差异是很大的：学生个体之间存在着年龄、性别、兴趣、阅历等多重差异。我们不可能针对每个学生设计不同的问题，但我们可以根据学生的实际情况将问题分出层次，这样就可以兼顾全班每个学生的发展，体现出平等性，同时也体现了因材施教的教学观点。

（三）话题具有开放性

对话背景下的语文课堂开放而有活力。课堂问题的设计有开放度，方可展开有效对话。具有开放度的问题，可拓宽学生的思维，彰显学生的个性。问题如若设计太窄太浅，学生就无须思考，这样又会使提问失去意义，对话也就无从开展。教师在设计问题时，一定要认真筹划，立足于课堂教学设计开放性的问题，力求让学生积极参与，引领学生以更加灵活的思维、更加有效的表达，更加轻松的回答。开放性的问题，答案不是唯一的，生活有多宽，语文的外延就有多宽。这些开放性的问题，能够调动起学生学习语文的积极性。

二、教师对话教学下的课堂提问策略

（一）诱导提问

这类型的提问是创设问题情境，激发学生学习积极性，使学生形成问题意识，开展定向思维的提问。

例如，讲《枣核》一课，教师提问："这篇文章表现的是海外友人的思乡之情，为什么却以'枣核'命题？而且就这么几颗枣核，作者这样反复渲染，是不是有些小题大做了？"

这个问题让学生在题目与内容上产生了疑问。教师巧妙的提问，不仅能加深学生的思考，还能把学生的思维由浅向深引入，为后面的学习奠定基础，使学生明白要通过具体的事物表现主题，有时不妨就用一个小小的物件来表现，有时也可用重大事件去表现。《枣核》的作者另辟蹊径，通过几颗小枣核去表现，对几颗枣核的盼望与爱惜，表现了海外游子的拳拳爱国之情。

(二)疏导提问

这类型的提问是学生在学习过程中，思路受阻或是偏离正确方向时，教师进行点拨、疏导的提问。

例如《草船借箭》的教学片段：

(在学生学会复述课文时，一位学生站了起来向老师发问)

生：老师，你们都说诸葛亮是英雄，难道周瑜就不是英雄了吗？

师：(未回话，看了看其他学生)你们认为呢？

(学生面面相觑)

师：同意诸葛亮是英雄的请举起手来。

(绝大部分学生举起了手。要辩论恐怕难度很大)

师：没举手的同学你们别泄气，先让举手的同学说说诸葛亮英明在何处，要结合文中的语句来说。(疏导)

(学生认真看书)

师：谁先说？

生：诸葛亮预料三天后必有大雾，这是常人所不能预测的。因此，我认为他是英雄。

师：哦，知天时。(板书：知天时)接着讲。

生：诸葛亮知道水是由曹操方向向周瑜方向流的，一旦借箭成功，撤离时顺流而下，曹操追不上。

师：懂地利。(板书：懂地利)

生：草船借箭胜败在"鲁肃"身上。鲁肃如不给诸葛亮准备二十只快船，或干脆把诸葛亮的计划告诉周瑜，诸葛亮就必死无疑。诸葛亮把鲁肃看得太准了。(全班大笑)

师：识人心。(板书：识人心)

生：诸葛亮也把曹操的心看透了。他知道曹操大雾天不敢轻易交战，只能在岸上放箭。

师：看来同学们对课文理解得颇为深刻。是不是周瑜就一文不值呢？没举手的同学们考虑好了吗？(认为周瑜是英雄的同学还找不出确凿的理由)

师：你们想一下《赤壁之战》，也可联系《三国演义》中的有关故事来说说。

（坐着的学生豁然开朗）（疏导）

　　生：周瑜 3 万人打败曹操 80 万人，周瑜才是英雄。

　　师：能说具体点吗？

　　生：周瑜巧用了黄盖诈降计，使曹操相信黄盖是真的投降了。

　　生：周瑜利用顺水、顺风，火烧了曹军的战船。

　　生：周瑜把易燃物品用船上的青布幔子遮好，以蒙蔽曹操。

　　师：现在同意周瑜是英雄的，请举手。

（大部分学生举起手来）

　　师：怎么成了两个英雄了？

　　生：周瑜是英雄。然而，诸葛亮技高一筹。

　　生：对。《草船借箭》文末周瑜亲口说："诸葛亮神机妙算，我真不如他。"

　　师：是啊！周瑜那么聪明，在诸葛亮面前，却是小巫见大巫了。因为诸葛亮——知天时，懂地利，识人心。（指着板书让学生齐读）

　　生：（齐读）知天时，懂地利，识人心。

　　师：请用板书上的三个词，并用"因为……所以……"，"之所以……是因为"，结合文中内容讲一两句话。

（学生练讲，教师指名讲）

　　这个案例，教师及时疏导提问，善于捕捉学生的生成信息，在引导方面，注重学生的发散思维，引导学生分别说出了诸葛亮的知天时、懂地利、识人心等高明之处和周瑜的诈降计、知地利、伪装法等不凡之处。同时，该教师在细节方面也做得格外严谨，巧以疏导。他先让大部分学生结合文中内容说说诸葛亮是英雄的观点，同时引导学生回忆《赤壁之战》或联系《三国演义》中有关故事说说，做到课内外相结合，使学生对周瑜有了正确的认识。然后用如此英明的周瑜在诸葛亮面前却显得小巫见大巫，更加衬托出诸葛亮的知天时、懂地利、识人心。最后回归文本，是为了让学生运用描写诸葛亮草船借箭成功的关联词，结合课文内容说一两句话，让学生重新回到对文章的解读和分析上，同时帮助学生顺利地通过难关，避免学生走入思考误区，耽误教学时间。

　　（三）台阶提问

　　这类型的提问是将一组提问由简到繁，由浅入深地排列得像阶梯一样，引导学生逐阶地攀登，以达到教学目标的提问。设计这种类型的提问，应符合学生的认识规律，即由浅入深、由具体到抽象、由现象到本质、由局部到整体的认识规律。

　　例如，分析《金色的鱼钩》一课中老班长的人物形象，教师这样提问：

　　师：在这篇写人的文章中，作者用了大量的笔墨描写了人物的对话。请同学们快速浏览课文的第二部分，思考：他们聊了哪三个主要话题？（确认）

　　师：从"我"与老吕的对话中，你体会到了什么？（分析）

　　师：为什么老吕在谈到伤疤时，却如此平静？（综合）

　　师：老吕是一个怎样的人？（评价）

　　这一组提问，有浅入深，由表及里，让学生对老吕这一人物有一个深刻的认识，将学生的思维引向深层，正确地把握文章的主题。

　　（四）迂回提问

　　这种类型的提问也称作"曲问"，即为解决一个问题，明知故问，或折绕地提出另一个或另几个问题的提问。

　　如教学《圆明园的毁灭》时的如下提问：

　　师：《圆明园的毁灭》重点写的是什么？

　　生：重点是写英法联军对我国圆明园的毁灭。

　　师：是呀！但是作者为什么却用大量的篇幅来描绘圆明园昔日的辉煌？

　　这个问题旨在让学生体会作者安排材料的独具匠心。这样的提问意在增加思维强度，引导学生自己去解决重点和难点问题，使学生处于主动学习的地位。这类提问往往能启发学生形成问题意识，激发他们参与学习的积极性。

　　小学语文课堂是最有灵气的地方，"真正好的课堂，一定是对话的课堂，一定是讨论和争论的课堂，这样才有活力和生命"。好的课堂一定离不开对话，因此我们在教学中，一定要将课堂提问置于对话理论背景之下，让学生在课堂上充分表现出自己的情感思维、发挥出丰富的想象力，并通过师生对问题的探究，形成新的问题、新的认识、新的见解。

语文对话教学中的讲解技巧

大红门第二小学　　郭英

一、语文微格教学中对话技能的内涵

　　对话，是指听话者和说话者针对固定话题展开的互相之间的交流活动。对话教学是指教师与学生之间围绕一定的教学话题展开的教学交往活动，这里蕴含师生之间具有教育性的互相言说与倾听，在这个过程中教师与学生围绕一个话题敞开自己的心扉，彼此倾听他人的声音，同时提出自己的观点，达到思想上的交流、情感上的沟通，最终获得知识。

　　语文微格教学中的对话技能是针对受训练的教师或者师范生而言的，是指他们在教学交往活动及微格教学实践过程中与学生围绕一个问题展开交流和沟通时所用的有效的言语行为方式，而对话技能的微格训练也就是对这种

言语行为方式进行反复的强化。

二、语文微格对话教学中学生应掌握的对话技能

1. 善于倾听

听是说的前提。有位哲人说过："倾听是一种美德。"而口语交际中，耐心、细心地倾听是说的必要准备。听说的语言是否准确、规范，听说的条理是否清楚，还要看说得是否得体，更要边听边思考，在听后评价。这样才能使学生的说言之有物、言之有理，具有明确的针对性。下面看一则教学案例：

师：下面我请一位同学来读，其余同学要认真听，和自己心里的读音对照一下，哪个字在课前预习时读错了，赶快改过来。（指一名优秀学生读生词）

师：有谁发现自己开始读错了，现在自己改正的？（学生举手）谁来说说现在你记住了哪个难字的读音？

生1：我记住了"躲"。

生2：我记住"瓦"。

生3：……

师：你们能认真地听同学读，通过听别人读，发现自己的错误并及时改正，取得进步！你们很会学习！

从案例中，我们看到，教师提出学习要求时，强调倾听，并且引导进行倾听对比，使学生保持学习注意力，教师关注学习落后的学生，善于分析学情，调整教学，引导学生在"自我倾听"中习得"倾听对比"，帮助学生克服学习中的困难，让学生体会倾听给学习带来的进步，从而在学生心目中强化倾听的作用。

2. 先思后说

语言是思维的载体，是思维的外壳。任何口语交际都离不开思维。军事上讲："谋定而后动。"口语交际也是这样。特别是在学生饶有兴趣地说时，往往是言之有物，却言之无序。这就需要学生克服平时说话的随意性，根据说话要求，把自己想到的话进行一番整理，思索、确定后再说，也可以在说前列个简单的提纲，使说话更有条理。在学生说话过程中，教师可给予一定的提示和帮助，这样可以有效地提高学生的口语交际能力。

3. 增强口语表达能力

口头表达能力是一个人的知识、能力、智力的综合体现，它需要高尚的情操、渊博的知识，牢固的记忆能力，丰富的联想力、想象力，缜密的思维能力以及出色的表现力。有意识地结合教学进行随机训练，就能有效地提高学生的说话能力。教学中，应选择适当的说话训练点，精心设计练习，使学生会说。

如教学《小山羊》一课时，教师根据课文内容，在学生理解课文情节的基础上，出示练习，引导学生变换顺序和句式练习说话：

(1)小山羊的朋友是（　　　）、（　　　）、（　　　）和（　　　）。

(2)小山羊的朋友有（　　　）、（　　　）、（　　　）和（　　　）。

(3)小山羊和（　　　）、（　　　）、（　　　）、（　　　）是好朋友。

(4)（　　　）、（　　　）、（　　　）和（　　　）是小山羊的好朋友。

引导学生举一反三地练习说话，逐步培养学生说话的能力，使学生从敢说上升到会说。

三、语文微格对话教学中存在的问题

一是以教师为中心，以教师为主导的对话。在这种对话中，问题由教师预设，内容由教师掌握，结果由教师控制，对话的方式也大多采用师问生答式，师与生之间一一对应地进行单向交流，没有生生之间的互动关系。教师成了对话的核心人物，充当绝对权威的角色，教师的语言就是真理，学生说什么、怎么说都受到教师的控制。这种对话完全剥夺了学生的主体地位，学生成了教师思想和教参标准答案的代言人。课堂上教师把设计好的一连串问题一一甩出来让学生回答，问题回答出来了，认为教学任务也就完成了。这样的课堂听起来很热闹，师生对话频率很高，但这样学生疲惫地跟着教师跑，跟着问题转，哪有时间自己去阅读、理解、感悟？

二是以少数学生为中心，多数学生当听众的对话。在这种对话中，充当对话主角的是少数善于思考、能言善辩的学生，多数学生是听众，特别是那些基础不好、思考速度缓慢、不善言谈、缺少自信的学生，成了被遗忘的角落，成了对话的旁观者。

三是没有中心、没有主题的对话。在课堂里常常听到教师这样一句话："读了这一节，你知道了什么？"当学生把自己的感受表达出来后，教师对学生的发言或复述一遍，不做任何评价，或一个劲儿地说"好"。剖析这一现象，教师能遵从新理念，从学生出发，让学生去阅读，去理解感悟，并给学生充分"说话"的机会，但由于教师备课不到位，在学生与文本对话时不积极、正确、智慧地引导学生与文本交流，就会出现理解浮于文章表面、甚至游离于文本之外的现象。这种对话表面上看是尊重学生的主体地位，鼓励学生的个性化表达，但却极不利于学生对文本的深入理解、领悟，不利于学生语言能力的发展。

四、讲解体现了对话原理

正如德国教育家克林伯格所说："教学原本是形形色色的对话，拥有对话

的性格。"既然教学是"形形色色的对话",那么作为教学行为而存在的课堂讲解自然也拥有了对话的性质。对话的目的是为了沟通。华东师范大学钟启泉教授指出:"沟通与合作是最能表征教学的对话原理的关键词。"讲解作为对话教学的重要一环,当然就具备了沟通与合作的功能,而沟通与合作正是新课程所倡导的。正如王荣生先生说的:"'对话'与否,不是一个教学方法的问题;'交谈'式的教学,也未必产生有意义的'对话'。"所以,要实现有效的对话教学,还必须借助于有效的讲解。对话是一种理念,讲解是一种方法,二者相辅相成。

五、讲解技能的作用

讲解技能是教师运用语言向学生传授知识和方法,促进学生发展智力、表达思想感情,并对学生进行思想教育的一类教学行为。讲解技能主要有以下三方面的作用:

1. 铺路搭桥,引导学生以原有的认知结构为基础,同化、理解新知,形成新的知识结构

讲解一般都在一定的事实、现象的基础上,经过逻辑推理,把学生的认识提高到理性高度,形成概念、掌握规律和认识原理。

例如《赵州桥》一文,教师讲赵州桥设计的优点:这座桥全部用石头砌成,下面没有桥墩,只有一个拱形的大桥洞。洞顶上的左右两边,各有两个小桥洞,既可以减轻流水对桥身的冲击力,又减轻了桥身的重量。这种设计以前是没有的,所以说是个创举。学生不太理解为什么这种设计既减轻了流水对桥身的冲击力,又减轻了桥身的重量。此时,教师让学生把桥的特点画出来,教师的讲授结合画图,不仅直观地让学生感知了教材,还发展了学生的想象力。通过阐释传授知识是语文教学的重要手段之一。

2. 点拨启迪,帮助学生明了获得新知识的思维过程和探求方法,提高学生的认知能力

小学生常出现这种情况:对完全陌生、毫无所知的知识无法进行探求,这时教师就要进行必要的讲解,使学生由不知到知,在理解知识的过程中,掌握学习方法,提高认识事物的能力。

如《去打开大自然绿色的课本》教学片段:

师:想想看,诗人为什么说大自然是绿色的呢?

生1:因为大自然有绿树、翠竹、碧草、青山,它们都是绿色的。

生2:不对,大自然中也有红花、彩霞呀,并不完全是绿色的。

师:说得有道理!那么诗人为什么偏偏要说它是绿色的呢?绿色是不是有某种——

生3：我明白了，绿色是生命的颜色，象征着活力。

教师抓住关键的内容，把握恰当的时机，提出高质量的问题，对学生的回答给予适当的引导、点拨，学生就会从不同角度考虑问题，对同一问题寻求不同答案，他们探究知识的欲望就会被激发出来；在探求答案中，不盲从他人的观点、不满足已有的结论、敢于提出自己的见解的思维品质就会得到培养。

3. 感染熏陶，结合教学内容影响学生的思想和审美情趣

言为心声、声情并茂，是语文教学的一大特色。对学生进行思想教育是语文教学的任务之一，但教师不能板着面孔训学生。在教学中，教师生动、活泼、形象、充满情感的解说，能使学生通过语言理解文章的知、情、意，有效地激发学生的情感，对学生渗透美育，利于陶冶学生的情操，使学生受到审美情趣的感染和思想的熏陶。

例如教学杜甫的《绝句》，教师让学生在吟咏后，根据想象画出包含近景和远景的春景图，并着重指导学生按诗中的"黄""翠""白""青"四种颜色来给春景图上色，从而体会诗人所描绘的绚丽的生机勃勃的春天的景色。从色彩、声音、动景、静景中感受春天的美，激发学生热爱大自然的感情，体会诗人无穷的意境，最终达到提高学生审美情趣的目标。学生听得入神，心灵受到震撼，达到了教书育人的目的。

六、对话教学中讲解技能的应用策略

在引导学生对话的过程中，仍然需要教师耐心的讲解，但要把握以下几个重点：①确保讲解的启发性。在讲解中设疑、激疑、释疑，从而发展学生的想象力、思辨力和批判力，培养学生探究问题、解决问题的能力。②注意把握讲解的时机和内容。何时讲？讲什么？如何讲？这是教师在教学之前和教学过程中都要深思的问题。优秀的语文教师，能够做到心中有案、行中无案，善于抓住课堂中的随机情况，及时点拨讲解。如：对一些意义比较深奥、晦涩，学生难以理解的文本，教师应及时地讲解，帮助学生理解文本；对学生在对话中提出的一些没有价值、甚至完全错误的观点和看法，教师应及时予以点拨，纠正学生错误的认识。

如何在讲解中达到传授知识和方法，促进智力发展，提高审美情趣，进行思想教育的目的呢？我认为应该从以下几方面去努力：

1. 把握讲解的时机和内容，实现对话的真实度

孔子曾说："不愤不启，不悱不发。"可见，只有当学生具备了"愤""悱"的状态，即到了"心求通而未得""口欲言而未能"之时，才是对学生进行"开其意"和"达其辞"的最佳时机。这就要求教师把握好讲解时机，提出让学生"跳

一跳，摘桃子"的问题，并及时"解惑"。

"学起于思，思源于疑。"真实的课堂对话从学生质疑、寻疑、解疑开始。课堂上教师应适时抓住学生学习中即时生成的疑点，引导学生走进文本，与文本对话，体味语言文字的精妙，提升课堂对话的真实度，彰显生命的主体意识。

如《李时珍》一课学习第 2 自然段"有一回，父亲遇到个疑难病症，一时想不出有效的药方。李时珍轻声地说了一张古方，父亲一听，正是对症良方。从此以后，父亲同意他学医了。"学到此，有学生问："为什么李时珍知道良方还要轻声地对父亲说？"于是，教师抓住学生的质疑，引导所有学生走进文本，与文本、同伴对话：

生 1：我认为李时珍怕给父亲丢脸。在当时父亲已小有名气，而那天却遇到了杂症。他怕声音大了父亲不开心，影响他的地位。

生 2：我觉得李时珍轻声说，只是想帮父亲的忙，不想表现他的本领比父亲强。另外，李时珍的良方是他"偷学"来的，只能轻轻地说。如果大声说，万一说错了怎么办？况且父亲还不同意他学医，他不想令父亲不开心。

师：（追问）你怎么说"是他偷学来的"？

生 3：因上文说"那时侯，行医是受人鄙视的。李时珍的父亲不让儿子再当医生。但是李时珍却偷偷留心学习父亲的本领，还暗自记下了不少药方"。

生 4：李时珍也不想让人们现在就看不起他，其实他也想当医生。

生 5：因为李时珍如果"大声"说话，会影响旁边的病人。病人需要安静，如果声音很大，受了刺激会更糟糕。

生 6：我也这样认为，况且这病人患的还是疑难杂症，病人心情本来就糟，如果他还大声说，或许不但惹父亲生气，还会令病人心情郁闷烦躁。他心里一直替别人着想！

……

这里，教师抓住讲解时机，从学生的疑点引领学生走进文本，与文本、与同伴对话，从而使学生的思维和语言一直处于积极的对话状态中，并通过不同角度的再读、再解，思维从疑点中解放出来，把学生引向了更广阔的空间，提升了对话的真实性。

2. 确保讲解的启发性，使对话走向深入

荀子曾说："吾尝终日而思矣，不如须臾之所学也。"能解学生之惑的讲解，就属于启发式的讲解。学生思而未能解惑，或是缺乏背景知识，或是缺乏生活体验，或是不得学习要领，此时教师的讲解能使学生茅塞顿开，而有豁然开朗之感。假如没有这些讲解，学生理解文章就难免肤浅。帮助学生整理、强化思维成果的讲解也是启发式的，如课堂小结，能帮助学生丰富再造性想象，把课文所描述的意境主体化；把课文简约的文字所表达的内容具体化的讲解也是启发式，如对课文内容的绘声绘色的讲解，能使学生神思飞扬，想象力勃发。

如教学《可爱的小蜜蜂》一课，学生提出："蜜蜂明明在为人类酿蜜，可课文却说在为人类酿造最甜的生活，这是为什么呢？"这时教师启发学生："蜜蜂到底给人类带来了什么？生活中，你知道蜂蜜的哪些用处？"因为架设了问题与生活的桥梁，思维在已有生活经验的基础上绽放，精彩的对话展开了：有的学生说："蜂蜜可治疗便秘，可消炎止痛，还可入药"；有的学生说"喝蜂蜜可强身健体"；有的学生说"蜂蜜可增加家庭幸福"；还有的学生说"喝蜂蜜是解除酒后头痛的好方法"……

又如学完《我要的是葫芦》一课，教师对学生说："这个喜欢葫芦的人还会再种葫芦吗？如果他第二年还种会怎样做呢？请小朋友帮忙，说出这个人今后会怎样做。"经过启发，学生们高兴极了，结合自己已有的知识，展开想象，争相给这个人来设计未来：经过这事后，种葫芦的人是如何吸取了教训，明白了什么道理，再种葫芦时他会怎么管理，最后有什么样的结果。通过这样的训练，学生说话的逻辑性和思维能力都得到了很好的锻炼和发展。

3. 要善于使用例证，使学生有话可说

例证是进行学习迁移的重要手段，例证能将事实或学生熟悉的经验与新知识、新概念联系起来。举例的数量并不重要，以能够说明所要讲解的概念或问题为宜，不宜过多过滥，重要是所举的例子应与要讲的概念或原理有密切的逻辑联系，要适合学生的认识水平，并且教师要对此联系做透彻的分析。例证一般是用普通的、典型的事例说明复杂的、抽象的概念或理论，把抽象的概念或理论与具体的事物联系起来，使讲解生动、具体。恰当的例证降低了学生理解的难度，还能激发学生的兴趣，引起学生的注意。

如教学《夜晚的实验》一文，我在结束时列举了一些科学家勤于观察、善于思考、大胆创新的例子。如鲁班由带齿的树叶发明了锯；牛顿看见苹果落地发现了万有引力定律；伽利略从摇摆的吊灯发现了钟摆的原理……这时学生打开记忆的闸门，触类旁通，有的随即举出其他例子，有的说出自己生活中的一些小发现，有的领悟到应做一个留心生活、善于观察和思考的人……学生在交流过程中满脸兴奋，你能说这不是一种心灵的对话吗？

4. 进行强调，提升对话的效度

强调是使讲解清楚、成功的重要方法之一。要强调重点或关键内容，要对新旧知识的联系和新知识结构做透彻的分析。

如《参观人民大会堂》一文，讲到"穿过大厅，走进了大礼堂。啊！礼堂真是大极了"，教师语调升高，由缓到急，把"大极了"突出重音，用声音吸引学生，引起学生的好奇与兴趣。讲到"不用数啦，三层一共有九千六百多个座位，加上主席台上的三百多个，全场能坐一万人"，教师用手势配合，表示中洞的高和深，随后问："你们从这些语句体会到什么了？"有的学生说："体会到礼堂大极了！"有的学生说："这些数字让我感受到人民大会堂实在是太大了。"有的学生说："我的面前仿佛呈现出一个又高大、又宽敞的中洞。"学生就这样轻松地走进文本，体会文本的内涵。

二、教师、学生讲故事

提问激起千层浪

大红门第二小学　张苗苗

我心目中的理想课堂是师生互动的课堂。课堂上，学生们思维灵动，神采飞扬，敢于创新，善于发现；小手直举，小脸通红，小眼放光，小嘴常开。师生在对话中思维时时碰撞出智慧的火花。为此，我不断地努力着，可是事与愿违，课堂上，大部分学生比较沉默，发言的永远是那几个固定的同学。于是，我常常抱怨学生举手少、不愿说、表达能力差。可是有一堂课让我明白原来这些都是我的错。

叮铃铃，上课铃声响了。我快步走上讲台，迅速地扫视全班每一个学生，发现只有五六双小眼睛炯炯有神地盯着我。我心想：怎样让全体动起来呢？这时我灵机一动：不如把课堂的主动权力交给学生。想到这里，我马上对全班学生说："读了这篇课文，你想了解些什么？"许多学生突然眼前一亮，纷纷举起了小手。看到这种场面，我心中窃喜，原来让学生去质疑，能这么快抓住学生的心。看着那一个个迫不急待的学生，我心里高兴极了，微笑着说："谁想发言，就自动站起来说。"这时一个学生站起来说："曹操为什么要称象？官员们用什么办法来称象？"我还没来得及表扬这个学生，随即又有几个学生站起来说："我想知道曹冲是用什么办法称象的，还有没有更好的办法？"在学生们说得正起劲儿时，我突然看到一个平时不爱发言的学生在怯懦地举着手，于是我走到他的身边说："你来说吧！"只见这个学生慢慢地站起来小声说："为什么曹冲的办法受到了大家的称赞？"听完这个学生的发言，我伸出了大拇指称赞道："你提的问题真是一个有价值的好问题，你真是一个会学习的孩子。"突然，这个学生的脸上露出了自信的微笑，坐下后背挺得直直的，整个人都精神起来。

我欣慰地想：这节课学生们一定会收获很大，原来让学生自己去提出问题，可以激发学生的兴趣，开启学生思维的大门。于是我就趁热打铁紧接着说："那就让我们带着这些问题，再次走进课文去寻找答案吧！"话音刚落，就见学生们一个个快速地打开书，开始默读起来。那速度劲儿可是从前没有过的。为了让学生能踊跃发言，有更多的思想交锋，我留给了学生更多思考的时间和空间。最终在学生的自主学习中，一个个问题都迎刃而解。

我为了激发学生的创造力，启发学生的创造性思维，故作苦恼状地说："如果当时你就在现场，你还有什么好办法能称出大象的重量？"学生的情绪又高涨起来，有的读课文，有的看插图，有的热烈地讨论。就在这时，一名学生兴奋地站起来，出人意料地说："我觉得曹冲并不聪明！曹冲的办法虽然能称出大象的重量，可是得搬很多石头，石头笨重不好搬动，既费事又耗时。我想用人代替石头，人听指挥，喊上就上，喊下就下，只要大家一个个走上船，等船沉到画线处，然后把每个人的体重加起来，这样称象多省力啊！"这时，我立刻鼓掌说："多好的办法！你比曹冲还聪明！"教室里顿时响起一阵掌声。这下，学生们大受启发，不再拘泥于课本，提出各种各样的看法，有的说"我不用石头，而是用泥土，因为泥土就在岸边，取泥方便"；有的说"我既不用石头，也不用泥土，因为河里有水，把水装入船中不就行了吗？"；有的说……真是一石激起千层浪。

就在这时，有个学生站起来说："老师，我们村的钢厂就有一种地秤，连汽车的重量都能称出来。我们也可以把大象赶上去。"我心想：学生的答案是对的，只是他没有考虑到当时还没有地秤这种东西，但是他的思路也是对的，他没有一味地从别人的思维角度出发，而是另辟蹊径，这不正是学生发散思维之后的成果吗？他的这种考虑问题的方法应该得到老师的鼓励，于是我毫不吝啬地封给这个学生一个"雅号"——"赛曹冲"。虽然学生的学习源于于文本而又高于文本，但不能偏离文本。于是我话锋一转："同学们你们知道吗？三国时期，可没有今天这么先进的科学技术，要称一头活象甚至更重的东西是一件很难的事，那时候曹冲能解决这个问题可真是太不一般了。所以我们才说曹冲是聪明的呀！"就这样，这堂课在学生们的欢声笑语中结束了。

这堂课后，我不断地反思为什么以前自己的课堂没有"百家争鸣"，原来是因为没有给学生机会，没有设置高效的话题，从而降低了教学内容的思维价值，久而久之，造成学生的一种思维惰性。

因此，教师的提问只有从学生的实际出发，精心设计提问，才能给课堂带来无限的生成，才能使小小的提问激活学生的创造性思维。这样的课堂对话不仅仅局限于师生之间的交流，更有学生与学生思想的交流与碰撞，甚至是师生与周围环境之间的立体交叉的多重交流与对话。提问激起千层浪，有效提问，让学生的智慧在课堂上得到最大限度的释放，使课堂充满生命活力和人文魅力！

质疑要抓关键词

三年级(3)班　魏晨

以前上语文课时，老师让我们针对课文提出一些有价值的问题，我总是不知道怎么提问题，提出的问题也总是浅显的问题。可是，从那节课开始，我会提问了。

随着"我去上学校，天天上学不迟到……"的上课铃声的响起，张老师像往常一样快步地走上讲台，微笑着对我们说："今天我们学习一节新课。"张老师一边说一边拿起粉笔板书——可爱的鼠狐猴。写完课题，张老师指着题目说："同学们，现在我们做一个游戏，课文的题目中藏着许多问题，看看谁能把它们找出来，比如说我们可以从题目想到课文写的是什么内容呀。"由于张老师特许我们在语文课上不必举手就可以站起来或坐着发言，张老师话音刚落，那几个平时喜欢发言的同学就争先恐后地回答。周豪说："课文可能写鼠狐猴长什么样。"孙奥说："我和周豪的想法不同，我认为是写鼠狐猴的生活习性。"听了同学们的回答，我皱着眉摇了摇头，心想：题目既然叫可爱的鼠狐猴，课文应该写鼠狐猴怎么可爱吧？想到这里，我信心十足地站起来说："课文应该写鼠狐猴怎么可爱。"只见张老师满意地点点头说："你是怎么想到这个问题的？"我把自己的想法说了出来，张老师在"可爱"两个字下面画了一个问号，竖起了大拇指微笑着说："魏晨提出的这个问题很有价值，以后我们就可以向魏晨学习抓住课文题目的关键词，提出问题。"

上完这节课，我非常高兴，因为我会提问了。我知道了抓住课文题目中的重点词就可以提问。渐渐地，我觉得上语文特别的欢乐和享受，我越来越喜欢在语文课上质疑了。

指导教师：张苗苗

我发现了"新大陆"

三年级(3)班　李晓超

我生性胆小，内向，不善言谈，老师在讲台上讲得"天花乱坠"，提出的一个个问题很快就被其他的好学生回答了，渐渐地我觉得自己是一个可有可无的人……张老师的语文课改变了我，使我逐渐变得开朗、自信了。

记得张老师在讲《曹冲称象》时，期待地望着我们说："如果当时你们就在现场，你还有什么好办法能称出大象的重量？"张老师这个与众不同的问题一下子吸引了我，我眼前一亮，精神起来，也赶紧像其他同学那样陷入了沉思，心想：曹冲的办法虽然能称出大象的重量，可是得搬很多石头，石头笨重不好搬动，既费事又耗时。我想用人代替石头，人听指挥，喊上就上，喊下就下，只要大家一个个走上船，等船沉到画线处，然后把每个人的体重加起来，这样称象多省力啊！想到这里，我胸有成竹地站起来说出了自己的想法，张老师听完我的发言后立刻鼓掌说："多好的办法！你比曹冲还聪明！"顿时，教室里响起一阵掌声。此刻，我得到了老师的称赞和同学们的肯定，心里美滋滋的。

通过这节课的学习，我突然觉得语文课其实挺有意思，就像发现"新大陆"一样。在语文课上举手发言，是一件值得骄傲的事。

指导教师：张苗苗

画图助我答疑

三年级(3)班　孙澳

上课铃声一响，张老师走进教室轻声地说："这节课我们继续学习《葡萄沟》，请齐读课题。"在我们读完课题后，张老师紧接着又提出了一个问题："自由轻声读课文，看看有什么不懂的问题或想知道的问题？"老师的话音刚落，几位同学便飞快地举起手，显然成竹在胸。我认真地听着每个同学提出的问题，有的同学说："我想知道葡萄沟在哪里？"有的同学说："作者为什么说葡萄沟是个好地方？"还有的同学说："梯田是什么样的？"……

当最后一个同学说完时，我心急如焚：怎么没有同学提到有关阴房的问题，我在预习时，为了把阴房的样子弄明白，废了九牛二虎之力，才按着课文描述的样子，画了一个阴房的示意图。就在这时，突然有一个同学提到关于阴房的问题，我心里别提多美了，暗自窃喜：终于轮到我大显身手了。我迫不及待地拿出了自己画的图认真地说："为了弄明白阴房的样子，我给大家带来一张亲手画的阴房示意图，同学们请看，这是一个没有房顶的屋子，它的四周不像我们平时住的房子，它的墙壁上有许多小孔，那些小孔是为了让空气进入的，这样才能把葡萄晒干。"讲解完后，张老师向我投来了赞许的眼光，边鼓掌边说："谢谢你的示意图和精彩的讲解，让我们知道原来阴房是这个样子的。"可是正在我洋洋自得时，突然叶含丰站起来露出不解的表情问道："为什么阴房没有房顶？"我随即回答："那是为了让更多空气流入流出，使葡萄快速地晒成干。""噢！原来是这样！可是你的示意图只画了一个流入的箭头，我认为应该画双箭头，因为空气应该是从这些小孔和房子的上方流进、又流出的。"听完周豪的话，我一想确实是这样，于是我画上双箭头感谢道："谢谢你的补充，这样我的图就更准确了。"

这堂课虽然结束了，但我却乐在其中，因为在这堂课上同学们向我提出问题，我又帮助同学们解决了问题，真有种做小老师的感觉。这样的课堂、这样的感觉真好！

指导教师：张苗苗

沉闷的课堂变得活跃起来了

大红门第二小学 郭英

口语交际是为了锻炼学生的口语表达能力与交际能力，应该想办法让学生乐于表达，乐于开口，可如何才能让学生开口是我一直没有解决的难题。以前的语文课，学生习惯"听学"灌输，积极思考和发言的总是固定那么几个人……学生不知道如何说，甚至不敢举手发言，即便知道答案也不举手；有的学生被我点名回答时就吓得语无伦次；还有一些基础差的学生根本不会回答，一提问就尴尬地站在那里。一节课下来，我总是很失望。自从这学期我让口语交际走进课堂，这个问题竟被解决了，以前沉闷的课堂变得活跃起来了。

"叮铃铃"，美妙的上课铃声响起，我踏着轻快的脚步面带微笑地进入教室，学生们立刻精神抖擞地坐好。"同学们，今天我们去死海看看，去感受那里的神奇，请你用自己喜欢的方式读课文，边读边思考"人为什么能漂浮在海面上？"学生听了，立即兴奋起来，不由自主地读起课文来。全班同学开始交流时，学生们抑制不住想要表达的欲望，纷纷举起了小手，就连平时默默无闻的学生也不例外，我心里直犯嘀咕："今天是怎么了，同学们兴致咋这么高？"我班的"小淘气"手不但举得最高，小屁股甚至已离开了椅子。我赶紧叫了他，他眉飞色舞地说："人能漂浮在海面上，是因为水的比重超过了人体的比重，我说完了，大家还有不同意见吗？""我和你有不同意见，我认为人能漂浮在海面上，是因为海水含盐量高。"一个同学反驳道。回答得很正确，我正想进行下一个环节时，突然一只小手举得高高的，出人意料地说道："我不同意你的说法，人可以在海上漂浮，不是因为含盐量高，但我的理由不充分，谁来帮我？"此时的他好像忽略了我的存在，在向同学求助呢……他的回答完全出乎我的意料，属于备课的空白地带。这时，我班的"智多星"迫不及待地站起来说："我来帮你，请大家和我一起看第2自然段倒数第3行，'死海是世界上含盐量最高的天然水体之一，水中除细菌外，水生植物和鱼类很难生存，这是因为死海海水含盐量高。'所以，人能漂浮在海面上不沉下去的原因是由于死海的含盐量高，海水的比重超过了人体的比重。""非常棒！他的回答有理有据。"我激动地夸着，大拇指竖得直直的。

没想到一个小小的问题竟打开了学生们的话匣子，连平时爱走神的学生也听得津津有味，我心中一喜，决定乘胜追击，趁机问："删去数字读一读，是不是也能解释这个现象？"话音刚落，"可以！""不可以！"大家抢着说。我还没来得及问理由呢，一个平时不爱回答问题的学生激动地站起来说道："我觉得不可以！有数字更好。作者用上这些数字是运用了一种列数字的说明方法，这些数字可以让我们清楚地知道海水的比重是多少，人体的比重是多少，谁来给我补充？"尽管他回答时还是细若蚊叫，但已足以引起同学的诧异，我会心一笑，因为一位很少开口的学生今天终于有了勇气。顿时，教室里响起了雷鸣般的掌声。在他的启发下，学生们的情绪再次高涨起来，课堂上发言踊跃。"你讲得挺好的，我来给你补充，我觉得这些数字还可以让我们知道海水的比重比人的比重大多少"，一位同学补充道。"你们说的都对，我再补充一点，我觉得有数字的这句话更具体，更科学，更有说服力。""以后我们在说明一些问题时也可以用上一些数字，让读者更加信服。"同学纷纷补充道，真是一石激起千层浪，雷鸣般的掌声在教室里再次响起。听着他们的发言，我很是欣慰与激动，学生用所学的口语交际技能，将自己的想法与大家分享、交流，彬彬有礼地讨论，在讨论的过程中互相启发，大家都增强了分析问题的能力，提高了口头表达水平，加深了对课文的感悟。

下课的铃声响起，有的学生跑到我身边拉着我说："老师，我还想发表看法……"带着喜悦和收获，我走向办公室……

口语交际有魅力

四年级二班　何天翔

瞧！一张张灿烂的笑脸，一只只高举的小手，老师露出了欣慰的笑容……听！"棒！棒！你最棒！""你的方法真是好极了！"学生的喝彩声、教师的赞许声不绝于耳……课堂也因此多了几分热闹与欢乐。这就是我们四(2)班的学习课堂，让我带你走进我们别样的课堂吧！

一天下午，随着上课铃声的响起，郭老师迈着轻快的步伐走进教室，认真地扫视了全班同学，此时已经是下午了，同学们个个都无精打采的。这时，郭老师微笑着问："同学们，自由地读一读第二自然段，想一想你从哪些语句体会到鸟很多？"不一会儿，只见一只只小手举得高高的，显得信心十足，争先恐后地要回答问题。郭老师微笑地点了一下头，随后一个同学站起来说："我是从'眼花缭乱'这个词感受到鸟很多的，同学们跟我一起想象一下：眼前都是鸟的影子，大的，小的，什么颜色的都有，就在你的眼前扑翅膀，让你看不过来。有不同意见的请给我补充。"他的回答有理有据，还适当地加了一些礼貌用语，给人一种舒服的感觉。这时，同学们的兴趣被激发起来了，突然，班上一个平时从不主动发言的同学鼓起勇气站了起来，他补充道："我也有这样的感觉，眼都花了，说明这里就是鸟的世界了。我还从关键词"一群群""一幅幅""满岛都是""各种各样""没有插足的空地"感受到鸟很多。从"一百多种"和省略号感受到鸟的种类多，数不过来，还有要补充的吗？"这些有逻辑的语言竟是从这个不爱发言的学生嘴里说出的，真是不鸣则已，一鸣惊人呀！顿时，教室里响起了一片热烈的掌声，老师也露出了灿烂的笑容，不停地鼓掌。同学们你一言我一语地把课堂气氛推向高潮……

口语交际，我们对它充满了兴趣。时间久了，口语交际成了我们课堂上的好朋友。

指导教师：郭英

我喜欢上语文课了

四年级二班　林锦乐

以前的我总认为语文课就是读读书，写写字，老师口干舌燥地为我们讲解知识，我们却听得枯燥而无味。之后，有一堂课终于让我对语文课产生了浓厚的兴趣。

我清楚地记得那堂课老师讲的是《马背上的小红军》，老师要我们讨论："陈庚到底对得起还是对不起小红军？为什么？"班里霎时安静了，大家都陷入了沉思。正当大家百思不得其解时，一位同学站起来说："老师，您说的这个问题有问题，它前后矛盾。"其他同学有的点头，有的摇头。

"是吗？"老师笑着说，"没有问题，请你们再认真分析一下这到底是怎么一回事，大家讨论交流。"

放眼望去，几乎每个组的同学都在进行着交流甚至争论。两分钟、三分钟过去了，讨论声渐渐小了下来，大部分同学高高地举起了手，眼中流露出要发言的强烈期盼。第一组的何天翔同学自信地站起来，唯恐别人抢走他的话似的说："我认为陈庚对得起小红军，因为他多次主动帮助小红军，尽到了自己的职责，已做到仁至义尽了。"突然，一个同学站起来说："我不同意你的观点，我觉得他对不起小红军，因为他没有及时发现小红军在骗他，造成小红军昏倒的后果。""还有哪个组能把答案表达得更清晰和全面些吗？"老师暗示我们。我一直在想：不能只说"对得起"或者"对不起"，但又不知道怎么表达，所以一直犹豫着要不要举手。这时，老师似乎看穿了我的心思，叫我回答，并告诉我先用交际语言评价，然后说出自己的观点，并且要说明理由，分析问题时要全面。老师的话给了我思路和信心，我先概括地指出：他们两位同学说得不完整，接着提出证据：陈庚十分关心小红军，四次主动帮助小红军，尽到了自己的职责，应该说他是对得起小红军的；然而陈庚同志对自己的要求很高，认为凭着自己的经验应该能够看出实情，因此他才自责自己一时疏忽，轻信了小红军的话，造成小红军昏倒的后果，才狠狠地捶着自己的腿说：'陈庚啊陈庚，你怎么对得起这个小兄弟呀！'最后重复结论：所以，我认为不能只说陈庚对得起或是对不起小红军，要全面地分析。"顿时，老师欣慰地向我竖起了大拇指，夸我分析得有条有理，同学们也投来了赞许的目光……我开心极了！我学会了口语交际，并从中得到了满足和乐趣。

现在我知道了，语文课可以像音乐课一样唱出优美的乐曲，可以像美术课一样画出缤纷的色彩，我喜欢你——语文课。

指导教师：郭英

我学习中的好伙伴

四年级二班　江宜轩

一次作文课，老师要我们修改自己的作文。我写的是《一个有毅力的人》，我冥思苦想了半天还是不知道从何改起，心里感到忐忑不安。老师用鼓励的语言激励我要**静静地思考**，寻找出解决的方法，但是毫无效果。到了全班交流的时间，老师突然叫我给大家说说我是怎么修改的。我的天啊！我还没改呢，怎么办？我不停地在心里嘀咕道，突然灵机一动，运用交际语言说："我还没想好，谁来帮帮我？"奇迹出现了，马上一个同学站起来说："我来帮你，我觉得你在看他一遍一遍地练习时，可以写写自己的心理活动，比如这样的练习是多么枯燥无味，而他却这样重复地练习，通过对比的方法可以突出他有毅力。"接着又有人补充说："我觉得你在"语言优美巧修饰"这方面还可以加强，例如加一些比喻句、拟人句，或引用一些好词佳句，就更能说明他有毅力。"他们的这些建议真的使我茅塞顿开，"谢谢你们的建议，我受益匪浅，我会把作文改好的。"我感激地说。

在这种同学互助的氛围中，我学到了更多修改作文的方法，还增进了我和同学之间的友谊。今天的收获真大呀！口语交际，它太棒了！它是我学习中的好伙伴！

指导教师：郭英

自我反思教会学生学习

大红门第二小学　刘志鹏

怎样才能让学生通过一节节的语文课学到知识，这是我一直在思考的事情。在以往的教学中，这一点使我很困惑、很苦恼，也很懊丧。每节课为了完成教学内容，四十分钟的课堂里我似乎总是在不停地赶呀赶。可是，一节课辛辛苦苦下来，并不见得学生喜欢，也不见得有成效，甚至大部分学生在学习一堂课后却一无所获。后来，我不停地自我反省，找原因找对策。我设计和准备的课问题到底出在哪里？总觉得自己的课堂是按照学生的实际需求所准备的，但为什么总是不见成效呢？

记得有一次讲完《猫》，我把几个学生叫到身旁，询问他们这节课学到了什么写作方法。他们很轻松地回答："对比。"我紧接着问："那文章有几处对比？这样写的好处是什么？"问到这里，学生们支支吾吾地答不上来。看到学生们这样，我心中充满疑虑。回到办公室，我开始反思自己的这节课：文中有几处对比我讲得很清楚啊！而且每次讲都很清楚地告诉了他们这样写的好处。但为什么问他们，他们却不知道？难道是他们当时没认真听？可是我叫的那几个都是学习成绩相对比较好的学生啊！肯定是我的教学方法出现了问题！我认真地进行了反思，发现问题应该出在"结束"这个环节上。如果我在讲完对比的内容后，叫学生来总结对比的好处，学生会不会学得更加扎实呢？带着这些疑虑，我打算换一种方法：每到总结知识点的时候，叫学生来回答。

在之后的教学中，我就采取了这种方法。过了一段时间，我讲了《天然动物园漫游记》，在这节课中，我让学生自己进行了相应的总结：

在讲到描写斑马的方法时，我试探性地问学生："通过刚才的学习，你们学到了什么？"学生们用坚定的眼神看着我，纷纷举起了小手。一个学生站起来说："作者用排比句和拟人的方法，写出了斑马的泰然自若和自由自在。"我微微一笑，心想："这个学生说的正是我想要的，看来我的学生真的学会了总结。"

在讲到描写非洲基马猴和长颈鹿的方法时，我又抛出了一个问题："作者为什么要把两种性格截然不同的动物放在一个自然段去写呢？这样写有什么好处吗？"还没等我说完，学生们已经在下面议论起来："两种性格特点互相衬托，使静者更静，动者更动""这样就能给人留下更深的印象""这样写能使人更多地感受到游览的乐趣"……听到学生们的议论，我不禁感慨："看来学生是有能力自我学习的，只是需要我给他们提供一个小小的空间和平台，以后我要多给他们提供这种机会，让他们学会自我学习。"看到我在讲台上发愣，几个学生问我：“老师，您想什么呢？”“没想什么，就是替你们高兴！”我心里窃喜，思绪马上回到课堂，“这就是我们常用到的动静结合的写作方法。”

　　眼看就要下课了，我得检验一下学生们的学习成果，我一定要把反思的主动权交给他们，于是我试探性地问：“通过这节课，你有什么收获？”这一问不要紧，课堂瞬间热闹起来。一个学生主动站起来说：“通过交流，我学到了要抓住重点词句分析课文。”他还没说完，另一个学生站起来说：“我给他进行补充，我还学习到了写作的方法，比如动静结合、排比、拟人，以及运用这些方法的好处。”“对，对，他们两个说得都很好，我还学到了读书的方法，而且我觉得我们以后在日常生活中要保护这些可爱的小动物。”我们班一个平时不怎么回答问题的学生突然站起来说。看到他回答问题，我感慨万千：原来对话式的课堂，真的可以让学生活跃起来。

　　下课后，我依然找了几位学生，让他们说说这节课的收获，他们很自然地说出了以上几点。这时我这颗悬着的心终于放了下来，之前我的确是在“结束”环节出现了问题。

　　一个环节或者一节课的结束，起着至关重要的作用。结束环节可使学生对全课的教学内容获得明晰的印象，可开拓学生的视野，引起学生的联想和思索，产生巩固知识、启迪智慧的结果。正如袁微子先生所说：“成功的结尾教学，不仅能体现教师的技巧，而且会使学生感觉主题更明、意味犹存、情趣还生。”

　　原来让学生通过结束环节学会学习并不难，只要用心去观察、用心去体会、用心去做，并让学生在反思中巩固知识，那么课堂教学就会在反思中得到更多更好的收获！

反思学习真重要

六年级二班　　魏蕊

　　自我反思对学习的帮助真的很大，一个反思环节可能使你一节课的知识记得更牢，如果缺少这个环节，就很可能事倍功半了。

　　以前我们上完一节课，没有进行自我总结，有的时候老师会在隔天检测我们上节课的学习情况，看我们是否记得牢固，但结果并不尽如人意。记得那次学习《七颗钻石》这篇课文，老师讲得很细致，问我们懂不懂时，我们都说懂了。可是第二天复习时，老师问我们：“通过学习《七颗钻石》，你们都学会了什么道理？”我们沉默了许久，才有一个同学说：“做人要善良，好人有好报。”可他说完后，换来的还是集体沉默，大家都不知道要说什么。老师见我们苦思冥想，却什么都想不出来，也皱起了眉头，自言自语道：“明明咋天讲得够细了啊！而且当时学生们都懂了呀！怎么会这样呢?"后来发现其实原因并不是我们不听讲，而是因为在一个环节或者一节课的结束，我们没有及时地进行自我总结、自我反思。一切都是老师告诉我们，我们的印象就不是很深刻，自然很快就忘干净了。

后来老师换了一种教学方式，在总结的时候让同学们自己想、自己答，后来大家对课内知识点记得牢固了，班里的语文成绩也提高了不少。就拿《母亲的纯净水》为例，老师在这节课结束的时候问我们："通过这节课，你们都学到了什么?"我们通过自己的思考，给出了很多答案，这些也正是我们的收获。

原来自我反思是这么重要啊！

指导教师：刘志鹏

学习的妙招

六年级二班　王若涵

记得那天刘老师给我们讲《老人与海鸥》，老师讲得很细致，把老人对海鸥那份无私的爱讲得感人肺腑，我们在课上也都明白了老师所讲的知识点和内容。课上到一半，老师点了几名同学回答问题，他们几个把问题都解决了，我心中羡慕不已。

叮铃铃……轻松愉快的下课铃声响起了，老师给我们布置了课后练习题。放学回到家后我把语文书拿出来，准备做题，这时才发现课上老师讲的东西全忘记了。

第二天，老师把我们的作业收了上去，发现有很多同学都写不出来，又点了点头，好像明白了什么。在这之后，老师在上课的时候总是叫我们梳理课文的内容。记得老师在讲《穷人》的时候问我们："同学们，这节课你们都学到了什么呀?"我站起来回答道："这节课我们学到了几点：一、学习课文要先找重点词句。二、我学会了描写人物语言的方法。三、我们要热爱生活。"在之后的语文学习中，我们自己总结课上学的知识。后来我发现我对课上的知识点记得牢固了！

原来一节课的自我反思、自我总结是这么重要的妙招，它不但让我们学到了知识，而且让我们学得更加扎实、更加牢固。

指导教师：刘志鹏

我的好帮手

六年级二班　魏京皖

今天我们又上语文课了，老师这节课讲的是《珍珠鸟》这篇课文。在上课的时候我认真听讲，积极思考。"你们有谁能把这篇课文分成几部分吗？"老师提出了问题，我立马举起了手，老师叫起我。"我觉得这篇课文应分为三部分，第一自然段是一部分，二到五自然段是第二部分，最后一部分是六到十三自然段。"我坚定地回答。老师给予了我鼓励并让我坐下。老师在上课的时候讲得很细致且做了总结，在上课的时候我觉得我什么都听懂了，什么都会了，已经掌握了基本的方法。但是课后老师再问一些问题时，我却支支吾吾的，答不上来。这是怎么回事呢？我感觉有些不知所措，之后我一直留心这个问题。

有一天老师讲《天然动物园漫游记》这篇课文，我忽然察觉到在讲到最后需要总结时，老师不再像以前那样直接告诉我们知识点，而是让我们自己总结，说说这节课我们都学到了哪些东西，并与同学进行交流，我积极举手，老师叫起了我，我回答道："通过这堂课的学习，我学会了三点：一、学习语文要找重点词句。二、可以运用写作手法，比如动静结合、排比、拟人。三、读不同的句子要用不同的语速和语调。"我开始有些不明白老师为什么这么做。但在做练习时，我发现我比以前记得更清楚了。这是因为自从老师让我们进行自我反思后，我们对一节课的内容更加清楚了。

原来之前的问题出在了课堂的结尾，看来自我反思的功劳还真不小。

指导教师：刘志鹏

三、教学设计案例

《草地夜行》教学设计

大红门第二小学　武金英

一、教学内容

北京市义务教育课程教材改革实验教材第 10 册《草地夜行》一课。

二、教学要求

1. 知识与能力：了解老红军为帮助掉队的小红军不幸掉入泥潭壮烈牺牲的事迹，体会红军战士忠于革命、舍己救人的崇高品质。

2. 过程与方法：学会抓住人物外貌、语言、动作、心理活动和环境描写，体会人物品质的方法。

3.情感、态度和价值观：使学生受到英雄人物崇高品质的强烈感染和深刻的教育，对红军战士产生敬佩之情，能够有感情地朗读课文。

三、教学重点

感悟语言文字，体会红军战士忠于革命、舍己救人的崇高品质。

四、教学难点

理解课文最后一个自然段。

五、教学准备(课件)

六、教学过程

(一)创设情境，激趣入境

1.引入情境

放映影片片段，同时教师进行语言描述，引入情境。

2.情境再现

在茫茫的草海沼泽上，一个十几岁的小红军独自一个人行走着，这时他已经走了上万里路，而前面的路对他来说还会更加凶险，不仅如此，现在的他已经饥饿、疲惫、虚弱到了极点，可他仍拖着两条僵硬的腿，一步一步地向前挪动着。他多么需要有人来帮帮他呀！这时候，迎面走来一位老红军，他是专门回来寻找这些掉队的小战士的。

(二)读文还形，入境生情

1.课文第3—13自然段

(1)问题的设计及步骤

①默读课文第3—13自然段，思考：在什么情况下，老红军是怎么帮助小红军的，你从中体会到什么？

②全班交流。

(2)简要答案参考

①老红军在自己也十分疲惫、虚弱的情况下和小红军并肩前行。从中可以看出老红军不顾个人安危，一心想帮助小红军赶上大部队。

②"太阳快落山了，老红军摘下我的枪和干粮袋，帮着我行走"看出老红军舍己为人、忠于革命的思想品质；"我还是走不快，这时天已经黑了，又下起了大雨，老红军背我走"体现出老红军冒着生命危险来帮助小红军。

③从外貌描写"身材魁梧，但脸却又黄又瘦，两只眼睛深深地陷了下去"感悟到老红军由于长时间行军打仗，得不到休息和食物，他已十分疲惫和虚弱。

④金寨大暴动：请你轻声自由读课文6—9自然段，想想为什么要写金寨大暴动这件事呢？(是为了说明老红军是一位革命时间长、久经锻炼的老同

志、老革命。)

⑤小结：就是这样一位老战士，他把革命看得比自己的生命还重要，他一定要帮小红军赶上大部队。因此，尽管在这漆黑的、风雨交加的、处处潜伏着危险的夜晚，他不顾自己的饥饿、疲惫、寒冷，义无反顾地背着小红军向前走去！老红军的品质：舍己为人。

2. 课文第14—15自然段

(1)问题的设计及步骤：

①默读并批注课文第14—15自然段，画出描写老红军语言、动作的语句，进行体会。默读3分钟，至少选择2—3处做重点批注。

②学生自学，老师适时地巡视、指导。

③全班交流。

④指导学生批注。

⑤指名读，读出自己的感受。

(2)简要答案参考：

第14自然段：

①出示句子：

A. 突然，他的身子猛的往下一沉，"小鬼，快离开我！"他急忙说，"我掉进泥潭里了。"

B. 突然，他的身子猛的往下一沉，"我掉进泥潭里了！"他急忙说，"小鬼，快离开我。"

①比较句子：颠倒语序，轻声读这两句话，比较它们的不同之处。适时指导朗读，评读，达到有感情地朗读14自然段。

体会出老红军在陷入泥潭的一瞬间，首先想到的是小红军的安危，"小鬼，快离开我！"是脱口而出的，充分显示出老红军义无反顾舍己救人的崇高品质。在读这句话时，要读得急促、坚定。

第15自然段：

①查字典了解"顶""甩"的字义，这"一顶一甩"对老红军和小红军分别意味着什么？适时指导朗读，评读，达到有感情地朗读。

"顶"是因为老红军帮小红军拿着枪和干粮袋，还背着他，在陷入泥坑之时，他拼尽了自己最后的力气使劲儿把小红军向上拱；"甩"说明老红军把小红军往外扔到安全的地方。

②追问：一顶一甩这两个动作，对小红军和老红军有什么不同的结果？

可以使小红军尽快脱离危险境地，而老红军却陷得更快、更深。面对死亡，老红军毫不犹豫地把生的希望让给了小红军，把死的危险留给了自己。

一顶一甩两个简单的动词，使老红军舍己救人的光辉形象跃然于纸上。

③体会"快离开我，咱们两个不能都牺牲！"的意思，并比较两次"快离开我！"含义的不同，适时指导朗读，评读，达到有感情地朗读。

老红军认为如果要牺牲一人，那就是自己。因为老红军认为小红军还年轻，革命的路还很长，而且帮助小红军是党交给他的任务，他要把损失降到最低。因而，在生与死之间，他把生的希望留给了小红军，把死的危险留给了自己。这足以让人感到老红军舍己救人的伟大之处。

④体会"要记住革命"的含义，适时指导朗读，评读，达到有感情地朗读第 15 自然段。

他在什么情况下说的"要记住革命"？在生命最后一刻，老红军拼尽全力喊"要记住革命"，包含了他希望小红军克服困难、走出草地、赶上部队、继续革命的殷切期望，充分表现了老红军忠于革命的崇高精神。

⑤体会标点："！"表明老红军态度坚决；"……"表明老红军声音弱，但却坚定清晰。

⑥指名读 14—15 自然段，展开想象，描述情境，再现场景，树立人物形象。

谁能再读读 14—15 自然段，将这震撼人心的一幕通过朗读再现出来？其他同学边听边想象，看看此时，在你的头脑中出现了怎样一幅画面？一会儿找同学说一说。

小结老红军的品质：舍己救人、忠于革命。

3. 课文第 16—17 自然段

(1)问题的设计及步骤

接读 16—17 自然段，感受小红军的悲痛心情。

师生接读 16—17 自然段。教师先读："小红军使劲伸手去拉他，可是什么也没拉住，他陷下去了，已经没顶了……此时，茫茫的草海上又只剩下小红军一个人了。那高大、魁梧的老红军风风雨雨，戎马一生，多少艰难困苦都挺过来了，而此时却被这可恶的草地夺取了生命。"学生接读："我的心疼得像刀绞一样……"

小红军心里在想些什么呢？指名说。

(2)简要答案参考

小红军痛恨着可恶的草地，为老红军的牺牲惋惜，敬仰他舍己救人、忠于革命的崇高品质，对老红军充满感激之情等。

（三）走出情境，领悟主题

1. 课文第 18 自然段

（1）问题的设计及步骤

①师生接读第 18 自然段，"风呼呼地刮着……""对，要记住革命……"
"风呼呼地刮着……"等三处是环境描写，请你快速画出课文有关环境描写的句子，想想句子的意思，体会这样写的好处，集体交流。

②小红军开始是一步一挨地走，现在是迈开大步向前走，小红军为什么发生这样的变化？

③漆黑的夜晚，为什么在小红军面前出现一条光明的通向陕北的大路？

（2）简要答案参考

①环境恶劣，困难巨大，艰险重重，突出人物战胜困难、不怕牺牲、勇往直前的勇气和品质。

②老红军虽牺牲了，但萦绕在小红军耳畔的、根植于他心中的，只有那句话——"要记住革命！"所以小红军沿着老红军革命的道路坚定不移地走下去。在小红军的眼前，出现了一条光明的路，这条大路一直通向遥远的陕北！

③老红军的革命信念使小红军产生了战胜困难的勇气，使他看到了前途的光明。

（四）拓展延伸，升华主题

1. 问题的设计及步骤

①文章中为什么不写人物的姓名？

②怀着崇敬的心情，大声齐读："要记住革命！"

③有感情地朗读课文，有兴趣的同学背诵课文最后一自然段。

2. 简要答案参考

作者是用发生在红军长征途中过草地的一件感人的事，表现红军战士的群体形象。

《草原》教学设计

大红门第二小学　索志刚

一、指导思想与理论依据

以新的课程标准中关于小学高年级阅读教学重在培养学生自读自悟能力作为主体，重点是在感受的同时表达出自己内心真实且具有一定深度的想法。

二、教学背景分析

《草原》是小学语文京版教材第 12 册第五单元的第 1 课。本课是著名作家老舍先生写的一篇散文。作者生动地描写了草原上如诗如画的美丽景色以及蒙古族人民的能歌善舞、热情好客，表现了蒙汉民族团结。六年级学生在小学阶段学习了大量的文章，有一定的品味语言文字的基础，初步掌握了一些学习方法，积累了一定的语言，能够在与同伴交流中表达自己独特的感受。

三、本课教学目标设计

结合新课标、本册教材要求以及本单元教学重点，在第一课时初读课文理解文章结构的基础上，第二课时教学目标制定如下：

知识与能力：学习作者如何按照地点的转换移步换景，抓住事物与环境的联系，运用动态的描写方法，把文章写得又形象又生动。

过程与方法：学会按一定顺序并把感受融入景物描写中，把事物写得有条理、写得具体的方法。

情感、态度和价值观：了解作者描写草原美丽景色以及蒙古族人民热情好客的方法；感受蒙汉民族团结友好，产生热爱祖国之情；有感情地朗读课文。

教学重点：品味课文中优美的语句，学习作者的写法。

教学难点：抓住景物描写，体会作者的感受。

在教学时我以作者"访问的顺序"为纲，以"品词句"为切入点，以"感情"为线索，在学生品味与感悟的过程中，将思想教育和语言文字训练有机地结合，从而体现出语文的工具性和人文性的统一。

四、教学过程与教学资源设计

（一）教学思路

1. 初见草原，体会草原的美丽景色。

2. 进入草原，感受蒙汉民族的团结友好。

（二）教学过程

1. 导入：回忆访问草原的顺序，再一次理清文章脉络，突出整体感知，明晰作者安排材料的顺序。

2. 第一部分：初见草原，体会草原的美丽景色。

（1）理清顺序：先按照天空—天底下—天地相接的层次写景，再写感受。进行初步感知，总体把握。

（2）品味语言：品味的方法有换词、比较、演示、仿写等。

出示："那里的天比别处的更可爱，空气是那么清鲜，天空是那么明朗，使我总想高歌一曲，表示我满心的愉快。"

①换词："空气是那么（清新），天空是那么（晴朗）。"通过体会"鲜"与"新"、"明"与"晴"的不同，感受作者用词之准。

②有感情地朗读，读出"清鲜""明朗"的草原的高远辽阔的意境。

出示："在天底下，一碧千里，而并不茫茫。四面都有小丘，平地是绿的，小丘也是绿的。羊群一会儿上了小丘，一会儿又下来，走在哪里都像给无边的绿毯绣上了白色的大花。那些小丘的线条是那么柔美，就像只用绿色渲染，不用墨线勾勒的中国画那样，到处翠色欲流，轻轻流入云际。"

①哪些地方表现了草原的一碧千里？巩固先概括写再具体写的写法。

②这么多的绿从哪儿看出并不茫茫？巩固先概括写再具体写的写法。

③仿照课文写法，说一说羊群在草原上还可以比作什么。（积累和运用）

出示："这种境界，既使人惊叹，又叫人舒服，既愿久立四望，又想坐下低吟一首奇丽的小诗。"

①为什么运用两组不同感受的词来描写自己的感受？品味作者独特的感受。

②作者惊叹什么？感觉什么舒服？久立四望望什么？坐下低吟吟什么？

③此时此刻你想吟诵一首什么小诗？（进行语言积累）

出示："在这境界里，连骏马和大牛都有时候静立不动，好像回味着草原的无限乐趣。"

比较句子：

①在这境界里，连骏马和大牛都有时候静立不动，回味着草原的无限乐趣。

②在这境界里，连骏马和大牛都有时候静立不动，好像回味着草原的无限乐趣。

通过比较句子，引导学生体会这一句看似写骏马和大牛，实际上是写作者自己的感受，因为作者被草原的美丽景色陶醉了，所以他感到周围的一切事物也同他有一样的心情。

3. 有感情地朗读，读出草原的辽阔宁静和作者舒畅的心情。

4. 练习背诵，以填空形式辅助学生背诵。

5. 过渡：我们从文章的结构中就可以看出，作者花了更多的笔墨写草原上的人，大家也读出了草原人的特点——热情、好客。

6. 学习第二部分：进入草原，感受蒙汉民族团结友好。

(1)理清顺序：根据地点的转换、情感的不同填空。

地点	情感	事情
①_____	热情_____。	②_____ 激情_____。
③_____	盛情_____。	④_____ 深情_____。

(2)品味语言：品味的方法有：填词明意、景色描写对比、换词、释词、想象等。

①热情迎接

出示：马疾驰，襟飘带舞，像一条彩虹向我们飞过来。这是主人来到几十里外欢迎远客。

②襟飘带舞：身着盛装；飞：速度快；欢迎远客：主动迎接。

③齐读，通过齐读读出热情。

④观看图片，进一步了解热情。

（3）激情相见

出示：握手再握手，笑了再笑。你说你的，我说我的，总的意思是民族团结互助。

①不懂什么？懂得什么？

②指名读，通过指名读，读出蒙汉民族感情相通。

③演一演当时的场景。（全体学生表演）

（4）盛情款待

出示：干部们向我们敬酒，七十岁的老翁向我们敬酒。我们回敬，主人再举杯，我们再回敬。

①双向体会：蒙古人怎样款待我们？（食物、节目）我们怎样回敬？（回敬、节目）感受到民族团结。

②对比读，通过对比读，读出民族团结。

（5）尽情联欢

出示：小伙子们表演套马，摔跤，姑娘们表演了民族舞蹈。客人们也舞的舞，唱的唱，并且要骑一骑蒙古马。

①双向体会：蒙古人和我们怎样联欢？感受蒙古族联欢的特别之处。

②互相读，通过互相读，读出民族和谐。

（6）深情话别

出示："蒙汉情深何忍别，天涯碧草话斜阳！"

①理解此诗：解释字义"何""话"—完整说诗意—想象场面—激情朗读。

②双向体会：此时，你就是蒙古同胞或汉族兄弟，你想说什么？

③朗读全文，读出草原的美丽和蒙汉民族的团结友好。

7. 升华

我们的祖国有五十六个民族，就像五十六枝花，我们的五十六族兄弟姐妹是一家；五十六种语言，汇成一句话：爱我中华！（放音乐《爱我中华》）

8. 作业

必作：有感情地朗读本文，仿照第一自然段的写法介绍一处景色。

选作：寻找老舍描写祖国各地景色的文章读一读。

五、学习效果评价设计

有感情地朗读全文作为评价的要素之一，是检查学习效果的重要途径。

六、本次教学设计与以往或其他教学设计相比的特点

本次教学设计抓住草原美的特点引导学生层层深入地探究草原美的具体体现，例如抓住"那里的天比别处的更可爱，空气是那么清鲜，天空是那么明朗，使我总想高歌一曲"，表现"我"满心的愉快；通过体会"鲜"与"新"、"明"与"晴"的不同，感受草原天空之美；抓住"在天底下，一碧千里，而并不茫茫。四面都有小丘，平地是绿的，小丘也是绿的。羊群一会儿上了小丘，一会儿又下来，走在哪里都像给无边的绿毯绣上了白色的大花。那些小丘的线条是那么柔美，就像只用绿色渲染，不用墨线勾勒的中国画那样，到处翠色欲流，轻轻流入云际"，感受草原一碧千里的美；抓住"这种境界，既使人惊叹，又叫人舒服，既愿久立四望，又想坐下低吟一首奇丽的小诗"，感受作者被草原美丽景色吸引，感受景色的美既有层次，也有深度。

以歌曲《爱我中华》作为文章教学的结束，使得感情在升华之后有宣泄的地方。结束语："我们的祖国有五十六个民族，就像五十六枝花，我们的五十六族兄弟姐妹是一家；五十六种语言，汇成一句话；爱我中华！"这样的表述既生动，又贴近课文内容所表现的深刻内涵。

参考文献

1. 教育部基础教育课程教材专家工作委员会编. 义务教育语文课程标准[M]. 北京师范大学出版社，2012.

2. 刘才利，杨蔚主编. 主体式对话教学[M]. 重庆大学出版社，2008.

3. 熊开明编. 小学语文新课程教学法[M]. 首都师范大学出版社，2010.

4. 杨丰林. 问题体验轮[M]. 首都师范大学出版社，2010.

5. 林华民编. 新课程下我们怎样当老师[M]. 北京师范大学出版社，2010.

6. 赵国忠编. 中国著名教师的课堂细节[M]. 江苏人民出版社，2007.

7. 王凤桐主编. 小学语文微格教学教程[M]. 首都师范大学出版社，2017.

8. 孟宪凯主编. 教学技能有效训练——微格教学[M]. 北京出版社，2007.

9. 王凤桐，杨宣主编. 让课堂更精彩[M]. 首都师范大学出版社，2014.

10. [德]沃·伊瑟尔著，金惠敏等译. 阅读行为[M]. 湖南文艺出版社，1991.

11. 杨德伦. 小学语文读写教学实践[M]. 北京出版社，2013.

12. 张定远. 阅读教学论集[M]. 新蕾出版社，1983.